SKANDINAVIEN

Dänemark, Schweden, Norwegen

Impressionen aus
dem Hohen Norden

BRUCKMANN

DÄNEMARK

DÄNEMARK

Axel M. Mosler
Jan Scherping

NORDSEE
Jammer-Bucht
Kattegat
Aalborg-Bucht
DÄNEMARK
SCHWEDEN
SCHWEDEN (Schonen)
OSTSEE
DEUTSCHLAND
Skagen
Grenen
Rabjerg Mile
Ålbæk
Hirtshals
Hjørring
Frederikshavn
Løkken
Sæby
Læsø
Blokhus
Åbybro
Aså
Lindholm-Høje
Aalborg
Limfjord
Aars
Aalestrup
Hobro
Lemvig
Skive
Struer
Vinderup
Viborg
Randers
Gammel Estrup
Grenå
Holstebro
Stora
Gudenå
Ulfborg
Vedersø Klit
Rosenholm
Ebeltoft
Herning
Silkeborg
Århus
Ølstrup
Ringkøbing
Ringkøbing-Fjord
Skanderborg
Skjern
Skernå
Odder
Lønborg
Halling
Lund
Horsens
Samsø
Henne Strand
Grindsted
Billund
Vejle
Endelave
Oksbøl
Varde
Blåvands Huk
Hjerting
Esbjerg
Nordby
Fanø
Sønderho
Vejen
Kolding
Fredericia
Middelfahrt
Bogense
Egebjerggård
Nordskov
Asperup
Kerteminde
Langesø
Odense
Fünen
Kleiner Belt
Großer Belt
Nyborg
Ribe
Mandø
Christiansfeld
Haderslev
Skærbæk
Rømø
Egeskov
Horne
Faaborg
Nordborg
Als
Svendborg
Valdemars Slot
Aabenraa
Augustenborg
Sønderborg
Tåsinge
Rudkøbing
Møgeltønder
Tønder
Sylt
Ærø
Føhr
Flensburg
Amrum
Langeland
Anholt
Seeland
Gilleleje
Hornbæk
Helsingør
Helsingborg
Liseleje
Fredensborg
Frederiksborg
Odde
Sejerø
Isefjord
Lillerød
Ven
Birkerød
Søllerød
Tårbæk
Gladsaxe
KOPENHAGEN
Ulstrup
Dragsholm
Holbæk
Kalundborg
Rødovre
Saltholm
Tårnby
Malmö
Lerchenborg
Roskilde
Glostrup
Køge-Bucht
Køge
Ringsted
Slagelse
Næstved
Holsteinborg
Fakse-Bucht
Mern
Vordingborg
Femø
Fejø
Møns Klint
143
Møn
Knuthenborg
Nakskov
Sakskøbing
Maribo
Nykøbing
Falster
Rødby
Marielyst
Rødbyhavn
Ålholm
Lolland
Gedser
Rügen
Göteborg
Varberg
Falkenberg
Simrishamn
Ertholmene
Allinge
Bornholm
Svaneke
Rønne
Neksø
0
50 km
N
E45
E39
E20
E47
E55

Die Dünen und der endlose Strand der dänischen Nordseeküste locken Spaziergänger zu jeder Jahreszeit.

Dänemark

Das Land der 500 Inseln

Dänemark, das Land der 500 Inseln, gilt als Wohlfahrtsstaat und Urlaubsidylle. Weiten Stränden, einem breiten kulturellen Angebot, einer faszinierenden Natur und nicht zuletzt den aufgeschlossenen Menschen verdankt das Land eine große Zahl an Besuchern, die immer wieder gerne hierher zurückkehren.

Es liegt ein lieblich Land
Im Schatten breiter Buchten
Am salz'gen Ostseestrand
An Hügelwellen träumt's, im Tal,
Alt-Dänemark oh heißt es,
Und ist der Freja Saal.

So beginnt die dänische Nationalhymne. Breite Buchten, salziger Ostseestrand, Hügelwellen, das war es, woran Adam Oehlenschläger dachte, als er diese Zeilen 1819 verfasste.

Woran denken wir, wenn wir an Dänemark denken?

An den Märchendichter Hans Christian Andersen natürlich, an Pølser und Hot-Dogs, Tuborg, Carlsberg, Faxe, Akvavit, Bang & Olufsen, weite Strände, Kleine Meerjungfrau, Kreidefelsen auf Møn, Skagenmaler, Fußball und Handball, Brücken und Schiffe. Und natürlich an Urlaub.

»Ich fahre am Wochenende für zwei Tage nach Langeland«, erzählt mir jemand und meint damit: Ich werde zwei Tage radeln.

»Ich fahre zwei Wochen nach Henne Strand«, sagt ein Zweiter und meint damit: Ich mache zwei Wochen Badeurlaub an der Nordsee.

»Ich fahre für ein langes Wochenende nach Kopenhagen«, erzählt ein Dritter und meint damit: Ich schaue mir erstklassige Museen an, gehe ausgiebig Einkaufen und gut Essen.

»Ich fahre mit dem Wohnmobil drei Wochen durchs Land«, erzählt ein Vierter und meint: Ich entdecke das Land in aller Ruhe Insel für Insel.

Vier Urlaubsentwürfe, die andeuten, wie verschieden man doch einen Urlaub in Dänemark gestalten kann: Man kann aktiv sein oder faulenzen, sich die raue Nordseeluft um die Nase wehen lassen oder durch Museen schlendern, mit dem Rad unterwegs sein oder dem Wohnmobil – nichts ist unmöglich im Wohlfahrtsstaat Dänemark. Das Land ist schlicht »hyggelig«.

Dieser Begriff heißt »gemütlich« und dennoch trifft die Übersetzung nicht. Denn »hyggelig« meint ein Lebensgefühl. Gemütlich, geborgen, intim, im warmen Heim, mit Freunden bei einer guten Tasse Kaffee und einem kleinen Schnaps, unsichtbar sozial abgesichert – hyggelig hat von all dem etwas. Dänemark war einst eine Großmacht, besaß mit den Westindischen Jungferninseln sogar Kolonien in der Karibik. Heute ist Dänemark ein kleines Land mit fünf Millionen Einwohnern. Und diesen ist es wichtig, dass es daheim schön, gemütlich und sicher ist, wenn man schon keine Großmacht mehr ist. So kann es denn auch nicht wundern, dass Gegenstände des täglichen Lebens wie Besteck, Stühle oder Thermoskannen in Dänemark ein besonders geschmackvolles Design haben.

Die stolze Fahne der Dänen

Was bei einer Reise durch das Land auffällt, ist der Danebrog. Anders als in Deutschland weht die Landesfahne hier an fast jeder Straßenecke, in nahezu jedem Garten. Man hat Lust zu zeigen, dass man Däne ist. Doch so einfach aufhängen darf der Däne seine Fahne nicht. Zwar kann er sie das ganze Jahr über hissen, jedoch nicht vor Sonnenaufgang beziehungsweise acht Uhr. Und abnehmen muss er sie natürlich vor dem Sonnenuntergang. Dass sie dabei nicht auf den Boden fallen darf, versteht sich von selbst. Gefallen ist die Fahne nur einmal, nämlich vom Himmel: König Valdemar Sejr stand am 12. Juni 1219 vor Reval kurz vor einer verheerenden Niederlage, als sich der Himmel öffnete und der Danebrog herunterfiel. Das Blatt wendete sich, Valdemar und seine Truppe gewannen die Schlacht, und der Danebrog ist heute die älteste Fahne der Welt.

Eine illustre Königsreihe

Am Anfang war Gorm. Er starb 958, sein Sohn und Nachfolger war Harald Blauzahn, der 987 starb. Unter seinen Nachfolgern finden sich Männer mit so illustren Namen wie Sven Gabelbart, Valdemar der Große, Valdemar der Sieger, Erik VII. von Pommern oder Christoffer III. von Bayern. Die erste weibliche Regentin war Margrethe I., die von 1377 bis 1412 herrschte. Später wurden die Namen »normaler«, man nannte sich Frederik und Christian, auf Christian X. und Frederik IX. folgte allerdings 1972 die so populäre Margrethe II.

Manche dieser Könige sind heute längst vergessen, manche prägten ihre Epoche. Christian IV. gehört mit Sicherheit zu denen, die man nicht vergisst, er war der Baumeister Kopenhagens und führte ein ausschweifendes Leben. Aber auch Christian II. hat seine Spuren hinterlassen. 1513 starb sein Vater Hans. In Dänemark presste der um seinen Einfluss bangende Adel dem König erhebliche Zugeständnisse ab, in Schweden erkannte man den neuen König nicht an. Der adelige Sten Sture der Jüngere führte einen Aufstand, der allerdings 1520 niedergeschlagen wurde. Sture fiel in der Schlacht, 82 seiner Anhänger wurden vier Tage vor der Königskrönung geköpft. Die Geschichtsbücher verzeichnen dieses Ereignis heute als »Stockholmer Blutbad«.

Doch damit war Christians Macht nicht gesichert – im Gegenteil. Gustav Eriksson Wasa setzte sich an die Spitze des nächsten Aufstandes, und mit Unterstützung der Lübecker gelang es ihm 1523, Schweden und somit auch Finnland aus der Gemeinschaft zu lösen. Zugleich wuchs der Unmut im Inneren. Adel und Kirche sahen ihren Einfluss schwinden. Christians Onkel, Herzog Frederik, verhandelte aus diesem Grund mit den Lübeckern über eine Machtübernahme. Noch 1523 wurde Frederik I. in Viborg als neuer König ausgerufen, Christian II. floh in die Niederlande.

Dänemark wird protestantisch

In Frederiks Zeit fiel die Reformation. Bereits 1517 hatte Martin Luther seine berühmten Wittenberger Thesen veröffentlicht. 1525 begann der Mönch Hans Tausen, Luthers Lehre in Dänemark zu verkünden. Der Zorn der Kirche war ihm sicher, doch Frederik nahm ihn in Schutz. Zwar mochte sich der König selbst nicht zwischen den Glaubensrichtungen entscheiden, doch er setzte Zeichen. Zum Beispiel, indem er den Mönchen gestattete, die Klöster zu verlassen. Eine Vertreibung setzte ein, Gebäude und Heiligtümer wurden zerstört.

1532 versuchte Christian II. mit seinem Heer und finanzieller Unterstützung von seinem Schwager, dem niederländischen Kaiser Karl V., die Macht zurückzuerobern. Norwegen war schnell besiegt, doch dann stand ihm eine Allianz aus Dänen und Hanse gegenüber, die ihn zu Verhandlungen zwingen konnte. Christian II. reiste nach Kopenhagen, Frederik I. brach sein Versprechen des freien Geleits und Christian II. landete als Gefangener im Sønderborg Slot, wo er 1559 starb. Frederik I. hingegen verschied schon 1533, sein Nachfolger

Die Rapsblüte im Mai verwandelt Fünen und die Dänische Südsee, hier Ærø, in ein einziges gelbes Meer.

Ein Bild wie ein Gemälde: Langsam geht die Sonne an der Westküste unter, ganz verträumt kann man ihr von einer Düne aus zuschauen.

wurde Christian III., unter dem sich dann die Reformation endgültig durchsetzte.

Die goldene Zeit bricht an

Springen wir knappe 300 Jahre weiter. Es ist die Zeit des so genannten Goldenen Zeitalters. Der schon erwähnte Adam Oehlenschläger dichtete 1802:

Ihr alten alten
entschwundenen Tage,
als es strahlte im Norden,
als der Himmel war auf Erden,
gebt einen Schimmer zurück!

»Die Goldhörner« ist dieses Gedicht überschrieben. Der Titel erinnert an einen tragischen Verlust: Nahe der südjütischen Stadt Tønder, in Gallehus, stehen zwei große Steine, von Durchreisenden zumeist unbeachtet. Sie symbolisieren jene Zeit, auf die die Dänen ganz besonders stolz sind, das »Guldalder«, das »Goldene Zeitalter«. Die Steine stehen für zwei goldene Hörner, die hier 1639 und 1734 gefunden und ins Kopenhagener Nationalmuseum gebracht wurden. Von dort wurden sie 1802 gestohlen und vermutlich eingeschmolzen.

Der im 19. Jahrhundert aufkommende nationalromantische Geist verklärte die Vergangenheit, nicht zuletzt, weil die Dänen 1813 den Staatsbankrott erklären und 1814 Norwegen abtreten mussten. Sie hatten sich nämlich während der Napoleonischen Kriege auf die falsche Seite – die des Verlierers Frankreich – geschlagen. Nun erinnerten sich die Dänen gerne der glänzenden Vergangenheit, in der staatliche Einheit geherrscht hatte. Die um das Jahr 500 gefertigten Goldhörner symbolisierten diese mystifizierte Zeit wie kaum etwas anderes, ihr Verlust schien ebenso schicksalsträchtig.

Blüte in Kunst und Literatur

Einige Jahre später, nämlich 1816, kehrte der Maler Christoffer Wilhelm Eckersberg nach einem längeren Auslandsaufenthalt in seine Heimat zurück. Damit begann auch in der Malerei das Goldene Zeitalter: Der Künstler initiierte eine Stilrichtung, in der das Land porträtiert wurde – mal scheinbar ziellos in der Motivwahl, wie bei Christian Købke, mal durch kraftvolle Farben und Motive voller Harmonie gezielt verherrlichend, wie bei Johan Thomas Lundbye.

Doch nicht nur in der Malerei fand das »Guldalder« seinen Niederschlag. Auch historische Romane, die die Vergangenheit verklärten, hatten Hochkonjunktur. Bernhard Severin Ingemann (1789 bis 1862) und seine historischen Romane etwa über den König »Valdemar Sejr« oder »Prinds Otto af Danmark og hans Samtid« (Prinz Otto von Dänemark und seine Zeit) gehören zu den großen Erfolgen jener Zeit.

Das Verhältnis zu Deutschland – ein Kapitel für sich

Erst mit den politischen Unruhen des Jahres 1848 findet das »goldene Zeitalter« seinen Abschluss. Doch zu diesem Zeitpunkt ist Dänemarks Weg von der Großmacht zum Kleinstaat noch nicht endgültig vollendet. Dafür sorgte das Verhältnis zu Deutschland. Im Süden hatte es über die Jahrhunderte hinweg immer wieder Grenzverschiebungen gegeben. Christian I. war 1460 auch Landesherr über die Herzogtümer Schleswig (die dänisch orientiert waren) und Holstein (das deutsch orientiert war) geworden. Christian IV. hatte sogar 1617 das wunderschöne Glückstadt unmittelbar an der Elbe gründen lassen.

Was an vielen dänischen Häusern, ob in der Stadt, auf dem Lande oder am Strand, auffällt, ist die Freude an kräftigen Farben.

Für kurze Touren reichen einfache Räder, doch aus Sicht des Radlers ist Dänemark alles andere als flach – da muss viel geschaltet werden.

Zu Beginn des 19. Jahrhunderts reichte das eigentliche Dänemark nur bis zur Kongeå bei Kolding, allerdings gehörten auch die beiden erwähnten Herzogtümer sowie das Herzogtum Lauenburg dazu. Mit dem aufkommenden Nationalismus kam jedoch in den Herzogtümern der Wunsch nach Selbstbestimmung, sprich Trennung von Dänemark, auf. In Dänemark gab es zugleich von nationalliberaler Seite Forderungen, das allgemeine Wahlrecht einzuführen und zumindest Schleswig dem Staat ganz einzuverleiben (Eiderdänemark). Der plötzliche Tod Christians VIII. im Jahre 1848, in der Hochphase der revolutionären Aufbruchstimmung in Europa also, verschärfte Ton und Tempo.

Die kleinen Badehäuschen auf Ærø wurden vor Jahrzehnten ohne Genehmigung gebaut. Sie sollten abgerissen werden, blieben – und sind heute eine große Attraktion.

Preußen unterstütze die Separatisten, wurde von Russland jedoch zur Neutralität gezwungen. Nach diversen Schlachten mit wechselnden Siegern und einer zeitweiligen Beteiligung Preußens kam es im Juli 1850 bei Idstedt nahe Schleswig zur entscheidenden Schlacht, die die Dänen gewannen. Schleswig und Holstein durften sich nicht dem Deutschen Bund anschließen.

Doch die Spannung ließ nicht nach. Zwar waren maßgebliche Kräfte in Dänemark bereit, Lauenburg und Holstein preiszugeben, dafür sollte Schleswig allerdings verfassungsmäßig in das Reich integriert werden. Dieser Anspruch kam auch in der »Novemberverfassung« 1863 zum Ausdruck. Doch im gleichen Monat starb König Frederik VII. Sein Nachfolger Christian IX. unterzeichnete das Vorhaben – das war das Startsignal zum Krieg. Preußen und Österreich rückten am Weihnachtstag in Holstein ein, Russland erklärte sich neutral, auch Frankreich und England versagten den Dänen die Unterstützung.

Am 1. Februar 1864 überschritten die preußischen und österreichischen Truppen die Eider. Es gelang ihnen, die Dänen zurückzudrängen. Zur großen Schlacht kam es Mitte April bei Dybbøl, in der sich die Dänen unter großen Verlusten geschlagen geben mussten. Auf der anschließenden Friedenskonferenz in Wien stimmte Preußen dem Vorschlag zu, Schleswig zu teilen und den Norden bei Dänemark zu belassen. Dänemark war damit aber nicht einverstanden, pokerte um weitreichendere Zugeständnisse und verlor alles, denn nun wurde ganz Schleswig Preußen zugeschlagen.

Erst nach der deutschen Niederlage im Ersten Weltkrieg flammte die Schleswig-Debatte wieder auf. Dabei war man sich aber auf dänischer Seite einig, nur auf Nordschleswig Anspruch zu erheben, da im Rest der einstigen Herzogtümer die Deutschen sowieso in der Mehrheit waren. Geschickt zogen die Dänen die drei Wahlkreise – der nördlichste verlief südlich von Tønder, aber nördlich von Flensburg.

So gelang es in der Volksabstimmung 1920, in Nordschleswig die deutsche Mehrheit in den Städten durch die dänische Mehrheit auf dem Lande zu überstimmen (75 Prozent für Dänemark). In Flensburg und weiter südlich war die Stimmung mit ca. 75 Prozent für Deutschland ebenfalls eindeutig. In der Folgezeit gab es von deutscher Seite wiederholt Bestrebungen, einzelne Bezirke für Deutschland zu reklamieren. Doch die gewählte Grenze blieb erhalten.

Ein dunkles Kapitel der Geschichte

Dann der große Einschnitt: Am 9. April 1940 marschierten deutsche Truppen in Dänemark ein. Vergebens hatte die dänische Regierung gehofft, durch möglichst viele Konzessionen an das NS-Regime einen Einmarsch verhindern zu können. König und Regierung übten sich aber weiterhin in Neutralität. Die Zahl der Übergriffe seitens der Besatzer blieb, verglichen mit der Situation in der Tschechei oder Polen, niedrig. Die meisten Juden konnten sich nach Schweden retten.

Erst als sich die deutsche Niederlage abzeichnete, nahm die Zahl der Sabotageaktionen zu. Aus diesem Grund übernahmen die Deutschen Ende August 1943 die Regierung. Am 5. Mai 1945 war Dänemark wieder befreit, Bornholm allerdings erst am 8. Mai, da der deutsche Kommandant der Insel das Eiland nicht den Russen, sondern nur den Engländern übergeben wollte, was aber misslang.

Natürlich hat diese Zeit Spuren hinterlassen, Ressentiments gegenüber Deutschen hat es lange gegeben. Das ist aber vorbei, lieber pflegt man das Vorurteil von den effektiven Deutschen, die ohne Nachzudenken jeden Befehl ausführen. Nach dem Krieg gab es auf dänischer Seite Überlegungen, die Eidergrenze wieder anzustreben. Schließlich setzte sich aber die Überzeugung durch, das Wahlergebnis von 1920 beizubehalten. In der Bonn-Kopenhagener Erklärung von 1950 wurde dann der Umgang mit den jeweiligen im Lande lebenden Minderheiten geregelt. Heute gelten diese Vereinbarung und die Behandlung der Minderheiten dies- und jenseits der Grenze als vorbildlich.

Traum und Wirklichkeit

Als vorbildlich galt auch immer das dänische Gesellschaftsmodell. Tolerant, aufgeschlossen, gerecht, hoch entwickelt und um die Schwachen bemüht. Ein sozialdemokratischer Musterstaat. Kein Wunder – seit 1924 prägen die Sozialdemokraten das Land. Ähnlich wie ihre Genossen in Norwegen und Schweden drückten sie dem Land im engen Schulterschluss mit den Gewerkschaften ihren Stempel auf. Auch sie wollten ein »Volksheim« schaffen, in dem jeder Bürger gut und sicher untergebracht ist. Niemand sollte durch das soziale Netz fallen.

Doch Anfang der 1980er-Jahre wurde den Dänen klar, dass dieses Netz an seine finanziellen Grenzen gestoßen war. Aber selbst die nun regierenden konservativen Regierungen wagten es nicht, am Grundprinzip der Solidargemeischaft zu rütteln. Mehr Marktwirtschaft wollten sie zulassen, Systemänderung nicht. Doch dann packten die Politiker die Probleme an und fanden Lösungen – und die dänischen Arbeitsmarktreformen dienen seither in anderen Ländern als Vorbild.

Zugleich änderte sich aber auch die politische Landschaft. Neben den Sozialdemokraten und der rechtsliberalen Venstre wurde die Dansk Folkeparti zur prägenden politischen Kraft – eine Partei, die sich klar ausländerfeindlich positionierte. Und dafür so großen Zuspruch erhielt, dass die anderen Parteien ihr einiges nachmachten – die dänische Einwandererpolitik gilt heute als restriktivste der Europäischen Union.

Die dänische Durchschnittsfamilie

Man kann das Land natürlich auch weniger emotional betrachten. Die durchschnittliche dänische Familie: Er heißt Peter, sie Mette, Nachname Jensen, sie haben zwei Kinder, die Tochter heißt Camilla, der Sohn Casper. Sie arbeitet im Sozialwesen, er ist leitender Angestellter, sie besitzen ein Einfamilienhaus. Sie lesen gerne Bücher, die sie meist in der Bibliothek entleihen, und Zeitungen, darunter die linksliberale Tageszeitung »Politiken«, die Fernsehillustrierte »Se & Hør«, die Einrichtungszeitschrift »Bo Bedre«, die Autozeitung »Motor« und für die Kinder »Anders And & Co.«, bei uns als Donald Duck bekannt. Allerdings sehen sie in den letzten Jahren mehr und mehr fern, gehen aber auch gerne ins Museum. Die Eltern spielen Badminton, die Tochter Handball, der Sohn Fußball. Außerdem radeln sie gern, auch längere Strecken, die Kinder sind bei den Pfadfindern. In den Ferien geht es abwechselnd auf einen dänischen Campingplatz oder in ein Hotel am Mittelmeer. Familie Mustermann.

Aber vielleicht heißt das Paar auch Erik und Anna Nielsen, die Tochter Louise, er ist Fischer, sie arbeitslos, und weil es um die Wirtschaft schlecht bestellt ist, wohnen sie in einer Etagenwohnung. Sie arbeitet hin und wieder schwarz. Und nicht viel besser geht es Margrethe und Christian Hansen und ihrem Sohn Rasmus. Als Bauern leben sie quasi von der Hand in den Mund. Die traditionellen Erwerbszweige, Landwirtschaft und Fischerei, darben dahin. Der öffentliche Dienst, der Dienstleistungssektor und die herstellende Industrie prägen das Wirtschaftsleben.

Bedeutende Firmen sind ISS, die sich auf Gebäudereinigung spezialisiert hat, das Pharmaunternehmen Novo Nordisk und die Brauerei Carlsberg. Die meisten ihrer Angestellten heißen Jensen, Nielsen, Hansen, Pe-

Prinz Joachim (Mitte) ist die Nummer zwei in der Thronfolge. Er lebt heute getrennt von Frau und Kindern auf Schloss Schackenborg in Südjütland.

Das ist der Traum eines jeden Dänemark-Urlaubers: ein gemütliches, sturmerprobtes Haus nur wenige Schritte vom Meer entfernt.

dersen, Andersen, Christensen oder Larsen. Krogh, Kjeldsen und Gregersen hingegen sind in der Minderheit. Ihre Töchter nennen sie gerne Camilla, Line, Sofie, Rikke oder Julie, ihre Söhne Jonas, Mads, Anders, Rasmus oder Casper.

Gleich wie sie heißen, sie alle besitzen für alle Lebenslagen eine Personennummer. Dänemark war das erste Land, das jedem Bürger zur Geburt eine Nummer gab. Angst vor dem »gläsernen Dänen« hat aber keiner, denn das Vertrauen in den Staat ist groß.

Bedeutende Dänen

Nenne bekannte Namen ... Die Dänen haben so manchen wichtigen Beitrag zur Weltgeschichte geliefert: Carl Nielsen, Rued Langaard und Niels Gade waren berühmte Musiker, Peter Høegh, Karen Blixen, Martin Andersen Nexø und Hans Christian Andersen Literaten von Weltrang und Tycho Brahe, Niels Bohr und Hans Christian Ørsted bedeutende Naturwissenschaftler.

Weithin bekannt sind auch der Entdeckungsreisende Vitus Bering, die Regisseure Carl Theodor Dreyer und Lars von Trier, die Schauspielerin Asta Nielsen, der Silberschmied Georg Jensen, die Maler Asger Jorn und Per Kirkeby, die Designer Arne Jacobsen und Poul Henningsen, der Philosoph Søren Kirkegaard, der Bildhauer Bertel Thorvaldsen, der Arabienreisende Carsten Niebuhr. Nein, klein ist der dänische Beitrag zur Weltgeschichte nicht.

Geistig prägten das Land aber andere. Zum einen Saxo Grammaticus, der um 1200 als erster Däne eine Historie des Landes schrieb. Sie hieß »Gesta danorum« und war natürlich in lateinischer Sprache verfasst. Grammaticus huldigte den Wikingern, den Königen und den Geistlichen, verherrlichte den Krieg und überhöhte das dänische Volk auf bis dahin nicht dagewesene Weise. Noch heute ist er für die Geschichtsschreibung wie auch für die Legendenbildung eine gern genutzte Quelle. Erst 1575 erschien übrigens die erste dänischsprachige Ausgabe von Saxos Historie.

Zum anderen hatte Niels Frederik Severin Grundtvig großen Einfluss auf das dänische Bewusstsein. Er verbreitete einen Skandinavismus, der mit einer stark antideutschen Haltung einherging. Auch er griff auf Saxos Schriften zurück, sein erstes, 1808 erschienenes Werk heißt folgerichtig »Nordens mytologi«. Grundtvig war zugleich ein Priester, der 1400 Psalme verfasste, ein Politiker, der sich Mitte des 19. Jahrhunderts auf die Seite der Demokratiebefürworter schlug, und Schriftsteller. Sehr wichtig war seine Anregung zur Gründung von Volkshochschulen. Grundtvig lehnte die damals üblichen Lateinschulen mit ihrem der klassischen Antike verpflichteten Weltbild ab. Stattdessen wollte er die Schulen dem Volk öffnen und den Menschen dort nicht nur praktische Lebensführung, sondern auch ihren nordischen Ursprung nahe bringen. Die erste Volkshochschule wurde 1844 im südjütischen Rødding eröffnet. Diese Schulen sind in der Gesellschaft sehr viel bedeutender als die deutschen Volkshochschulen.

Der Vater des Jantelov

Und nicht vergessen darf man den Schriftsteller Aksel Sandemose. Er prägte 1933 den Begriff des »Jantelov«. Das ist eine Art ungeschriebenes Gesetz, dass sich niemand über andere erheben darf. Man darf sich nicht für etwas Besseres halten. Alle sind gleich. Keine protzigen Villen also, keine teuren Autos. Dieses Gesetz gilt auch

Die Arbeit der Fischer bleibt trotz moderner Neuerungen hart und anstrengend.

heute noch, auch wenn es viele Dänen verwünschen. Aber sein Ende fängt in den Köpfen an.

Wichtige Namen der dänischen Geschichte sind auch Johann Friedrich Graf von Struensee, der Altonaer Arzt, oder Friedrich Gottlieb Klopstock, der Dichter. Beide sind Deutsche, die in Dänemark wirkten und zu Lebzeiten großen Einfluss hatten.

Zwischen Nuuk und Svaneke

Zurück in die Gegenwart. Wenn heute von Dänemark die Rede ist, so stellt sich natürlich die Frage: welches Dänemark? Was hat der Fischer aus Nuuk in Grönland mit dem Fischer aus Neksø in Bornholm zu tun? Welche Gemeinsamkeiten haben eigentlich der Bauer aus Thorshavn auf den Færøer-Inseln und der Bauer, der bei Nakskov in Lolland lebt?

Die beiden genannten dänischen Außenposten im Atlantik sind in der Tat höchst problembeladen. Die Færøer (40 000 Einwohner) gehörten ursprünglich Norwegen und kamen über die Union der beiden Staaten im 14. Jahrhundert zu Dänemark. Seit 1948 darf sich die Inselgruppe selbst verwalten, ist aber wegen gravierender ökonomischer Probleme in hohem Maße vom Mutterland abhängig. Alljährlich verlassen etwa 2400 Menschen die Færøer-Inseln – es sind vor allem die jungen Menschen, die auf einer Inselgruppe mit einer Ar-

Drei Viertel des dänischen Fischfangs stammen aus der Nordsee (gemessen in Kilo), ungefähr 90 Prozent der Fische gehen in den Export.

1,7 Millionen der insgesamt 5,2 Millionen Dänen wohnen im Großraum Kopenhagen, alle anderen haben viel Platz für ihr Häuschen auf dem Lande, hier in Jütland.

beitslosenquote von 20 bis 25 Prozent keinerlei Perspektive für ihre Zukunft sehen. Grønland hingegen haben die Dänen ab 1721 systematisch kolonialisiert. Nach dem Zweiten Weltkrieg wurde dieser Status aufgehoben, doch erst 1978 erhielt die Insel die Selbstverwaltung. Diese ermöglicht es der Insel unter anderem, die Europäische Union zu verlassen, der Dänemark weiterhin angehört. Beide Inselgruppen haben je zwei Sitze im dänischen Parlament, dem Folketing. Und beide Inseln erwähnt die Königin namentlich in ihrer traditionellen Silvesteransprache, in der sie das Jahr Revue passieren lässt und den Bürgern ein paar mahnende Worte mit auf den Weg in das kommende Jahr gibt.

Die Monarchin als Symbolfigur

Margrethe II. ist die höchste und glaubwürdigste moralische Instanz des Landes. Daher sehen die Dänen selbst über ihren übermäßigen Nikotinkonsum hinweg. Ihre positiven Eigenschaften sind in der Tat unübersehbar: Sie ist ehrlich, glaubwürdig, verursacht keine Skandale und ist fleißig. Sie malt viel, illustriert und übersetzt Bücher (letzteres auch mit ihrem Mann, dem aus Frankreich stammenden Prinz Henrik) und entwirft Kostüme für Ballettaufführungen.

Naturgemäß rücken ihre Söhne zunehmend in den Blickpunkt des öffentlichen Interesses. Lange hat man sich über deren unsteten Lebenswandel und ihre Vorliebe für schnelle Autos mokiert. Thronfolger Frederik genießt seit der Hochzeit mit der bürgerlichen Australierin Mary Donaldson wieder höchstes Ansehen und scheint auf seine künftige Aufgabe sehr gut vorbereitet. Sein jüngerer Bruder Joachim hingegen hat sich von seiner Frau Alexandra getrennt und ist in der Gunst der Dänen stark gefallen.

Doch das Land ist tolerant: Die Gleichberechtigung der Frauen wurde in Dänemark seit jeher vorangetrieben, die Freigabe der Pornographie auch, in anderen Ländern verbotene Organisationen können sich in Dänemark frei entfalten, 99 Prozent der Bürger duzen sich. Bei so viel Streben nach Freiheit und Gleichheit mag es verwundern, dass man nicht mit der Monarchie bricht. Aber vielleicht ist das auch gar nicht so verwunderlich. Vielleicht tut es gut zu wissen, dass da über einem noch jemand thront, der einen beschützt. Und dessen Existenz an die guten alten Zeiten erinnert, als Dänemark noch ein bedeutendes Königreich war, »ein lieblich Land im Schatten breiter Buchen am salz'gen Strand.«

Der »Klipfisk« war einst ein Essen armer Leute, heute gehört er zur feinen Küche. Dazu passen mehlige Kartoffeln, Möhren, hart gekochte Eier und Fischsenf.

Skagen ist noch immer ein wichtiger Fischereihafen. Die morgendlichen Fischauktionen sind auch eine große Touristenattraktion.

Die wilde Nordsee besitzt so ihre Tücken, das Baden hier ist gefährlicher als in der »zahmeren« Ostsee.

So einsam wie auf diesem Bild ist es hier im Sommer bestimmt nicht: Gerade bei deutschen Urlaubern zählt der Sand von Henne Strand zu den beliebtesten Zielen.

JÜTLAND

Rau, aber unwiderstehlich

Der Süden Jütlands kann seine deutsche Vergangenheit nicht ganz verleugnen. Seine Westküste prägen ein unendlich wirkender Strand, die tosende Nordsee und unzählige Ferienhaussiedlungen. Im Osten dominieren hingegen die größeren Städte. Und ganz im Norden vereinigen sich die Fluten der Nord- und Ostsee.

Die Nordsee tobt unbarmherzig. Verzweifelt versuchen die Fischer, ihre Boote in Richtung Heimathafen zu steuern. An Land pfeift der Wind durch die Dachritzen. Am Strand gehen ein paar Unerschrockene spazieren. In seinem Atelier auf der Anhöhe steht ein Maler und hält die Szene fest ... Eine Szene aus den 1920er-Jahren. Der Mann an der Staffelei heißt Jens Søndergaard. Sein Atelier in Ferring ist heute ein Museum. Wer es betritt, den erfasst sofort die ganz besondere Nordseestimmung, die Søndergaard so einzigartig in seinen Werken darstellte.

Und das ist auch für viele Urlauber genau das Jütland, das sie sich erträumen: Die raue Nordsee, die kalte, gleichzeitig aber gesunde Luft. Der Sturm, die Fischerboote, die Möwen, der scheinbar endlose Strand.

Das Land der Maler

Ungefähr 200 Kilometer weiter nördlich, in Skagen, haben einige noch berühmtere Maler wie Peter Severin Krøyer und Michael Ancher in eindrucksvollen Gemälden ebenfalls das raue Leben der Fischer, ihre tägliche harte Arbeit, den Kampf mit der Natur festgehalten. »Wird er es schaffen?« lautet der Titel eines bekannten Ancher-Gemäldes.

Wirklich berühmt wurden sie aber durch ganz andere Bilder. Frauen in wunderschönen Kleidern gehen des Abends am Strand spazieren. Frauen? Nein, das sind wirkliche Damen. Auf anderen Bildern sehen wir sie mit nicht weniger vornehmen Herren in einem prachtvollen Garten. Der Tisch ist üppig gedeckt. Es ist wohl dieses Jütland, das die Mehrzahl der Jütland-Besucher erleben will: Strahlende Sonne, weite Strände, reich gedeckte Esstische, ausruhen, entspannen – Ferien!

Ein Land wie aus dem Bilderbuch

Doch wie jedes Klischee deckt auch dieses nur einen Teil der Wirklichkeit ab. Denn Jütland ist mehr, ist vielschichtiger und ist bei jedem Besuch wieder ganz anders. Unterteilt wird Jütland ganz konventionell nach den vier Himmelsrichtungen. Der Norden, wo sich Nord- und Ostsee so spektakulär treffen. Der Westen mit den langen Stränden. Der Osten mit den vielen Städten. Und der Süden mit dem deutschen Einschlag.

In Südjütland sagt man »Moin« statt »Hej«, hier ist das Dänische nicht ganz so rein wie etwa in Kopenhagen. Denn diese Region stand mal unter dänischer, mal unter deutscher Herrschaft. Im 19. Jahrhundert befanden sich die Herzogtümer Lauenburg, Schleswig und Holstein in losem Verbund mit Dänemark.

Mitte der 1840er-Jahre flammte in Dänemark die Debatte wieder auf, ob man sich diese Herzogtümer nicht gänzlich einverleiben solle. Zu diesem Zeitpunkt reichte die eigentliche dänische Südgrenze an die Kongeå unmittelbar südlich von Kolding. In den Herzogtümern selbst war die Tendenz aber eher, sich aus dem Verbund mit Dänemark zu lösen. In die nun folgenden kriegerischen Auseinandersetzungen mischte sich auch Preußen ein. Die entscheidende Schlacht bei Idstedt 1850 gewannen die Dänen allerdings und verhinderten so ein Ausscheren der Herzogtümer.

In den 1860er-Jahren suchten die Dänen dann eine endgültige Lösung. Sie wollten sich Schleswig mit Macht einverleiben, Holstein und Lauenburg aber die Eigenständigkeit lassen. So kam es 1864 erneut zum Krieg, diesmal waren Preußen und Österreich die Gegner. In der entscheidenden Schlacht bei Dybbøl erlitten die Dänen eine verheerende Niederlage. Die Kongeå war nun endgültig die dänische Südgrenze, Dänemark erneut geschrumpft. Erst die deutsche Niederlage im Ersten Weltkrieg bot die Chance zur Grenzkorrektur. Eine Volksabstimmung 1920 sollte über den Grenzverlauf entscheiden. In den Städten Tønder, Haderslev und Åbenrå stimmte zwar die Mehrheit für den Verbleib bei Deutschland, doch die Landbewohner plädierten für Dänemark. Sie machten die Mehrheit aus, so dass Nordschleswig zu Dänemark kam. In den beiden südlicheren Wahlkreisen hingegen stimmte die Mehrheit ebenso eindeutig für Deutschland.

Heute kann man noch über die alten Schlachtfelder von Dybbøl laufen, in einem nahen Museum Dokumente zum Kriegsverlauf studieren. Nicht weit entfernt liegt Sønderborg. Zwar ist es hier nach dem Ende des »Butterschiff-Tourismus'« etwas ruhiger geworden. Aber Sønderborg ist eine sympathische kleine Einkaufsstadt geblieben. Unbedingt sehenswert ist sein um 1150 errichtetes Schloss direkt am Wasser. Schon das Gebäude selbst ist eine Augenweide. Aber auch das darin untergebrachte weitläufige Heimatmuseum lohnt einen Besuch: Es zeigt Trachten ebenso wie Gemälde und widmet sich natürlich insbesondere der Seefahrt.

Auch Haderslev ist ein nettes Einkaufszentrum mit einer wirklichen Sehenswürdigkeit. Es ist der mächtige Dom, der auf der höchsten Erhebung der Stadt erbaut wurde. Besonders seine bis zur Decke reichende Orgel verdient Beachtung, reich verziert zeigt sich der Taufstein, schön die Wandmalereien.

Schlichtes Schachbrett Christiansfeld

Ganz anders dagegen ist die Atmosphäre in Christiansfeld. Der Ort wurde 1771 von sächsischen Herrenhutern begründet. Diese strenggläubigen Menschen berufen sich auf den Reformator Johan Hus. Ursprünglich stammen sie aus Böhmen und Mähren, viele flohen aber vor Verfolgung nach Herrenhut in Sachsen.

Christiansfeld ist schachbrettartig angelegt. Alles wirkt sehr schlicht, bescheiden und zurückgenommen. Nirgendwo gibt es auch nur ein Anzeichen von überbordender Konsumwut. Auf dem Friedhof, Gottesacker genannt, begräbt man die männlichen Toten im Westen, die weiblichen im Osten, die Grabsteine sind alle uniform. Ein Besuch im Gemeindemuseum hilft uns sicherlich, diese Glaubensrichtung besser zu verstehen. Die kulinarische Spezialität Christianfelds ist übrigens der Honigkuchen.

Prägen Städte und Fjorde die Ostküste, so tut dies an der Westküste die unendlich weite Marschlandschaft. Flach ist es hier, weit kann der Blick schweifen. Deiche halten die Wogen der Nordsee davon ab, sich noch weiter ins Land zu drängen.

Tønder, die Stadt der Klöppelspitze

Tønder war einst eine bedeutende Handels- und Hafenstadt. Als im 16. Jahrhundert großflächige Eindeichungen vorgenommen wurden, verlor es seinen Hafen, mit der Grenzziehung von 1920 sein südliches Hinterland. Seither konzentrierte sich der Handel zunehmend auf das weiter nördlich gelegene Esbjerg. Einzig den Status als Klöppelstadt konnte sich Tønder all die Jahre erhalten, wenngleich auch dieses Handwerk schon im 18. Jahrhundert an Bedeutung verlor. Heute wartet also ein lieblicher kleiner Ort auf den Besucher – Stress und Hektik scheint es hier nicht zu geben, die Uhren laufen wohl etwas langsamer als anderswo.

Die Kirche von Schloss Augustenborg auf Als wurde zwischen 1770 und 1776 errichtet, ihre Orgel mit der Rokoko-Fassade wurde 1773 in Itzehoe gefertigt.

Der »Wächterkeller« des Hotels »Dagmar« erinnert an die Tradition des Stadtwächters, der früher nachts patroullierte, um die Einwohner vor allen Gefahren zu warnen.

Auf Flohmärkten wie hier in Møgeltønder wird wirklich alles angeboten – ob Hemd, Lampe oder eben Bett.

Das nette Hotel »Dagmar« ist das älteste Hotel Dänemarks. Es steht in Ribe, der ältesten Stadt des Landes.

Das nahe Møgeltønder wirkt eigentlich wie die perfekte Idylle. Hübsche Häuser, gepflasterte Gassen und ein Schloss wie aus dem Bilderbuch. Mit der Bilderbuchidylle war es allerdings im Herbst 2004 plötzlich vorbei, als der im Schloss Schackenborg residierende Prinz Joachim, die Nummer zwei in der Thronfolge, sich von seiner Frau Alexandra trennte. Alexandra zog mit den Kindern nach Kopenhagen, während Joachim hier jetzt alleine als Landwirt lebt.

Die älteste Stadt des Landes

Ribe gehört zum Pflicht-Programm jedes Jütlandbesuches, denn es ist die älteste Stadt Dänemarks. Bereits im achten Jahrhundert hatten die Wikinger die Stadt angelegt, 948 wurde sie erstmals als Bischofssitz erwähnt. Ribe hatte stets wichtige Handelsverbindungen nach England und Deutschland, doch mit der Reformation verlor die Stadt an Bedeutung.

In Ribe steht mit dem Hotel Dagmar auch das älteste Hotel Dänemarks. Ebenso kann man auch im ehemaligen Gefängnis übernachten. Zu sehen gibt es auch etwas: Das Wikingermuseum führt die Besucher in frühere Zeiten, die Sturmflutsäule am Hafen zeugt von schlimmen Überflutungen. Unbedingt sehenswert ist der Dom mit seinen schönen Fenstern. Vom Turm aus hat man einen prächtigen Blick über das schön erhaltene Zentrum bis hin zur Nordsee.

Vor der Küste liegen drei Inseln im Meer, nämlich Rømø, Mandø und Fanø. Urlauber lieben diese idyllischen Eilande mit ihren langen Stränden über alles. Rømø und Mandø sind auf dem Landweg zu erreichen, während man um nach Fanø zu gelangen in Esbjerg die Fähre nehmen muss.

Møgeltønder erinnert mit seinen kleinen Häusern und dem Kopfsteinpflaster an eine Puppenstube. In der Nähe der Stadt liegt Schloss Schackenborg, hier arbeitet Prinz Joachim als Landwirt.

Wo Westjütland beginnt

Mit Esbjerg beginnt dann auch schon Westjütland. Die Stadt gehört zu den größten in Jütland und hat sich in den letzten 150 Jahren am rasantesten entwickelt. Das liegt daran, dass Dänemark mit der Niederlage im Krieg von 1864 sein südliches Hinterland verlor. Es brauchte schnell eine neue Hafenstadt und die Wahl fiel 1868 auf das kleine Esbjerg. Zehn Jahre später war der Hafen angelegt, heute liegen hier große Trawler, Containerfrachter und Fährschiffe dicht an dicht. Das rasante Wachstum hat auch im Stadtbild seine Spuren hinterlassen. Historische Bauten sucht der Besucher vergebens, die Fußgängerzone gibt sich ganz unpersönlich.

Die prächtigen Häuser auf Fanø erinnern an die große Zeit der Insel im 18. und 19. Jahrhundert, als etwa 160 Schiffe hier ihren Heimathafen hatten.

Sønderho auf Fanø besitzt gut erhaltene Häuser, von denen viele mit holländischen Kacheln ausgeschmückt sind. Der Sønderho Kro ist für seine gute Küche bekannt.

Das Ringreiten hat in Südjütland große Tradition – im Juli findet in jeder größeren Stadt ein Wettbewerb samt Stadtfest statt.

Sehenswert ist aber das Fischerei- und Seefahrtsmuseum im Norden der Stadt. Von hier ist es nicht weit zu den vier riesigen Figuren am Strand, die der Künstler Svend Wiig Hansen geschaffen hat. »Der Mensch am Meer« heißt das beeindruckende Kunstwerk.

Blåvand, Vejers Strand, Henne Strand und Hvide Sande sind Namen, die vielen Dänemarkfans Freudentränen in die Augen treiben. Es sind die Namen beliebter Ferienorte an der Nordseeküste. Die Städte selbst gleichen einander: ein oder zwei Kaufmannsläden, eine Handvoll kleiner Boutiquen, ein paar Würstchenbuden und ansonsten jede Menge Ferienhäuser. Das alles liegt eingebettet in eine herrliche Dünenlandschaft, dahinter erstrecken sich weite Strände. Strandkörbe aufzustellen und Platz zu sparen, so wie man es von der deutschen Küste kennt, ist hier unnötig. Es ist genug Platz für alle da. Selbst in eher unwirtlichen Monaten wie April oder November spazieren viele Menschen am Meer entlang, denn die salzige Luft tut gut. Und danach kann man sich vor dem Kamin im Ferienhaus wieder aufwärmen.

Viel Natur, wenig Städte

Was gänzlich fehlt, sind echte Städte. Gewiss, kleine Orte wie Varde oder Ringkøbing bieten sich für eine Stippvisite an. Gerade Ringkøbing ist zwischen Markt und Hafen wirklich hübsch. Doch wer die Westküste aufsucht, muss wissen, dass er hier abgeschieden vom städtischen Trubel lebt. Aber vermutlich ist es das auch, weswegen die meisten hierhin fahren. Sehenswert sind auch das eingangs erwähnte Museum des Malers Jens Søndergaard in Ferring sowie das Muschelhaus in Thyborøn. Letzteres ist vermutlich eines der meistfotografierten Häuser des ganzen Königreiches.

Immer wieder stößt man an der Westküste auf Bunker und Befestigungen aus dem Zweiten Weltkrieg. Die deutschen Besatzer wollten sich damit vor den Briten schützen. Nach dem Krieg zeigte sich, dass die Bebauung zum Teil so massiv war, dass sie nicht abgerissen oder gesprengt werden konnte. So blieben sie als Erinnerung an schlimme Zeiten erhalten.

Ein Urlaubertraum bleibt an der Westküste und in Dänemark überhaupt unerfüllt, zumindest für Nicht-Dänen, nämlich der vom eigenen Haus. Dänemark hat in der Europäischen Union die Ausnahmeregelung durchgesetzt, dass Ausländer keine Immobilien erwerben dürfen. Die Einheimischen fürchten, dass sonst viele Häuser bald den Norddeutschen gehörten und die Orte zu Geisterstädten verkämen.

Lebendige Ostküste

Wem mehr nach Städten ist, der besucht die Ostküste. Kolding zum Beispiel bietet dem Reisenden so einiges. Da gibt es einen Botanischen Garten mit 3000 Pflanzen, ein wunderschön am Fjord gelegenes Kunstmuseum, das sich vor allem dem dänischen Möbeldesign widmet. Und natürlich Koldinghus, das Schloss, das über der Stadt thront.

1268 entstand an dieser Stelle eine Burg, welche die Grenze zwischen Dänemark und dem Herzogtum Schleswig bewachte. Später baute man die Burg zum Schloss um, seither nächtigten hier gerne Könige auf ihren Reisen. Bis während der Napoleonischen Kriege spanische Truppen einquartiert wurden. Ihnen war es in dem Schloss zu kalt, sie entfachten ein kleines Feuer – und plötzlich stand das ganze Gebäude in Flammen. Erst Ende des 19. Jahrhunderts begann der Wiederaufbau, der aber gut 100 Jahre dauerte. Heute beherbergt das Gemäuer ein Heimatmuseum.

Weiter westlich liegt Fredericia. Die Stadt entstand ab 1648 als strategisch wichtige Bastion am Kleinen Belt. Fredericia wurde schachbrettartig angelegt und mit einem heute noch stehenden Wall gesichert. Um die Bevölkerung zu stärken, erlaubte man auch den Anhängern verfolgter Glaubensgemeinschaften den Zuzug.

Geheimtipp Kryb-i-ly-Kro

Auf dem Weg zwischen Kolding und Fredericia liegt einer der vielen dänischen Landgasthöfe (kroer). Dieser besitzt einen ganz besonderen Namen. Der Kryb-i-ly-Kro ist sicherlich nicht das dunkle, leicht morsche Gasthaus, das man sich unter einem Landgasthof in der Provinz vielleicht vorstellt. Es handelt sich hier um ein »Gast-Haus« im wahren Sinne des Wortes, das sehr gemütlich und liebevoll eingerichtet ist. Seine Speisestube versprüht historischen Charme, wenngleich sie relativ neu ist, denn 1973 brannte das gesamte Gebäude nieder. Die Bezeichnung »Schlüpf-unter-Krug« stammt von König Christian IV. der hier 1737 vorbeikam und den im Regen arbeitenden Bauern riet, doch im Krug unterzuschlüpfen.

Vejle hat sich heute zu einem wichtigen Einkaufszentrum gemausert. Die Stadt liegt am Ende des Vejle Fjord, die Fahrt hinunter in die Stadt ist überraschend steil. Einen Besuch lohnt die St. Nikolai Kirche aus zwei Gründen: In der Mauer des nördlichen Kreuzganges sind 23 Schädel eingemauert, die der Sage nach von hingerichteten Räubern stammen. Und von einer Moorleiche, die man 1935 westlich der Stadt fand und die heute in einem Sarg in der Kirche aufbewahrt wird,

Zum Segelfest »Cutty Sark Race« treffen sich Windjammer und historische Großsegler aus aller Welt.

glaubte man, den Leichnam der norwegischen Wikingerkönigin Gunhild gefunden zu haben. Heute wissen die Forscher, dass die betreffende Person aber bereits im vierten oder fünften vorchristlichen Jahrhundert gelebt haben muss.

Das Dreieck Kolding-Fredericia-Vejle gehört zu den wirtschaftlich am schnellsten wachsenden Regionen in Dänemark. Das liegt schlicht daran, dass sich hier die großen Autobahnen des Landes kreuzen: Die E 20, die Kopenhagen, Odense und Esbjerg miteinander verbindet, trifft auf die E 45, die von Hamburg und Flensburg hinauf nach Århus und Aalborg führt. Vejle fehlen allerdings die großen, spektakulären Sehenswürdigkeiten. Suchen müssen wir diese aber nicht lange: Wir finden sie etwas weiter westlich, zum Beispiel in Jelling.

Berühmte Runensteine

»König Gorm errichtete diesen Gedenkstein für seine Frau Thyra, Dänemarks Zierde«. Dieses ist die Gründungsurkunde Dänemarks, die Worte finden sich auf einem der beiden Runensteine in Jelling. Hier wurde »Dänemark« erstmals erwähnt. »König Harald ließ diesen Gedenkstein für seinen Vater Gorm und seine Mutter Thyra errichten, der Harald, der ganz Dänemark und Norwegen unterwarf und die Dänen zu Christen machte.« Das ist die Inschrift auf dem zweiten, größeren Stein, der somit auch Dänemarks Übergang von der heidnischen in die christliche Epoche beschreibt. Kein Wunder also, dass Jelling eine Art Pilgerstätte wurde: Jeder Däne möchte sehen, wo sein Land gegründet wurde. Gorm selbst wurde vermutlich 958 im nördlichen Grabhügel begraben, sein Sohn ließ aber eine Kirche errichten und den Leichnam überführen.

Die nostalgischen Schiffe sind mit liebevoll geschnitzten Details wie dieser Galionsfigur geschmückt.

Die Teilnehmer kommen aus aller Herren Länder zusammen, um ihre stolzen Schiffe zu präsentieren.

Raabjerg Mile im Norden Jütlands ist ein wahres Naturphänomen: Alljährlich schiebt sich die Wanderdüne 15 Meter weiter gen Osten.

Rechts: In Jelling steht die Wiege Dänemarks – hier wurde der Landesname erstmals auf einem Stein erwähnt, hier traten die Herrscher zum Christentum über.

Auf ins echte Legoland

Von hier ist es nicht weit zu einem dänischen Original, das auf der ganzen Welt berühmt ist. Es war Gotfred Kirk Christiansen, der Mitte der 1950er-Jahre kleine Plastikklötze herzustellen begann. Sein Vater hatte bereits in den 1930ern Holzspielzeug gebaut. Und es gibt wohl kaum ein Kind, das nie mit Lego gespielt hat (aus »leg godt« – »spiel gut« abgeleitet). Klar, dass das Legoland Kinder und Eltern anzieht. Und es ist wirklich faszinierend, was hier aus ca. 44 Millionen Legosteinen erschaffen wurde: Ganze Landschaften sind entstanden, norwegische wie englische, Amsterdam ist ebenso zu entdecken wie Kopenhagen, ein wahres Prachtwerk ist der Münchener Flughafen. Und man darf nicht nur staunen, sondern kann auch mit der Eisenbahn fahren, in Flugzeugen fliegen oder sich mit dem Boot Piraten nähern. Hier gibt es Beschäftigung für mindestens einen Tag. Wer zwischendurch dem Trubel entfliehen will, kann durch das Spielzeugmuseum spazieren, dessen Prunkstück die Puppenstube »Titania's Palace« ist. Sie wurde zwischen 1907 und 1922 von Hand aus 3000 Einzelteilen gefertigt.

Sehenswert ist auch der Givskud Zoo, den man mit dem Auto durchfahren kann. Die Tiere erwarten, dass man ihnen etwas zu fressen anbietet. Tut man das nicht, schaut die Giraffe schon mal ins Auto … Höhepunkt ist die Fahrt durch das Löwengelände. Dort sollten Sie das Fenster allerdings geschlossen halten.

Wo Vitus Bering wohnte

Horsens ist eine am Ende des gleichnamigen Fjordes gelegene, schnell wachsende Stadt. Das war nicht immer so, denn Brände und Plünderungen schienen die Stadt, fast als hinge ein Fluch über ihr, heimzusuchen. Erst als die Stadtbewohner begannen, Horsens mit Wällen und Gräben zu befestigen, wurde das Wachstum möglich, siedelten sich große Firmen an. Viel historische Bebauung ist heute nicht mehr erhalten, dennoch macht Horsens insgedamt einen recht harmonischen Eindruck. Auffällig ist die enorm breite Fußgängerzone, die angeblich Dänemarks breiteste ist.

1681 wurde in Horsens übrigens Vitus Bering geboren, der später für den russischen Zaren Peter der Große auf Expedition ging. Er entdeckte unter anderem, dass zwischen Asien und Amerika keine Landbrücke existierte. 1741 starb er an Skorbut.

Fredericia wurde 1648 als Militärbastion gegründet und schachbrettartig angelegt. Die Befestigung ist heute noch gut zu sehen. In der Hafengegend sind viele Häuser in bunten Farben gestrichen.

In dänischen Bäckereien heißt der Blätterteigkuchen, den wir »Kopenhagener« nennen, »Wienerbrød«, also »Wienerbrot«.

Århus – alt, aber attraktiv

Århus ist die größte Stadt Jütlands und zweitgrößte Dänemarks. Entsprechend lebendig geht es hier zu. Vom Bahnhof aus zieht sich die Fußgängerzone durch die Stadt, natürlich findet man hier alle bekannten Geschäftsketten. Einen reizvollen Kontrast bietet dann das so genannte Latinerviertel, das nördlich des Skt. Clemens Torv beginnt. Hier wirkt alles etwas unorthodoxer, sind die Geschäfte origineller, kann man in einem der zahlreichen Cafés rasten.

Doch auch das kulturelle Angebot kann sich sehen lassen. Großartige Museen zum Beispiel. 2004 wurde das neue Kunstmuseum ARoS eingeweiht. Es ist in einem beeindruckenden Gebäude untergebracht, das im Inneren durch lichtdurchflutete Räume begeistert. Fast ohne es zu merken gleiten die Besucher von Stockwerk zu Stockwerk. In »Den Gamle By« hat man historische Häuser aus ganz Dänemark zusammengetragen und zu einem großen Freilichtmuseum vereint. In den Sommermonaten wird hier auch traditionelles Handwerk ausgeübt – ein Vergnügen für Jung und Alt.

Besonders sehenswert ist sicherlich das Frauenmuseum. Hier wird die Geschichte der Frauen der Region skizziert, wird ihr Leben in den verschiedenen Jahrhunderten und in verschiedenen sozialen Schichten dargestellt. Dank seiner schnörkellosen, klaren Linienführung fällt auch das Rathaus sofort auf. Arne Jacobsens Entwurf aus den 1940ern hatte anfangs nicht nur Freunde, störte sich die Bevölkerung an seiner modernen Linienführung, Jahrzehnte später ist sie stolz, eines der architekturgeschichtlich bedeutendsten Rathäuser des Landes zu besitzen.

Am anderen Ende der Fußgängerzone steht der Dom, ein eindrucksvolles Gebäude. Zu Beginn des 13. Jahrhunderts entstand hier die Skt. Clemens Kirke, genau an der Stelle, an der das Grab des Stadtheiligen Niels lag. Aus den Spenden der Wallfahrer wurde der Kirchenbau finanziert. Ende des 15. Jahrhunderts wurde das Gebäude radikal erneuert, dabei kam der 92 Me-

Das »Schneckenhaus« in Thyborøn an der Westküste wurde vollständig mit Schneckenhäusern und Muscheln beklebt. Es ist vermutlich eines der meist fotografierten Häuser Dänemarks.

Vejle ist Teil des wirtschaftlich erfolgreichen Dreiecks Vejle–Kolding–Fredericia. Es besitzt heute eine idyllische Fußgängerzone.

Mühlen wie diese bei Vejle sind vielerorts zu sehen. Dänische Windkraftanlagen werden heute in aller Welt gebaut, in diesem Industriezweig gehören die Dänen zu den Marktführern.

Der Kryb-i-ly-Kro zwischen Kolding und Fredericia versprüht viel historischen Charme, er brannte zwar 1973 nieder, wurde aber sorgsam wieder aufgebaut.

Links: »Den Gamle By« ist ein weitläufiges Freilichtmuseum in Århus, in dem historische Häuser aus dem ganzen Land zu sehen sind.

In historischer Umgebung bewegt man sich auch traditionell fort, daher warten Pferdekutscher in »Den gamle By« auf Kunden.

Bereits im Jahr 1914 wurde das erste Haus in »Den gamle By« aufgestellt, bis heute konnten viele schöne Details bewahrt werden.

tèr hohe Turm hinzu. Die bemerkenswerten Kalkmalereien im Inneren stammen ca. von 1480.

Südlich der Stadt liegt Marselisborg Slòt, die Sommerresidenz der Königin. Sind die Fahnen aufgezogen, ist sie anwesend und es findet um 12 Uhr der Wachwechsel statt. Ist sie nicht da, darf das Volk zumindest in den Garten.

Im Übrigen ist Århus auch eine der ältesten dänischen Städte, bereits 948 erhielt sie einen Bischof. Kontinuierlich entwickelte sie sich an der Mündung der Århus, doch erst Mitte des 19. Jahrhunderts erhielt sie den Schub, der sie zur heutigen Größe brachte. Der Fluss selbst verlief übrigens lange Zeit unterirdisch, Mitte der

»Den Gamle By« ist nicht nur ein Museum, hier wird auch noch gearbeitet und das Gefertigte dann verkauft.

Die Konzerthalle in Århus ist besonders für ihre alljährlich im September stattfindenden Wagner-Festspiele bekannt.

Das Scandinavian Center in Århus wurde 1995 fertig gestellt. Der 41 Meter hohe Bau beherbergt ein Luxushotel und Tagungsräume.

1990er-Jahre begann man aber, ihn wenigstens teilweise freizulegen. Und so verströmt der Åboulevarden, dessen östlicher Abschnitt verkehrsberuhigt wurde, an schönen Sommertagen ein überaus mediterranes Flair. Dann sitzen die Århusianer auf den Treppen am Wasser und genießen einfach das Leben. Aber auch sonst pulsiert das Leben in der Universitätsstadt. Ambitionierte Galerien warten auf Publikum, die Musikszene blüht. Das sich in einer solchen Umgebung auch hervorragende Köche niederlassen, versteht sich von selbst.

Die Rivalin Kopenhagens

Århus ist übrigens auch das Flaggschiff der Jüten in ihrer Rivalität mit den »hochnäsigen« Kopenhagenern. Für die Hauptstädter sind alle Jüten rückständige und starrköpfige Bauern. Gerade Århus will aber zeigen, dass auch in Jütland Kultur und Wirtschaft blühen.

Einer der schönsten Landstriche Jütlands ist ohne Zweifel seine »Nase«, nämlich Djursland. Seine Berge von Mols sind bis zu 134 Meter hoch. Städtisches Highlight ist Ebeltoft. Adelgade, Overgade und Nedergade heißen seine Straßen, die wunderschöne alte Häuschen säumen und die die Besucher der Stadt begeistern. An Ebeltoft scheinen die letzten Jahrhunderte spurlos vorbeigegangen zu sein. Nach guter alter Tradition schreitet der Nachtwächter durch die Stadt. Früher musste er eher darauf achten, dass nicht irgendwo ein Feuer ausbrach, heute dient sein Tun der Pflege des historischen Stadtbildes. Das erste Rathaus wurde hier 1576 gebaut, das heutige entstand allerdings erst 1789. Es ist angeblich das kleinste Rathaus der Welt. Es beherbergt heute das Heimatmuseum, ist aber zuweilen auch standesgemäße Kulisse für eine Hochzeit.

Seefahrerland und Seenland

Unbedingt sehenswert ist die Fregatte Jylland.1860 lief das Schiff vom Stapel, nahm kurz darauf an der Schlacht bei Helgoland teil, wurde 1908 ausgemustert und kam im eher erbarmungswürdigen Zustand 1960 in Ebeltoft an. Eine Zeit der mühsamen Restaurierung begann. Heute erstrahlt dieses längste Holzschiff der Welt wieder im alten Glanz. Und obwohl das Schiff nicht auf hoher See ist und man sich gleichzeitig mit vielen anderen Besuchern über Deck bewegt, so stellt sich doch ein Gefühl von Seeleben und Erhabenheit ein. Plötzlich werden Besucher zu stolzen Kapitänen.

Östlich von Århus erstreckt sich das Seenland um Silkeborg. An manchen Seen geht es sehr lebhaft zu, an anderen findet man noch einsam lauschige Plätzchen. Das Silkeborger Zentrum selbst ist kaum aufregender als das anderer Orte, was einen Besuch über die Seenplatte hinaus aber in jedem Fall lohnt, sind die Museen.

So das Aquarium AQUA: Als es Anfang der 1990er-Jahre eröffnet wurde, galt es noch als Sensation: Denn in seinem Inneren drehte sich die Perspektive um, es hatte eher den Anschein, dass die Fische und Meerestiere auf die Menschen schauten als umgekeht. Heute sind auch andere Museen so konzipiert. Das Kulturhistorische Museum ist ein typisches Heimatmuseum mit Stadtgeschichte, historischem Handwerk und einer bemerkenswerten Glassammlung. Seine Hauptattraktion ist der Tollundmann, ein 1950 gefundener Moormensch, dessen Tod Forscher lange Zeit auf ca. 200 v. Chr. datierten. Mittlerweile schätzt man ihn nochmals 200 Jahre älter. Aus derselben Zeit stammt das Ellingmädchen, das hier zu sehen ist. Und schließlich wird im Kunstmuseum ein Mann gewürdigt, dessen Bilder zu den teuersten dänischen Kunstwerken gehören. Asger Jorn, eigentlich Asger Jørgensen (1914 bis 1973), heißt er. Zu sehen ist aber nicht nur sein Werk, sondern auch ein Teil seiner eigenen Sammlung, die Stücke von Le Corbusier, Dubuffet und Max Ernst umfasst.

Mit dem Raddampfer unterwegs

Nicht versäumen darf man eine Fahrt mit »Hjejlen«. »Hjejlen« wurde 1861 gebaut und gilt als ältester noch betriebener Raddampfer der Welt. Eine Fahrt mit ihm ist ein Erlebnis, auch wenn man vermutlich nicht allein an Deck sein wird. Unterwegs lohnt sich der Ausstieg am 147 Meter hohen Himmelbjerg mitsamt einer kleinen Wanderung zum Gipfel.

Viborg liegt verkehrstechnisch sehr günstig, hier liefen schon früher die Handelswege zusammen. Viborg war aber auch ein religiöses und politisches Zentrum. Der letzte König, der hier gekrönt wurde, war Christian V. im Jahre 1655. Die Reformation ging von Viborg aus, denn der dänische Reformator Hans Tausen verkündete die Lehre zuerst im Gråbrødreklostret.

Sehenswert ist der Dom. Ende des 19. Jahrhundert hielt man ihn für zu klein, riss ihn bis auf die Krypta nieder und errichtete das heutige Gebäude. Das wirkt von außen recht nüchtern, im Inneren blendet uns aber die Farbenpracht von Joakim Skovgaards monumentaler Malerei. Er vollendete sein Werk 1906.

Bedeutend und reich: Randers

Da wo Dänemarks größter Fluss, die Gudenå, in den Randers Fjord fließt, war natürlich immer etwas los. Früh schon erhielt Randers Burg und Kloster, stritten sich Herrscher um die Stadt, Randers war bedeutend und reich. Erst als im 17. Jahrhundert die Truppen Wallensteins und später Wrangels die Stadt quasi vernichteten, begann eine schwierige Zeit. Die Stadt verfiel, Häuser wurden abgerissen. Erst ein Jahrhundert später ging es bergauf. Der Handel mit dem Umland wurde intensiviert, der Fjord wurde vertieft, Schiffsverkehr mit Kopenhagen und sogar London aufgenommen.

Heute steht hier die viertgrößte Stadt Jütlands. Historische Bebauung findet man kaum, denn das Alte musste dem Neuen weichen. Bestes Beispiel ist das Rathaus, das 1930 drei Meter Richtung Norden geschoben wurde, um die Straße zu verbreitern. Wenn man bei Hobro den Mariager Fjord passiert, kommt man allmählich nach Nordjütland. Es gehört nicht viel Fantasie dazu, um einzusehen, dass an diesem schmalen Übergang nach Nordjütland eine Siedlung entstehen musste: Bereits im 14. Jahrhundert gehörte Aalborg zu den wichtigsten jütischen Städten. Die Fischerei und der Handel mit Nordeuropa bestimmten das Leben. Natürlich blieb auch Aalborg nicht von den Plagen des Mittelalters wie Bränden und Kriegen verschont. Doch einen wirklichen Rückschlag erlebte die Stadt nie. Im Gegenteil, im 19. Jahrhundert siedelte sich vermehrt Industrie an. Die Aquavitfabrik, Werften, die Aalborg Portland Zementfabrik, eine Tabakmanufaktur und viele andere prägten das Leben am Limfjord.

Kultur einst und jetzt

Heute ist Aalborg Jütlands zweit- und Dänemarks viertgrößte Stadt. Die Fußgängerzone ist recht weitläufig, das kulturelle Angebot ausgezeichnet, die Moderne hat historischen Bauten nicht völlig den Garaus machen können. Legendär ist die Vielzahl an Kneipen. Die Jomfrue Ane Gade gilt als längste Theke Dänemarks, Kneipen und Restaurants reihen sich hier dicht an dicht.

Viborg war der Ausgangspunkt der Reformation in Dänemark, hier verkündete Hans Tausen die neue Lehre, die 1536 ihren Durchbruch hatte. Der Ort ist eines der typisch dänischen Mittelzentren, die nie die Bedeutung der Hafenorte besaßen, sich aber entlang wichtiger Handelwege entwickelten.

Der Stolz der Stadt ist das Jens Bang Stenhus, denn es ist das besterhaltene Bürgerhaus aus der Rennaissance. Es enstand 1623 bis 1624. Unmittelbar nördlich der Stadt, in Nørresundby, liegt eines der bedeutendsten Wikinger-Grabfelder Nordeuropas. Die Funde, die hier während der Ausgrabungen in den 1950ern zutage traten, sind in dem benachbarten Museum ausgestellt. Dort wurde auch die damalige Siedlung nachgebaut.

Südlich von Aalborg erstreckt sich mit dem Rold Skov Dänemarks großtes zusammenhängendes Waldgebiet, es umfasst 85 Quadratkilometer. 1912 kauften es dänisch-amerikanische Bürger und schenkten es dem dänischen Staat als Nationalpark. Wenn hier am 4. Juli die amerikanische Unabhängigkeit gefeiert wird, kommt politische Prominenz aus beiden Ländern. An den restlichen 364 Tagen des Jahres ist Rebild Bakker ein beliebtes Ausflugsziel.

Wo Wind und Wellen herrschen

An der Westküste reihen sich weiterhin die Ferienhaussiedlungen aneinander, Blokhus und Løkken sind die bekanntesten von ihnen. Nicht versäumen darf man Rubjerg Knude. Ein sensationelles Naturschauspiel. Denn hier zeigt sich die unwiderstehliche Macht von Wind und Wetter, die tagtäglich neuen Sand um den Leuchtturm aufhäufen und der dann von Zeit zu Zeit auf den Gebäudekomplex hinunterrollt. So werden in ein paar Jahren die ersten Gebäude völlig vom Sand begraben sein. Der Leuchtturm selbst ist schon lange nicht mehr von See aus erkennbar, zu hoch ist die Dünen zur Meeresseite geworden.

Nicht weit entfernt steht die Maarup Kirke. Immer weiter frisst sich das Meer an sie heran. Längst schon dient sie den Bewohnern nicht mehr als Kirche, eigent-

Jens Bang ließ in Aalborg das heute älteste Renaissancehaus der Stadt bauen. Doch da der Stadtrat ihn nicht akzeptierte, ließ er sich mit ausgestreckter Zunge an der Außenwand verewigen.

Die Jomfru Ane Gade gilt als Dänemarks längste Kneipenmeile – Restaurants und Kneipen reihen sich dicht an dicht, nachts geht es hier recht laut zu.

lich wäre es nur noch eine Frage der Zeit, bis sie ins Meer hinabstürzt. Allerdings haben die Bewohner in den letzten Jahren ihre Bemühungen verstärkt, das Gelände so zu sichern, dass die leer geräumte Kirche erhalten werden kann.

Wie ein tatsächlich versandetes Gebäude aussieht, zeigt Den Tilsandede Kirke auf dem Weg nach Skagen. Ab dem 18. Jahrhundert ist sie kontinuierlich zugeweht worden, so dass sie ihre eigentliche Funktion verlor. 1903 wurde sie unter Denkmalschutz gestellt. Heute ragt nur noch der Turm aus dem Sand. Noch eindrucksvoller ist allerdings die nahe Råbjerg Mile. Diese Wanderdüne bewegt sich pro Jahr ca. 15 Meter ostwärts. Bei schönem Wetter herrscht hier ein ganz eigenes Licht, das die Weite der Düne noch größer als ohnehin schon erscheinen lässt.

Ein Traum in Gelb

Und dann haben wir schon Skagen erreicht. Hier gibt es wunderschöne Häuser, es herrscht eine entspannte Stimmung und Trubel im Hafen: Skagen besitzt einfach das gewisse Etwas. Manchen Reisenden ist das in den Sommermonaten allerdings zu viel. Skagen besitzt nämlich fast schon Kultstatus, wer nicht in Skagen war, war nicht in Jütland. Folglich machen sich entsprechende Menschenmassen auf den Weg.

Im 15. Jahrhundert war Skagen übrigens so groß wie Kopenhagen. Die Stadt lebte natürlich vom Fisch, aber nicht von ihm allein. Denn so manches Handelsschiff lief hier auf Grund und konnte geplündert werden. Trauriger Nebeneffekt: Natürlich ließ auch so manch Fischer in den rauen Fluten sein Leben.

Noch immer bestimmt der Fisch das Wohlergehen der 12 000 Skagener. Doch seit um die Jahrhundertwende die Maler den Ort berühmt und populär machten, ist der Tourismus zu einem wichtigen Wirtschaftsfaktor geworden. Zum überaus gerne absolvierten »Pflichtprogramm« der Urlauber gehört Skagens Museum. Gegen Ende des 19. Jahrhunderts entdeckten Maler wie Holger Drachmann, Peder Severin Krøyer, Michael Ancher oder Viggo Johannsen Skagen für sich. Um 1880 bildete sich eine Künstlerkolonie, die bald die landschaftliche Schönheit und Idylle, aber auch den rauen Fischeralltag zum Thema hatte. Die so entstandenen Bilder gehören heute weltweit zum Standardrepertoire vieler Kalender- und Postkartenproduzenten, die Skagenmaler sind sicherlich Dänemarks bekannteste Malschule. In diesem Museum sind viele ihrer Arbeiten gesammelt, es ist ein Schmuckstück, das entsprechend gut besucht wird.

Und wer schon so weit gereist ist, der muss dann auch noch das letzte Stück nach Grenen bewältigen. Kraftvoll rauschen hier Nord- und Ostsee ineinander. Man kann mit dem einen Bein in der einen und dem zweiten in der anderen See stehen. Wenn es nur eine erkennbare Grenze gäbe.

Wind und Wasser setzen der Erhebung Rubjerg Knude heftig zu, der Sand ist hier ständig in Bewegung.

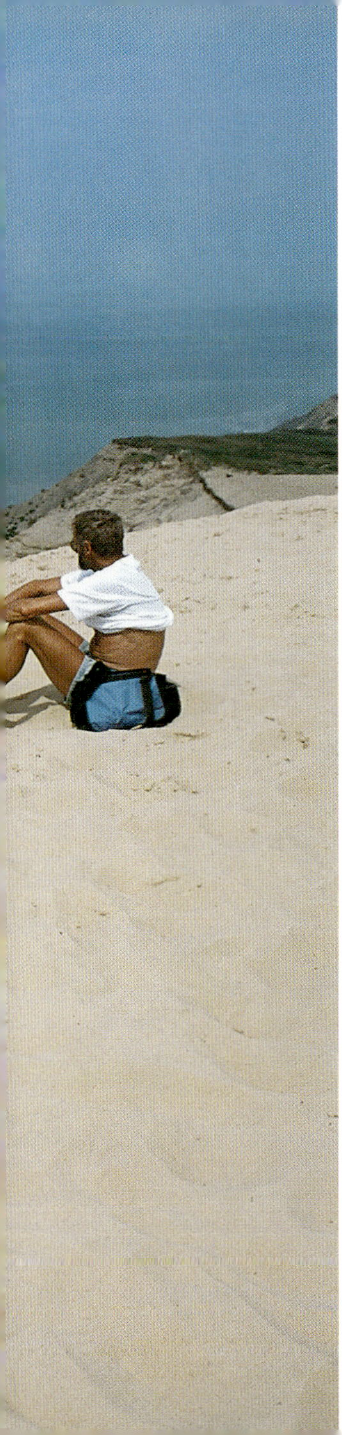

Wenn die See auch noch zu kühl zum Baden ist, so lässt sich doch schon ein herrliches Sonnenbad nehmen und der Blick von Rubjerg Knude aus genießen.

Um die wertvollen Fischerboote an der Nordsee nicht dem Willen der Gezeiten auszusetzen, werden sie am Abend sicherheitshalber an Land gezogen.

Die kleinen weißen Badehäuser haben Løkken bekannt gemacht, im Sommer gesellen sich zu den etwa 2000 Einwohnern zahlreiche Urlaubsgäste.

Mit dem Auto an den Strand zu fahren ist in Jütland an einigen Stellen erlaubt, daher ist beim Spielen am Strand Vorsicht geboten.

Am Strand von Lønstrup

Die **fünf** schönsten Erlebnisse in Jütland

Grenen – wo sich zwei Meere treffen

Mit dem einen Bein steht der Besucher in der Nordsee, mit dem anderen in der Ostsee, Jütlands Nordspitze ist nicht nur deswegen ein ganz besonderer Ort. Nicht weit davon finden wir Jütlands nördlichsten Leuchtturm.

Ribe – die älteste Stadt des Landes

Dänemarks älteste Stadt bietet wunderschöne kleine Gassen, vom Dom hat man einen weiten Blick über die flache Landschaft

Legoland – Spiel ohne Grenzen

Es ist schon eindrucksvoll, was sich so alles aus den kleinen Plastikklötzen bauen lässt. Der Park ist ein Vergnügen für jedes Alter.

Wie Dänemark früher war

In »Den Gamle By« hat man historische Häuser aus ganz Dänemark zusammengetragen und zu einem großen Freilichtmuseum vereint. In den Sommermonaten wird hier auch traditionelles Handwerk ausgeübt – ein Vergnügen für Jung und Alt.

Romantische Sankt-Hans-Nacht

Alljährlich am 23. Juni wird das Sankt-Hans-Fest gefeiert, dann erhellen zahlreiche Feuer die Dunkelheit. Die Stimmung ist ausgelassen, dabeizusein ist ein echtes Erlebnis.

Der Nyhavn war einst das verruchte Viertel der Matrosen, Huren und Tätowierstuben, heute ist er eine der Hauptattraktionen Kopenhagens mit vielen Restaurants und Kneipen.

Seeland und die Inseln

Das Herz des Landes

Kopenhagen ist Dänemarks Mittelpunkt – die Königin, die Regierung sowie große Firmen und Institutionen haben hier ihren Sitz. Die Könige zogen sich gerne nach Nord-Seeland zurück und ließen sich prächtige Residenzen errichten. Süd-Seeland, Lolland und Falster sind weniger spektakulär, die Kreidefelsen von Møn hingegen sind ebenso eindrucksvoll wie die von Rügen.

Schloss Rosenborg liegt im Zentrum Kopenhagens. König Christian IV. ließ es von 1606 bis 1607 erbauen. Es beherbergt heute die Kronjuwelen.

Wer in den Häfen von Gedser (Falster) oder Rødby (Lolland) seine Dänemarkreise beginnt und allmählich in Richtung Norden fährt, spürt geradezu, wie der Verkehr mit jedem Kilometer, den er sich Kopenhagen nähert, zunimmt: Die Stadt ist das unumstrittene Zentrum des Landes, das wird allein schon dadurch dokumentiert, dass gut ein Drittel aller Dänen im Großraum Kopenhagen lebt. Das Königshaus und das Parlament sind hier, die meisten der großen Firmen haben hier ihren Sitz. Natürlich gibt es auf Seeland und den südlich gelegenen Inseln noch zahlreiche weitere reizvolle Ecken, so zum Beispiel Roskilde mit seinem eindrucksvollen Dom, Nord-Seeland mit den Schlössern oder Møn mit den Kreidefelsen. Doch Kopenhagens geradezu magische Anziehungskraft ist und bleibt in jeder Hinsicht unübertroffen.

Bischof Absalon hatte die Stadt an jener Stelle gegründet, an der heute Schloss Christiansborg steht. Im Jahr 1026 wurde der Ort erstmals urkundlich erwähnt, 1186 als Hafn (»Hafen«) genannt, später als Køpmannæhafn (»Kaufmannshafen«). Damals waren Städte wie Roskilde, das jütische Viborg oder Nyborg auf Fünen noch um einiges bedeutungsvoller. Doch im 14. Jahrhundert wurde Kopenhagen zur Hauptstadt erklärt, das war der Durchbruch. Das Stadtbild prägte ganz wesentlich König Christian IV. (1588 bis 1648). Unter seiner Regentschaft entstanden unter anderem Schloss Rosenborg, der Runde Turm und die Börse. Aber auch Frederik V. (1746 bis 1766) wusste sich zu verewigen, er zeichnete verantwortlich für den Stadtteil Frederiksstaden mit Schloss Amalienborg als Mittelpunkt.

Natürlich ging es mit Kopenhagen nicht nur aufwärts, die Pest und verheerende Brände suchten die Stadt immer wieder heim, 1815 schossen die Engländer die Stadt gar sturmreif. Nachdem Dänemark Schleswig im Kampf gegen Preußen und Österreich verloren hatte, blieb das Land in der Folgezeit von Kriegen verschont. Hochs und Tiefs erlebte die Stadt dennoch: Anfang des 20. Jahrhunderts verkaufte Dänemark seine karibischen Besitzungen – die Westindischen Jungferninseln – an die Vereinigten Staaten, Island löste sich vom Mutterland. Dänemark hatte seine Bedeutung verloren und konnte sich erholen. Das galt gerade für die Hauptstadt. Selbst die deutsche Besatzung lief hier glimpflicher ab als sonst in Europa. Kopenhagen wurde nicht bombardiert, der historische Kern blieb erhalten.

Der Weg in die Moderne

Nach dem Krieg entwickelte sich der Wohlstand. Mit dem Strøget (»der Strich«) entstand die erste Fußgängerzone überhaupt. In den 1970er-Jahren wurde auch in Kopenhagen unsensibel modernisiert, insbesondere im Stadtteil Nørrebro kam es daher zu gewalttätigen Auseinandersetzungen zwischen Polizei und einer lautstarken Protestbewegung. Nørrebro ist heute noch der politisch aktivste Stadtteil, alternative Kneipen, unkonventionelle Boutiquen, aber auch einige soziale Brennpunkte prägen ihn.

Entstanden sind diese so genannten Brokvarter (Brückenviertel) im 19. Jahrhundert, als es innerhalb der Stadtmauern zu eng wurde. Im Norden entstand also Nørrebro, im Westen Vesterbro. Vesterbro war sehr lange das Armenviertel. Sex-Shops, Prostituierte und Junkies prägten das Bild. Dank konsequenter Sanierungsmaßnahmen wird Vesterbro aber allmählich wieder zum attraktiven Wohnviertel. Østerbro bietet eine gute Mischung aus unterschiedlichsten Ethnien, Lebensformen und Einkaufsmöglichkeiten.

Ein großer Ruck ging durch die Stadt, als sie 1996 zu Europas Kulturhauptstadt wurde. Überall wurde saniert, gebaut, gebaggert. Kopenhagen putzte sich heraus und nutzte die Gunst der Stunde für einen bis heute anhaltenden Modernisierungsschub. Heraus kam dabei zum Beispiel eine Neubebauung des Hafenareals. Firmen und Ministerien zogen dort ein, ein Luxushotel kam hinzu, zuletzt die neue Oper. Eine U-Bahn wurde eröffnet, was Kopenhagen nach eigener Einschätzung mit London und New York gleichstellte. Und zwischen Stadt und Flughafen entsteht mit Ørestad ein völlig neuer Stadtteil.

Der Rosenborg-Schlosspark ist ein idealer Punkt für eine kleine Rast. Dabei kann man die Statuen von Hans Christian Andersen und Königin Caroline Amalie bewundern.

Einhundert Jahre dauerte der Bau der Marmorkirche – wegen der teuren Materialien und des daraus resultierenden Geldmangels musste die Arbeit immer wieder unterbrochen werden.

Leben wie in Amsterdam

Der schon erwähnte Christian IV. war es im Übrigen, der den Stadtteil Christianshavn auf der anderen Hafenseite aus der Taufe hob. Dessen Kanäle und Hausboote erinnern stark an Amsterdam. Um 1900 war Christianshavn ein Armenviertel. Anfang der 1970er-Jahre besetzten Jugendliche ein vom Militär verlassenes Gelände und erklärten es zum Freistaat Christiania. Natürlich kam es zu Auseinandersetzungen. Und dann tolerierte man Christiania einfach.

In der Folge entwickelte sich eine offene Drogenszene (»Pusher Street«), doch mit den Jahren wurde Christiania aber auch zum Touristenziel. Busse halten mittlerweile vor den Toren, Schilder weisen sogar darauf hin, dass die Besucher nicht fotografieren. Das Schicksal des Freistaats bleibt ungewiss, denn einerseits ist es ein wesentliches Prinzip der dänischen Gemeinschaft, alternative Lebensweisen zu akzeptieren. Andererseits liegt Christiania auf städtebaulich sehr attraktivem und somit lukrativem Grund.

Eine Stadt inmitten der Stadt

Eine Besonderheit liegt auf der anderen Seite Kopenhagens. Fredriksberg ist eine Stadt in der Stadt – es liegt in Kopenhagen, ist jedoch selbstständig mit eigenem Bürgermeister und eigener Verwaltung. Fredriksberg besitzt einen herrlichen Park vor dem Fredriksberg Slot, einen Zoo und die Carlsberg Brauerei.

Fredriksberg macht ein großes Problem der Hauptstadt deutlich: Kopenhagen ist keine reiche Stadt. Die Begüterten wohnen nördlich der Stadt, die großen Firmen sind in die Randgemeinden gezogen. Kopenhagen gibt vielen Menschen Arbeit, profitiert davon aber nur wenig. Dank der Brücken- bzw. Tunnelverbindung nach Schweden suchten sich viele in Kopenhagen arbeitende Menschen ein Häuschen zwischen Malmö, Lund und Ystad. Insgesamt zählt die Øresundregion, also der Großraum Kopenhagen/Malmö, zu den wirtschaftlich stärksten Wachstumsregionen in Europa.

Ein Bummel durch Kopenhagen

Zurück in die City. Einen ersten hervorragenden Blick über die Stadt haben wir vom Runden Turm. Christian IV. ließ ihn 1840 bis 1842 in der Købmagergade erbauen. Auf Treppen legte er keinen Wert, er wollte lieber hinaufreiten. Heute muss der Besucher die 35 Meter nach oben auf einer Art Schneckenweg bewältigen. Erst ganz zum Schluss warten noch einige wenige Treppen. Doch die Aussicht entschädigt für den vielleicht beschwerlichen Weg.

Vom Runden Turm ist es nicht weit zum Rosenborg Slot. Auch dieses hatte Christian IV. erbauen lassen, da er ein Vergnügungsschloss in der Nähe seines Dienstsitzes haben wollte. Ein gutes Jahrhundert später verloren seine Nachfolger aber das Interesse an dem Schloss, sie zog es mehr zu den Besitzungen auf Nord-Seeland. Anfang des 19. Jahrhunderts wurde Rosenborg zum Museum und beherbergt seither unter anderem die Kronjuwelen. Bei gutem Wetter kommen die Kopenhagener gerne zum Ausspannen in den herrlichen Schlosspark.

Kunstvolle Kunstmuseen

Von Rosenborg gelangt man schnell zu zwei der schönsten Museen der Stadt. Da ist einmal Den Hirschsprungske Samling, die Kunstsammlung des Tabakindustriellen Heinrich Hirschsprung. Er vermachte diese

Sammlung 1902 dem Staat. Sie zeigt unter anderem Werke vieler Maler des so genannten Goldzeitalters und der Skagener Schule.

Von hier fast zum Greifen nah ist das Statens Museum for Kunst. Dies ist die größte Kunstsammlung des Landes, den Besucher erwartet ein hervorragender Querschnitt nicht nur durch die dänische Kunstgeschichte. Hervorzuheben ist die Kupferstichsammlung, außerdem gelingt es dem Museum, immer wieder mit spektakulären Sonderausstellungen aufzuwarten.

Orientieren wir uns von hier gen Osten, passieren wir zunächst einige komplett gelbe Häuserzeilen. Es war natürlich wieder Christian IV., der die Idee hatte, hier Wohnungen für die königlichen Seeleute zu errichten. Von hier geht es weiter in Richtung Wasser, so stehen wir bald vor der Kleinen Meerjungfrau, die im Dänischen Den Lille Havfrue heißt. Wörtlich übersetzt heißt das »Die kleine Meerfrau«. Nicht Jungfrau. Der Künstler Edvard Eriksen schuf diese Figur, Modell stand seine Frau, das Motiv entstammt natürlich dem Märchen von Hans Christian Andersen. 1913 wurde das Werk am Hafen aufgestellt, in der Folge mehrfach mutwillig beschädigt. Doch ungerührt davon blickt die kleine Frau weiterhin in Richtung Meer – und wird im Sekundentakt von Besuchern fotografiert.

Ein sagenhafter Brunnen

Es lohnt sich, am Wasser zurückzugehen, denn der Weg führt uns am Gefionbrunnen vorbei. Der schwedische König soll der Göttin Gefion so viel Land angeboten haben, dem sie in einer Nacht habhaft werden könne. Daher verwandelte sie ihre Söhne in Ochsen und riss Land heraus. Das legte sie zwischen Fünen und Schwe-

Der Wachwechsel der Königlichen Leibgarde um zwölf Uhr vor Schloss Amalienborg ist ein beliebtes Spektakel. Auf ihrem Weg zum Schloss marschiert die Garde durch die Innenstadt.

Schloss Amalienborg besteht aus vier Gebäuden, in einem wohnt das Königspaar, in einem Kronprinz Frederik mit Gattin Mary, in einem werden Gäste empfangen und eines ist derzeit ohne Funktion.

Die Ny Carlsberg Glyptotek ist ein architektonisches Glanzstück und besitzt eine hervorragende Sammlung von Skulpturen aus dem Mittelmeerraum, aber auch Arbeiten Rodins.

den und nannte es Seeland. Das Loch in Schweden wurde von Wasser gefüllt und heißt heute Vänernsee. So erzählt es zumindest die Sage, die der 1908 fertig gestellte Brunnen darstellt.

Von hier sind es nur wenige Schritte bis zum Schloss Amalienborg. Hier wohnt die Königin, was den unbedarften Besucher zunächst verwundern mag, denn hier fehlen jegliche Absperrungen, sogar Autos fahren über den Schlosshof. Einzig die königlichen Wachen lassen erahnen, dass die vier Rokokopalais, aus denen Amalienborg besteht, eine besondere Bedeutung besitzen. In einem Palais wohnen Königin Margrethe II. und Prinz Henrik, im anderen Kronprinz Frederik samt Gattin Mary, im dritten werden Gäste empfangen und für das vierte gibt es derzeit keine besondere Verwendung. Ist die Fahne aufgezogen, ist die Königin zu Hause. Eine wirkliche Sehenswürdigkeit ist der tägliche Wachwechsel, der um 12 Uhr zelebriert wird.

Vom Schlossplatz blickt man auf die Frederiks Kirke, die besser als Marmorkirche bekannt ist. Sie wurde bis 1770 im klassizistischen Stil errichtet. Allerdings wurde der Bau dank des norwegischen Marmors teurer als kalkuliert, weshalb man das halb fertige Gebäude 100 Jahre stehen ließ. Dann spendierte ein Privatmann das fehlende Geld und 1894 war die größte Zentralkirche Skandinaviens vollendet.

Ein Privatmann war es auch, der das Gebäude errichten ließ, das vom Schlossplatz Richtung Wasser zu sehen ist – die 2005 eingeweihte Oper. Mærsk McKinney Møller, der mit Abstand reichste Däne, hatte sie spendiert. Er ließ innen wie außen seine ganz persönlichen Vorstellungen umsetzen, niemand durfte ihm dreinreden. Das Resultat ist ein Bauwerk, das die Betrachter polarisiert. Für die einen symbolisiert es Moderne und Metropole – sie vergleichen es mit der Oper in Sydney. Für die anderen ist es ein überdimensioniertes und architektonisch völlig misslungenes Gebäude, das die Achse zwischen Wasser, Amalienborg und Marmorkirche unwiederbringlich zerstört hat.

Die reine Harmonie von Fredriksstaden

Um Amalienborg herum erstreckt sich das Viertel Fredriksstaden. 1689 war hier das Schloss Sophie Amalienborg abgebrannt. Daraufhin überließ König Frederik das Gelände Privatleuten zur Bebauung, allerdings mit sehr klaren architektonischen Vorgaben. So entstand ein baulich überaus geschlossen und harmonisch wirkender Stadtteil, der sich bis heute erhalten hat.

Gehen wir weiter an der Langelinie, wie der Weg unmittelbar am Wasser heißt, kommen wir zum Skt. Annæ Plads, wo das neue Schauspielhaus entsteht. Von hier erreichen wir bald Nyhavn. Hier schmiegen sich unmittelbar am Wasser alte, farbenprächtige Häuser eng aneinander. Gibt es etwas Schöneres als im Sommer vor dieser Kulisse bei Kaffee oder Bier zu sitzen und das Leben zu genießen? Gewiss, hier wird es schnell voll, sobald die ersten Sonnenstrahlen durch die Wolken kommen. Doch das raubt diesem Fleckchen Erde ganz und gar nichts von seinem Reiz.

Ursprünglich wohnten hier Kaufleute, deren Schiffe direkt vor der Tür lagen. Später bestand das Publikum überwiegend aus Seeleuten und leichten Mädchen. Aus den schummrigen Spelunken von einst sind heute Restaurants für jeden Geschmack und jeden Geldbeutel geworden. Und von den Tätowierstuben sind auch nur noch wenige übrig.

Bunte Welt des Strøget

Nyhavn grenzt an den Kongens Nytorv. Dieser große Platz wurde erst 1670 angelegt, als das Stadtzentrum aus den Nähten zu platzen drohte. Von hier verteilt sich der Verkehr in die verschiedenen Richtungen, entsprechend laut geht es hier zu. Im Winter wird die Platzmitte übrigens zur Schlittschuhbahn. Am Kongens Nytorv steht auch das Magasin du Nord, das älteste Kaufhaus Skandinaviens. Daneben erhebt sich stolz Kopenhagens großes Nobelhotel, das Hotel d'Angleterre. Nicht unerwähnt bleiben darf das Königliche Theater, vor dem die in Bronze gegossenen Statuen des Komödienschreibers Ludvig Holberg und des Tragödiendichters Adam Oehlenschläger sitzen.

Vom Kongens Nytorv geht es hinein in den »Strich«, die Fußgängerzone. Sie zieht sich hoch bis zum Rathausplatz. Unterwegs warten Geschäfte jeder Couleur auf Kundschaft, von der »Trash-Boutique« mit billigen T-Shirts bis zum Edel-Juwelier, vom großen Kaufhaus bis zum Pfeifenhändler. Immer wieder zweigen kleine Gassen vom Hauptweg ab, es gibt also viel zu entdecken. Wie in allen Metropolen der Welt ist auch diese Haupteinkaufsmeile nicht billig – aber reizvoll. Gerade im Sommer begeistert den Besucher die Lebendigkeit des Strøget. Da wird Musik und Schach gespielt, man sieht nur in lachende Gesichter, es scheint keine Hektik zu geben. Diese sprudelnde Lebensfreude macht Kopenhagen zu einer der schönsten Hauptstädte der Welt.

Folketing, Rathaus und Tivoli

Im unteren Teil der Fußgängerzone, am Amagertorv, erhebt sich linker Hand Schloss Christiansborg. Dort tagt das Parlament (Folketing). Das Schloss hatte einige Vor-

Da sitzt sie nun, schaut sehnsüchtig in Richtung Ostsee und wird tagtäglich zigfach fotografiert: die 1913 nach Andersens Märchen von Edvard Eriksen gefertigte »Kleine Meerjungfrau«.

Mitten auf dem »Strich«, der Fußgängerzone, wollen sich diese Breakdancer ein paar Kronen verdienen, so wie es Musiker aus aller Welt hier jeden Sommer tun.

Das Pfeiferauchen hat in Dänemark eine große Tradition, W. Ø. Larsen am Amager Torv gehört zu den bekanntesten Geschäften und beherbergt ein kleines Tabakmuseum.

Kopenhagen bietet unterschiedlichste Fortbewegungsmittel, vom Doppeldeckerbus für die Stadtrundfahrt über kostenlose Leihräder bis zu diesen Rikschas.

gänger, die aber entweder verfielen oder abbrannten. Den verheerenden Brand von 1884 sah man angeblich noch in Jütland. Das heutige Gebäude, 1907 errichtet, ist das siebente Schloss an dieser Stelle. Alte Gemäuer sind noch unterhalb des Schlosses zu besichtigen.

Die Fußgängerzone endet (oder beginnt) am Rathausplatz. Das Rathaus ist bereits das siebente seiner Art in Kopenhagen. Unverkennbar ist das 1905 fertig gestellte Bauwerk nach norditalienischem Vorbild errichtet. Im Inneren lohnt die Weltuhr einen Blick: 13 verschiedene Werke zeigen die Zeit in aller Welt an.

Vom Rathausplatz ist es nur ein Katzensprung zum Tivoli. In den unruhigen 1840er-Jahren konnte ein gewisser Däne namens Georg Carstens den König davon überzeugen, dem Volk einen Vergnügungspark zu spendieren, bevor es auf die Idee einer Revolution käme. Und so wurde der Tivoli eröffnet, der allen Vergnügungsparks dieser Erde als Vorbild diente. Er ist auch heute kein High-Tech-Park, sondern ganz und gar bodenständig geblieben. Natürlich haben auch technisch spektakuläre Fahrgeschäfte Einzug gehalten, aber daneben gibt es noch einfache Karussells, den klassischen Pierrot und Musikrevuen.

Von der Kunst der Antike zum Schwarzen Diamanten

Wer sich für klassische Kunst erwärmen kann, der muss in die nahe Carlsberg Ny Glyptotek gehen. Carl und Ottila Carlsberg, Inhaber der Carlsberg Brauerei, ließen das Gebäude Ende der 1890er-Jahre errichten. In seinem Inneren sind klassische Skulpturen aus Griechenland oder Rom ebenso zu finden wie Werke Rodins oder etruskische Kunst.

Sobald die Sonne herauskommt, werden am Nyhavn die Stühle auf die Straße gestellt und man trifft sich spätestens zum Dienstschluss auf ein kaltes Getränk.

Jeder Besucher, der einen Sinn für außergewöhnliche Architektur besitzt, wird nach der Glyptotek hinunter zum Wasser gehen und den »Schwarzen Diamanten« besuchen. Dieses Gebäude ist Teil der Königlichen Bibliothek – selten wurde ein Neubau in der Stadt von den Bürgern mit solch großer Begeisterung aufgenommen wie dieser.

Und wer schwindelfrei ist, kann hinüber nach Christianshavn schlendern. Dort steht die Vor Frelsers Kirke, an deren Turmaußenwand 150 Stufen steil emporführen. Von hier lässt sich Kopenhagen dann nochmals aus einer ganz anderen Perspektive betrachten als vom Runden Turm herab.

Der Tivoli ist der älteste Vergnügungspark der Welt und bietet nach wie vor viele traditionelle Fahrgeschäfte wie etwa das Kettenkarussell.

Rechte Seite: Kopenhagens Rathausplatz wurde nach italienischem Vorbild gestaltet, das Gebäude rechts ist das siebente Rathaus in der Geschichte der Stadt.

Im Tivoli steht auch diese chinesische Pagode.

Entdeckungen rund um Kopenhagen

Nördlich von Kopenhagen beginnt der so genannte Whiskeygürtel. Dort wohnen die Reichen und Wichtigen, entsprechend sind die Häuser etwas größer und teurer. Rungsted heißt ein Ort, den viele Besucher ansteuern: Denn hier steht das Wohnhaus der Schriftstellerin Karen Blixen. Fast jeder kennt spätestens seit dem Film »Jenseits von Afrika« mit Meryl Streep und Robert Redford ihre Lebensgeschichte: 1913 kam sie nach Kenia, bewirtschaftete mit ihrem Mann eine Kaffeeplantage und verliebte sich in einen anderen. Der verunglückte tödlich bei einem Flugzeugabsturz. 1931 kam Blixen zurück nach Dänemark, schrieb ihre Erinnerungen auf, und ging als eine der weltweit berühmtesten Autorinnen Dänemarks in die Literaturgeschichte ein. Hier kann man durch ihr Haus gehen, Dokumente zu ihrem Leben studieren und ihr Grab besuchen.

Ein aufregendes Museum

Noch weiter nördlich bildet der Ort Humlebæk die Kulisse für eines der aufregendsten Museen überhaupt – Louisiana ist sein Name. Knud W. Jensen eröffnete es 1958. Die Architektur ist auch heute noch ungewöhn-

SONY
MITSUBISHI
VELUX
ACE
HOTEL

POLSTEAM

Linke Seite: Greifbar nahe ist das schwedische Helsingborg, kein Wunder also, dass der Einkaufsverkehr zwischen beiden Ländern rege ist.

Für die Passage durch den Øresund, die Meerenge zwischen Dänemark und Schweden, mussten die Schiffe früher hohe Abgaben zahlen.

lich, die Sammlung zur Moderne großartig und der Blick hinüber nach Schweden einmalig. Kein Wunder, dass das Museum noch heute als Vorbild für gelungenen Museumsbau dient.

DER GRÖSSTE RITTERSAAL EUROPAS

Die Meerenge zwischen Dänemark und Schweden, der Øresund, hat heute an Schrecken verloren, dereinst war die Durchfahrt hier aber nicht nur gefährlich, sondern auch teuer: Die Zollerhebung wurde von Schloss Kronborg in Helsingør aus überwacht, erst 1857 war mit den Abgaben Schluss. Bis 1922 diente das Schloss dann als Kaserne. Heute durchwandert man die riesigen Räume, der Rittersaal ist mit 62 mal 11 Metern der größte Saal Nordeuropas. Unten in den Katakomben sitzt übrigens die aus Stein gehauene Sagengestalt Holger Danske, Holger der Däne. Ab dem 15./16. Jahrhundert besangen ihn die Balladendichter als Nationalhelden Dänemarks. Wir können ihm einen Besuch abstatten, aber er schläft fest – und wird erst erwachen und sein Schwert herausreißen, wenn seine Heimat Dänemark in Gefahr geraten sollte.

Weltweite Berühmtheit erlangte das Schloss dank William Shakespeare. Er ließ hier seinen Hamlet das berühmte »To be or not to be« sprechen. Weiterhin kann man hier ein Meeresmuseum besuchen.

Von Helsingør ins Ferienland

Helsingør selbst ging es dank der Zolleinnahmen eigentlich immer gut. Seine historische Bebauung ist in weiten Teilen erhalten, besonders sehenswert ist das Karmeliterkloster aus dem 15. Jahrhundert mit seinen vielen Deckenmalereien.

Das Sparen lockt heute die Schweden in die Stadt. Nur 20 Fährminuten sind es hinüber nach Helsingborg, und Alkohol ist in Dänemark immer noch deutlich günstiger als in Schweden. So kommen die Schweden mit der leeren Sackkarre an Land und nehmen mit, was die Karre aushält.

Von Kopenhagen hinauf bis Helsingør und weiter gen Westen, bis nach Gilleleje und Tisvildeleje zieht sich der Strand. An der Nordküste Seelands liegen die Ferienhaussiedlungen dicht beieinander. Wer hier am Strand wandert und die nahen Wälder durchstreift, versteht, weshalb es die dänischen Könige immer in den Norden Seelands zog: Diese Region bietet Erholung pur, abseits des Hauptstadtrummels und inmitten herrlichster Natur. Zudem ließen sich die Könige repräsentative Bauten errichten, so dass auch Kulturfreunde auf ihre Kosten kommen.

Frederiksborg – geliebt und ungeliebt

Glanzpunkt ist dabei ohne Zweifel Schloss Frederiksborg. Wer sonst als Christian IV. ließ die schon bestehende Anlage zu einem prächtigen Schloss umbauen. 1859 vernichtete ein Brand das Haupthaus, doch dank der Spenden aus der Bevölkerung und des Bierbrauers Carl Jacobsen konnte es wieder aufgebaut werden.

Jacobsen gab auch den Anstoß, hier das Nationalhistorische Museum einzurichten. Und so kann man heu-

Schloss Frederiksborg beherbergt ein Museum zur Nationalgeschichte – Raum für Raum durchschreitet der Besucher Dänemarks Historie.

Linke Seite: Schloss Frederiksborg im Norden Seelands ist Dänemarks schönstes Renaissanceschloss, es wurde 1600 bis 1620 gebaut. 1859 vernichtete ein Brand große Teile des Inventars.

Links: Während der deutschen Besatzung Dänemarks 1940 bis 1945 flohen viele Juden von Helsingør aus auf Fischerbooten über den Øresund nach Schweden.

te durch die Räume schlendern und zugleich einen Spaziergang durch die dänische Geschichte unternehmen. Bilder, Dokumente und allerlei Exponate veranschaulichen den jeweiligen Zeitabschnitt. Nach dem Rundgang kann man sich in dem weitläufigen Garten entspannen, der das Schloss umgibt.

Nicht alle Könige schätzten Frederiksborg. Frederik IV. etwa ließ sich 1722 einige Kilometer nordöstlich das Schloss Fredensborg errichten. Dessen Name »Friedensburg« bezieht sich auf das Ende des Großen Nordischen Krieges 1721. Mancher König residierte gerne hier, andere zog es wieder Richtung Frederiksborg. Königin Margrethe II. verbringt hier gerne ihre Sommerferien.

Südwestlich von Kopenhagen befindet sich mit Roskilde eine einst sehr mächtige Stadt. Im Schutz des langen Roskilde-Fjords hatten sich schon die Wikinger hier angesiedelt. Mit der Christianisierung wurde Roskilde zum Bischofssitz. Drei große Kirchen und Klöster prägten die Stadt, doch mit der Reformation kam der Rückschlag: Die Bauten der Katholiken wurden abgerissen, nur der Dom blieb erhalten. Er ist die letzte Ruhestätte der dänischen Monarchen. Seit 1413 werden sie hier beigesetzt, jedes Grabmal ist zeittypisch ausgeschmückt. So ist im Inneren auch eine dänische Stilgeschichte zu bestaunen. Frederik IX., der Vater von Margrethe II., wurde als Einziger außerhalb der Kirche beigesetzt.

Rechte Seite: Die Steilküste bei Stevns Klint ist nicht sehr hoch, aber dennoch dramatisch, denn sie ist stark abbruchgefährdet.

Die zweite große Attraktion des Ortes ist das Wikingerschiffs-Museum. Es beherbergt fünf Schiffe, die 1962 im Roskilde-Fjord entdeckt wurden. Vermutlich wurden sie um das Jahr 1000 versenkt, damit die Einfahrt zum Fjord versperrt wurde. Forscher hoben sie vorsichtig und restaurierten sie. Neben dem Museum befindet sich auch eine Werkstatt, in der Wikingerschiffe nachgebaut werden, damit wir mehr über sie erfahren.

Die dritte Attraktion der Stadt findet alljährlich Anfang Juli statt. Bei leider meist kräftigem Regen findet dann das Roskilde Festival statt. Bands aus ganz Skandinavien sowie einige nationale Top-Acts geben sich dann hier vor 80 000 begeisterten Fans ein Stelldichein – diese lassen sich vom trüben Wetter ganz und gar nicht schrecken.

Die Städte im Schatten Kopenhagens

Zu den im Schatten Kopenhagens leicht übersehenen Städten gehört Køge. Dabei besitzt die Stadt zauberhafte Straßenzüge, die imposante, reichlich ausgeschmückte Skt. Nikolai Kirke und das Skitsemuseum, das zeigt, wie aus einer Idee ein Kunstwerk wird.

An der Ostküste verdient noch Stevns Klint Beachtung. Die dortige Kirche schmiegt sich direkt an einen Abgrund, droht jede Sekunde abzustürzen – eine bizarre Szenerie. Der Chor fiel 1928 schon ins Meer, der Rest scheint aber gut gesichert.

Bekannter ist sicherlich der nahe Ort Fakse, wo das gleichnamige Bier herkommt. Während die Kopenhagener Großbrauereien Carlsberg und Tuborg sich als königliche Hoflieferanten positionierten, gab die Faxe Brauerei sich selbstbewusst den Zusatz »Lieferant des dänischen Volkes«.

Der Ort macht eigentlich nicht viel her, doch ist seine riesige Kalkgrube erwähnenswert. Es ist Dänemarks größte offene Mine, in der zudem Versteinerungen von fast 500 Tierarten gefunden wurden.

Auf dem Weg von Kopenhagen nach Korsør an der Westküste Seelands passiert man auch Sorø. Einst bestimmte das klösterliche Leben den kleinen Ort, außerdem wurden hier die Monarchen begraben. Zwar ging es mit der Refomation für Sorø nun zunächst bergab, doch dann machte man aus der bisherigen Klosterschule eine Akademie. Sie durften nur die Besten der Besten besuchen, und tatsächlich prägte die Akademie das Geistesleben in Dänemark über lange Zeit. Erst 1848 wurde der Betrieb eingestellt.

Verändert hat sich sicherlich auch das Leben in Korsør: Einst war die Stadt der Fährhafen Richtung Fünen. Seit Eröffnung der Brückenverbindung rauschen jetzt viele an dem Ort vorbei. Das ist schade, denn Korsør ist ein ansehnliches Städtchen, das sich dank seiner günstigen Lage am Wasser prächtig erhalten konnte.

Die Tore nach Deutschland

Südlich von Seeland liegen drei große Inseln: Falster, Lolland und Møn. Falster und Lolland sind die Tore nach Deutschland. Beide Inseln sind extrem flach, sie liegen zum Teil sogar unter dem Meeresspiegel. Lolland bietet mit Maribo und Nakskov zwei hübsche Städtchen sowie mit dem Safaripark Knuthenborg eine wirklich lohnende Attraktion. Falster wartet mit schönen Stränden bei Marielyst auf und besitzt mit dem Mittelaltercenter bei Nykøbing ebenfalls eine schöne Sehenswürdigkeit. Doch letztlich sind beide Inseln eher beschaulich – Trubel sucht man hier vergeblich.

Ganz anders, nämlich viel spektakulärer, ist Møn. Hier wirkte um 1480 der Elmelunde-Meister. Er malte Kirchen wie die in Elmelunde und Fanefjord auf eine ganz einzigartige Art und Weise aus, charakteristisch sind die Pfauenaugenblumen. Seinen wahren Namen kennt man nicht.

Ein Dorf wie aus dem Bilderbuch ist Nyord, verträumt und ohne jegliche Hektik. Eine kleine Kirche, gepflegte Häuser, ein Gartenrestaurant, umgeben wird Nyord von einem Naturschutzgebiet, das Ornithologen als wahre Schatztruhe gilt.

Natur pur auch ganz im Norden der Insel, in Ulvshale. Ein Waldgebiet, in das der Mensch kaum eingreift und das deshalb sehr unterschiedliche Baumarten besitzt. Steinablagerungen von der Küste, die hierher gespült worden sind. Und ein schönes Heidegebiet. Das alles wird garniert von einem wunderschönen Strand.

Und dann natürlich Møns Klint, die Kreidefelsen, die sich auf 128 Meter erheben. Vor ca. 75 Millionen Jahren wurde hier der Kalkschlamm von den Gletschern, die sich zurückzogen, aus dem Wasser nach oben gedrückt. In all den Jahren haben natürlich Wind und Wetter an den Felsen genagt. Ab und an stürzt auch ein Teil hinunter. Reizvoll ist ein Spaziergang unten, man kann aber auch oberhalb der Felsen gehen. Auf jeden Fall lohnt der Weg bis zum Liselund Park, einem hübschen kleinen Park mit ganz unterschiedlichen Häusern, ideal für ein Picknick.

Am reizvollsten ist es an den Kreidefelsen natürlich am frühen Morgen, wenn noch keine Besucher da sind und die Sonne die Kreidestrukturen noch weißer erscheinen lässt. Und dann ist all der Trubel vergessen, der den Urlauber in Kopenhagen noch umschwirrt hat.

Die **fünf** schönsten Erlebnisse in und um Kopenhagen

Møns Klint – strahlend weiße Kreidefelsen

Wenn am Morgen die Sonne auf die weißen Felsen scheint, kann man das ganz besondere Licht genießen und zwischen am Wasser nach Versteinerungen suchen.

Frederiksborg – Museum und Schloss

Es ist nicht nur ein herrliches Schloss, das Christian IV. in Nordseeland bauen ließ, sondern es dient heute auch als Nationalgeschichtliches Museum.

Bezaubernde Kleine Meerjungfrau

Sehnsüchtig schaut die kleine Dame aus Hans Christian Andersens Märchen Richtung Meer, unbeeindruckt von all ihren Besuchern.

Roskilde Dom – eine kurze Stilgeschichte Dänemarks

In dem mächtigen Bau finden Dänemarks Könige ihre letzte Ruhestätte, jedes Grab ist auch ein Stück dänischer Stilgeschichte.

Louisiana – Gesamtkunstwerk aus Architektur und Malerei

Das Museum verbindet eine exzellente Sammlung moderner Kunst mit einem architektonisch eindrucksvollen Gebäude und einer einmaligen Lage direkt am Øresund.

»Dänische Südsee« wird die Inselwelt südlich Fünens genannt, und keine Insel verkörpert den Traum von einer kleinen, zauberhaften Idylle so hervorragend wie Ærø.

Fünen

Das Märchenland Hans Christian Andersens

In Fünens Hauptstadt Odense wurde am 2. April 1805 der große Märchendichter Hans Christian Andersen geboren. Und wie aus einem Märchen wirken auch manche Winkel der Insel: Idyllische Städtchen und die leicht hügelige Landschaft üben besonders auf Radfahrer große Anziehung aus.

In diesem ältesten Teil Odenses wurde Hans Christian Andersen 1805 geboren. Hier wuchs er auf, bevor er sich nach Kopenhagen aufmachte und Weltruhm erlangte.

Den Garten Dänemarks« hat Hans Christian Andersen Fünen einmal genannt. Und wenn der große Sohn der Insel und wohl berühmteste aller Dänen, das so formuliert hat, dann muss es wohl stimmen. Fürwahr, wenn im Mai die gelben Rapsfelder blühen, im Sommer die unendlich weiten Getreidefelder im Winde wehen, dann kann man von der Kornkammer Dänemarks sprechen. Dann komponiert die Natur Farben, wie man sie auch in Dänemark nur selten sieht.

Kein Wunder also, dass Fünen zu den beliebtesten touristischen Zielen des kleinen Königreichs zählt. Segler lieben die Insel, weil sie im Süden mit der »Dänischen Südsee« eines der reizvollsten Reviere besitzt. Radfahrer lieben die Insel, weil sie überschaubar, voller Attraktionen und »radlerisch« hier und da auch recht anspruchsvoll ist. Zudem können sie überwiegend abseits der befahrenen Straßen radeln und so ungestört die Landschaft genießen. Familien lieben die Insel, weil sie für einen Urlaub mit Kindern reichlich Abwechslung und Alternativen bietet, sollte einmal ein Tag verregnet sein. Und natürlich lieben auch ganz »normale« Urlauber Fünen über alles.

In Andersens Heimatstadt

Besonders beliebt ist natürlich Odense, Hauptstadt und Mittelpunkt der Insel, Dänemarks drittgrößte Stadt. Einst befand sich hier wohl ein heiliger Platz für Odin, zu dem die Menschen pilgerten. Im Zuge dessen bildeten sich dann Markt und Siedlung. Bereits 1020 wurde Odense Bischofsstadt und erlebte eine wechselvolle Geschichte, 1086 sogar ein wahres Drama: König Knud hatte sich auf der Flucht vor aufrührerischen Bauern aus Nordjütland in die Skt. Albani Kirche geflohen. Hier in Odense glaubte er sich sicher, doch die Bauern holten ihn ein. Knud sowie seine Brüder Erik und Benedikt suchten in der Holzkirche Zuflucht. Vergeblich – Knud und Benedikt wurden erschlagen und an der Kirche begraben. 1011 wurde Knud heilig gesprochen und der an Stelle der Kirche errichtete Dom wurde im gleichen Jahr auf seinen Namen geweiht. In der Krypta der heutigen Sankt Knuds Kirke liegen die Überreste von Knud in einem Schrein. Ob die in dem anderen die Überreste seines Bruders Benedikt oder die des Heiligen Alban sind, ist leider nicht geklärt. Sehenswert ist in der Kirche übrigens auch der Altar mit rund 300 Figuren, die Szenen aus dem Leben Jesu zeigen.

Im 14. Jahrhundert unterstand die Stadt eine Weile den Holsteinern, fiel dann aber wieder an die dänische Krone und blühte als reiche Handelsstadt auf. Auch die Könige wussten die Stadt zu schätzen, und so entstand nach der Reformation aus dem ehemaligen Johanniterkloster Sankt Hans ein Schloss, das später umgebaut und wesentlich erweitert wurde.

Wohlstand dank Handschuhen und Eisenbahn

Im 18. Jahrhundert waren Handschuhe der bedeutendste Exportartikel der Stadt. Um 1800 weitete sich Odense über die eigentlichen Stadtmauern hinaus aus. Bald wurde der Kanal zum Meer gegraben, dem Odense heute seinen Hafen verdankt, der einer der größten in ganz Dänemark ist – und das. obwohl die Stadt immerhin 22 Kilometer von der See entfernt ist.

Dank dieser Entwicklungen sowie auch der Errichtung mehrerer Eisenbahnstrecken wuchs Odense bald zur zweitgrößten Stadt des Landes. Zwar ist sie heute hinter Århus zurückgefallen, doch gibt es weiterhin einige bedeutende Industrien wie etwa die Lindø-Werft oder die Albani-Brauerei.

Insgesamt litt das Bild der Universitätsstadt leider unter dem ungezügelten Wachstum der letzten Jahrzehnte. Am Stadtrand entstanden neue Siedlungen, im Zentrum wurden dem Boom zahlreiche wertvolle historische Gebäude geopfert. Einzig das Viertel um das Hans-Christian-Andersen-Museum besitzt noch schöne Bauwerke. Rund um die 1977 stillgelegte Brandts Klædefabrik etablierte sich zudem ein kultureller Mittelpunkt mit zahlreichen Kinos, Cafés, Museen und Boutiquen.

Schloss Egeskov ist eine Art Doppelhaus: Es besteht aus zwei parallelen Langhäusern, die zusammengebaut wurden und eine gemeinsame Mittelwand besitzen.

Nimmt man die Besucherströme als Maßstab, so ist die Hans Jensens Stræde der Mittelpunkt der Stadt. Dort steht das Museum für Hans Christian Andersen, das jeden Besucher magisch anzuziehen scheint. Originalausgaben und Übersetzungen seiner Werke, Dokumente aus seinem Leben und eine Boutique warten hier auf Besucher. Ob Andersen am 2. April 1805 tatsächlich in diesem Haus geboren wurde, ist nicht geklärt. Wie es überhaupt immer wieder Spekulationen über seine Herkunft und sein Privatleben gab und immer noch gibt. Sicher ist aber: Seine Jugendjahre verbrachte Andersen in dem Haus Munkemøllestræde 3 bis 5, das heute ebenfalls zu seinen Ehren eingerichtet ist. Dank eines

Oben: Die Brücken- und Tunnelverbindung zwischen Fünen und Seeland beendete die Epoche des Schiffsverkehrs zwischen den Inseln und fügte das Land dichter zusammen.

Unten: Fåborg blieb vom großen Modernisierungswahn verschont, insbesondere um das Vesterport findet man sehr sehenswerte Gebäude.

Stipendiums des Königshauses konnte er erste Reisen unternehmen. Gut 50 Jahre lebte er dann in Kopenhagen, weshalb die Kopenhagener ihn gerne als einen der ihren vereinnahmen. Der geistige Vater des »Hässlichen Entleins«, der »Prinzessin auf der Erbse« und der »Kleinen Meerjungfrau« starb am 4. August 1875.

Auf den Spuren von Carl Nielsen

Ein anderer großer Odenseer war Carl Nielsen. Er wurde am 9. Juni 1865 in Nørre-Lyndelse, südlich von Odense, geboren. Ebenso wie Andersen kam er aus einem ärmlichen Elternhaus und musste sich nach oben arbeiten. Während seines Studiums in Kopenhagen komponierte er seine ersten Stücke. Doch erst mit seiner ersten Symphonie in den 1890er-Jahren fand er wirklich Beachtung. 1901 war seine erste Oper »Saul und David« fertig gestellt. Es folgten neben weiteren Symphonien und Opern auch Lieder. Doch zum Leben reichte das nicht: Er musste sich seinen Lebensunterhalt als Dirigent und Musiklehrer verdienen. Nielsen starb 1931. In der Claus Berg Gade 11 widmet sich ein Museum seinem Leben und Werk.

Odense hat aber noch mehr Schätze zu bieten. So ein großartiges Eisenbahnmuseum, das gleich hinter dem Bahnhof zu finden ist. Alte Loks und Waggons können bestiegen werden, im Sommer fährt die Museumsbahn, natürlich wird auch die Geschichte der Eisenbahnfähren dokumentiert. Und für eine Pause gibt es Cafeteria und Legoeisenbahn.

Wer mehr auf Kunst aus ist, kann Fyns Kunstmuseum besuchen. Die Füner Schule gehört neben denen aus Skagen und Bornholm zu den bekanntesten des Landes, Maler wie Johannes Larsen oder Fritz Syberg gehörten ihr an. Geht es in diesem Gebäude eher altehrwürdig zu, so präsentiert sich Brandts Klædefabrik ganz anders. In dem einstigen Fabrikgebäude sind auf verschiedenen Etagen Museen zu Fotokunst, Moderner Kunst und Pressegeschichte eingerichtet.

Natürlich ist Odense auch eine quirlige Einkaufsstadt mit einer weitläufigen Fußgängerzone und kleinen Passagen. Und am Abend tobt das Leben rund um Brandts Klædefabrik und das mitten in der Fußgängerzone gelegene Vergnügungszentrum Arkaden.

Mittelalterliches Nyborg

Im Mittelalter besaß allerdings die östlich von Odense gelegene Hafenstadt Nyborg die sehr viel größere Bedeutung. Denn auf der Burg Nyborg traf sich zwischen 1183 und 1413 regelmäßig die dänische Führungselite. Die Stadt verdiente an diesen Treffen sehr gut, erst als sie nach Kopenhagen verlegt wurden, nahm Nyborgs Bedeutung zunächst ab.

Als die Stadt aber 1560 zur Zollstation für die Passage durch den Großen Belt erklärt wurde, ging es wieder aufwärts. Die Schifffahrt prägte den Ort auch weiterhin: Der Fährverkehr hinüber nach Seeland wuchs bereits im 19. Jahrhundert rasant. 1957 wurde ein Hafen im nahen Knudshoved eröffnet, da Nyborg alleine dem Ansturm nicht mehr gewachsen war.

Doch der Hafenerweiterung fiel Nyborgs historische Bebauung zum Opfer, die schon durch den Stadtbrand 1797 dezimiert worden war. Erhalten blieb die bereits erwähnte Burg Nyborg, die immerhin als Dänemarks ältestes weltliches Gebäude gilt. Sie wurde ursprünglich als Schloss errichtet. Nachdem die Schweden 1658 in ihm gehaust hatten, war von dem Schloss nicht mehr viel übrig, König Frederik III. ordnete 1670 sogar einen Teilabriss an. Nach und nach verfiel die Anlage, bis man sich im 19. Jahrhundert ihres historischen Wertes besann. Es folgte der Wiederaufbau, und so kann man heute durch diese geschichtsträchtigen Räume schlendern. Man sollte allerdings keine repräsentative Anlage erwarten, das Gebäude ist doch ein nüchterner Bau.

Über den Grossen Belt

Eindrucksvoller ist da sicherlich die gewaltige Brückenkonstruktion, die sich von Nyborg aus hinüber nach Seeland erstreckt. Die »Storebæltsbro«, die Brücke über den Großen Belt, ist 18 Kilometer lang. Die über 21 Milliarden Kronen teure Brücke wurde 1997 für die Bahn und 1998 für den Autoverkehr geöffnet und bedeutete das Ende der Fährschifffahrt auf dieser Strecke. Nostalgiker bedauern das zwar, doch die enorme Zeitersparnis ist nicht zu leugnen. Das gilt insbesondere für die Sommermonate, wenn viele Reisende hier stundenlang warten mussten und andere erst gar nicht mitkamen. Von Nyborg aus zieht sich die Brücke erst kilometerlang wie ein erhöhter Damm gen Ost. Erst kurz vor Seeland erreicht sie eine Durchfahrtshöhe von 65 Metern, die sie zu einer der höchsten Brücken der Erde macht. Die Züge legen diese letzte Strecke in einem Tunnel zurück.

Im Spielzeugland der Riesen

Etwa 16 Kilometer südlich von Nyborg liegt der zwölf Meter hohe und 1000 Tonnen schwere Damestenen. Der Sage nach warf eine Riesin diesen Stein von Langeland aus, um die Kirche von Svindinge zu treffen. Doch der Stein landete nur hier.

Noch vor ein paar Jahren gab es auch eine Fährschiffsverbindung von Fåborg nach Schleswig-Holstein, heute legen hier Frachter und die Fährschiffe in die Dänische Südsee ab.

An der fünischen Südküste liegt mit Svendborg die zweitgrößte Stadt der Insel. Sie ist seit jeher ein lebendiges Einkaufszentrum. Ihrer strategisch günstigen Lage hatte sie stets gute Handelsbeziehungen innerhalb Dänemarks, aber auch zu den Hansestädten zu verdanken. Sehenswert ist die norddeutsch geprägte Sankt Nikolai Kirke, in der man zahlreiche schöne Glasmalereien bewundern kann.

Verlässt man Svendborg gen Süden, gelangt man zunächst nach Tåsinge, einer kleinen Insel zwischen Fünen und der Insel Langeland. Unbedingt sehenswert ist ihre alte Schiffersiedlung Troense. Ein Besuch hier führt den Urlauber direkt in die Vergangenheit.

Linke Seite: Das Wasserschloss Egeskov wurde Mitte des 16. Jahrhunderts errichtet. Es steht auf Eichenstämmen, die in den See eingelassen wurden.

Die Rundkirche von Horne ist die einzige Rundkirche Fünens. Sie wurde allerdings unverkennbar um einen Chor und den Turm erweitert.

Sehr schön ist auch Valdemars Slot. König Christian IV. hatte im Jahr 1639 die Idee, seinem Sohn Valdemar Christian hier ein Schloss zu errichten. 1644 war es fertig, doch den Sohn interessierte dieses großzügige Geschenk herzlich wenig. Er beteiligte sich lieber an verschiedenen Kriegen, so dem schwedisch-polnischen, in dem er 1656 fiel. Heute ist Valdemars Slot eine weitläufige, prächtig ausgestattete Anlage mit einem sehr guten Restaurant.

Von Tåsinge geht es weiter südlich nach Langeland. Ein Blick auf die Landkarte zeigt, dass die Insel diesen Namen zurecht trägt. Sie ist ein sehr beliebtes Ziel unter Radfahrern und bietet zudem schöne Strände – zum Beispiel bei Botofte und Ristinge. Der Mittelpunkt der Insel ist das überschaubare Rudkøbing. Im Süden erstreckt sich das Naturreservat Gulstav Mose, von dem aus sich im Herbst die Zugvögel bestens beobachten lassen. Im Osten legt von Spodsbjerg die Fähre hinüber nach Lolland ab.

Und im Norden steht mit Tranekær Slot das imponierendste Gebäude der gesamten Insel. Es wurde im 13. Jahrhundert als Burg errichtet. Rund 300 Jahre später wurde es als Schloss umgestaltet. Sein heutiges Aussehen erhielt der Bau 1859. Ein Besuch des Inneren ist nicht möglich, man muss sich mit Schlossmuseum und -café begnügen.

Ganz links oben: Tradition wird gepflegt, wenn auch nur für die Besucher, mancherorts sind es die Nachtwächter, hier in Ærøskøbing ist es der Tagwächter.

Ganz links unten: Ærø ist ein Lieblingsziel vieler Segler, entsprechend groß ist auch das Angebot für Seglerzubehör.

Links: Im Zentrum Ærøskøbings stehen viele Häuser unter Denkmalschutz, die meisten stammen aus der Zeit von 1730 bis 1800.

Zurück nach Fünen

Verlassen wir Svendborg gen Nordwesten, gelangen wir zum Schloss Egeskov, das neben Odense wohl die bekannteste Sehenswürdigkeit der Insel ist. Im Angebot für den erlebnishungrigen Urlauber sind Schloss, Park, Automuseum und Labyrinth. 1554 wurde das Wasserschloss gebaut, das man in aller Ruhe durchschreiten sollte. Der Garten bietet eine Unzahl verschiedener Pflanzen, besonders zu empfehlen ist ein Besuch im Kräuter- und im duftenden Rosengarten.

Das Veteranenmuseum zeigt neben alten Wagen auch historische Kutschen und Flugzeuge. Nicht leicht zu entkommen ist dem von dem Architekten und Künstler Piet Hein angelegten Labyrinth. Insgesamt bietet Egeskov etwas für alle Altersklasen.

Hält man sich von Egeskov wieder südwestlich, ist bald Fåborg erreicht, das sicherlich eines der Schmuckstücke der Insel ist. Farbenprächtige und gepflegte Häuser, im Sommer ein quirliger Seglerhafen – Fåborg ist ein echter Besuchermagnet. Der Name der Stadt bezieht sich auf eine nicht mehr existierende Burg, auch die alten Befestigungsanlagen sind nicht mehr erhalten, ausgenommen das Vesterport (Westtor) in der Vestergade. Auf dem großen Marktplatz weiß der von Kai Nielsen gestaltete Ymer-Brunnen zu begeistern. Eindrucksvoll ist auch das Gebäude des »Fåborg Museum for

Rechte Seite: Urnehoved war einst eine kleine Insel, ist heute aber mit Ærø verbunden. Ihre vielen Buchten und Halbinseln sind typisch für die Nordküste der Insel.

3506

Von dem Leuchtturm bei Skjoldnæs kann man hinüber zur Halbinsel Als schauen, die ebenso wie Ærø jahrhundertelang den Schleswiger Herzögen unterstand.

Linke Seite: Segler lieben die Dänische Südsee, denn sie ist voller reizvoller Ziele wie etwa Marstal und Ærøskøbing, Fåborg und Langeland.

Rechts: Hindsgavl Schloss war einst eine Königsburg. Das heutige Gebäude wurde 1784 errichtet und wird als erstklassiges Hotel genutzt.

Ganz rechts: Middelfart war viele Jahrhunderte ein wichtiger Hafenort, denn hier liefen die Handelswege Richtung Jütland zusammen, entsprechende Dokumente zeigt das Lokalmuseum.

Fynsk Malerkunst«. Dem Museumsgründer Mads Rasmussen ist im zweiten Raum eine mächtige Statue gewidmet.

Eher bedrückend ist der Besuch von Faaborg Arrest, dem einstigen Gefängnis der Stadt. Bis in das Jahr 1989 war es noch in Betrieb. Die Vorstellung, lange in diesen kleinen, kargen Zellen hocken zu müssen, lässt jeden Gedanken an eine böse Tat sofort verschwinden.

Nördlich der Stadt erheben sich die so genannten Fünischen Alpen mit Svanninge Bakker und dem immerhin 128 Meter hohen Trebjerg. Westlich der Stadt steht in Horne Dänemarks einzige Rundkirche. Sie wurde im 12. Jahrhundert als Wehrkirche angelegt. Später kamen im Osten der Chor und im Westen der Turm hinzu, so dass die Rundkirche heute nur Teil eines Gesamtkomplexes ist.

Dänemark aus dem Bilderbuch

Verlässt man Fåborg mit dem Schiff gen Süden, so erreicht man Ærø. Wohl kaum ein anderer Flecken des Königreiches verkörpert das Bild vom idyllisch-verträumten Dänemark so perfekt wie diese Insel. Fernab von Autobahnen, Industriegebieten und Stadtmodernisierungen haben sich hier Ruhe, Idylle und farbenprächtige Gebäude halten können.

Kopfsteinpflastergassen prägen die Hauptstadt Ærøskøbing. Die kleinen Häuser mit ihren kräftigen Fassaden entstammen dem 18. Jahrhundert. Sehenswert ist auch das Buddelschiffmuseum. Etwas betriebsamer geht es in Marstal zu. Dort gibt es ein paar mehr Geschäfte, dennoch mag man kaum glauben, dass der Ort in den 1890er-Jahren mehr Schiffe besaß als Kopenhagen, nämlich 300. Mit dem Aufkommen der Motorschifffahrt verlor Marstal nach dem Ersten Weltkrieg allerdings an Bedeutung.

Die Apostel auf dem Altarbild der Marstaler Kirche besitzen Ähnlichkeiten mit bekannten Bürgern der Stadt. Für alle Seebären ist natürlich das Seefahrtsmuseum ein Ort vollster Freude. Vom 68 Meter hohen Synneshøj haben wir einen schönen Blick über die Insel. Besonders eindrucksvoll ist die Küste bei Voderup Klint, hier erhebt sich das Land steil über das Meer.

Von der »Dänischen Südsee« wenden wir uns wieder nach Fünen. Assens bietet kaum Höhepunkte. Hier wurde 1783 aber immerhin der dänische Seeheld Peter Willemoes geboren. Er wurde berühmt, als er sich mutig der englischen Flotte entgegenstellte. Er verlor 1801 die Schlacht bei Reden und starb 1808 in einer Schlacht vor Seeland. Das Heimatmuseum zeigt Dokumente zu seinem Leben.

Middelfart ist ein kleiner Ort mit hübschen Häusern, der nie groß in den Mittelpunkt geriet. Zwar gab es hier einige Zeit einen regen Fährbetrieb, doch als Fredericia auf der anderen Seite des Kleinen Belts entstand, siedelten sich Fähren und Militär dort an. 1935 wurde die erste Brücke hinüber nach Jütland fertig gestellt. Diese Lillebæltsbro brachte wieder mehr Leben nach Middelfart. Die zweite, deutlich größere Brücke wurde 1970 eingeweiht. Sie ist 1,7 Kilometer lang, ihre

Falsled Kro zählt schon seit vielen Jahren zu den Top Ten unter den dänischen Restaurants. Müde Gäste können hier auch übernachten.

Durchfahrtshöhe beträgt 44 Meter. Der Straßenbelag ist beheizbar, so dass die Brücke auch im Winter frei von Schnee und Eis bleibt. Ihre Benutzung ist kostenfrei, im Gegensatz zur Storebæltsbro von Nyborg nach Seeland.

Am Stadtrand liegt direkt am Fanøsund das Schloss Hindsgavl, das heute ein Luxushotel beherbergt. Als im Krieg der Schweden gegen Dänemark im Winter 1658 der Kleine Belt zufror, kam der schwedische König Karl X. Gustav mit seinen Truppen hier aus Richtung Jütland vorbei. 1814 musste König Frederik VI. an dieser Stelle den Kieler Frieden unterzeichnen, in dem Dänemark Norwegen abtreten musste. Weiterer Glanzpunkt der Stadt ist das Keramikmuseum Grimmerhus.

Links: 1882 erhielt Bogense eine Bahnverbindung nach Odense, heute erinnert nur noch die alte Uhr an diese Zeit, längst haben Busse den Transport übernommen.

Bogense ist ein kleines Idyll ganz am Rande Fünens, dort, wo kleiner Belt und Kattegat aufeinander treffen. Die Stadt besitzt viele hübsche Häuser.

Fünens kleinste Stadt

Bogense an der Nordküste ist die kleinste Stadt Fünens. Sie besteht im Wesentlichen aus der Durchgangsstraße hinunter zum kleinen, hübschen Hafen. Westlich von ihm gibt es attraktive Strandabschnitte. In der Durchgangsstraße Adelgade selbst ist eine Kopie der Brüsseler Figur »Manneken Pis« zu bestaunen.

In Kerteminde an der Nordostküste ließ sich der Maler Johannes Larsen 1902 ein Haus mit wunderbarem Blick auf das Meer einrichten. Er gehört zu den bekanntesten Vertretern der Fünischen Schule, malte fünische Landschaften ebenso wie Porträts zahlreicher Tierarten. Sein Haus beherbergt heute ein Museum und

Ein Maler lässt sich von der Landschaft Ærøs inspirieren.

BASSERNE
RTEMINDE

Linke Seite: Kerteminde wird noch immer stark von der Fischerei geprägt. Kaum vorstellbar: 1659 vertrieben holländische Truppen schwedische Einheiten aus der Stadt.

Diese Mühle bei Viby ist nur ein paar Jahrhunderte alt, aber auf Hindsholm lassen sich auch noch viele frühzeitliche Zeitzeugen finden.

Die Kirche in Dalby ist eigentlich romanisch, in gotischer Zeit erhielt sie den Turm und wurde verlängert, sehenswert ist eine Renaissancetür von 1632.

Links: Hier in Korshavn an der Nordspitze der Landzunge Hindsholm fand der Maler Johannes Larsen viele seiner Motive, vor allem für seine Tierzeichnungen.

zeigt auch Bilder weiterer Zeitgenossen, die Larsen in großem Stil gesammelt hat.

Das Restaurant Rudolf Mathis am Hafen gehört zu den dänischen Gourmettempeln schlechthin und erinnert daran, dass Fünen überhaupt mit erstklassigen Restaurants gesegnet ist. Der Falsled Kro nördlich von Fåborg ist schon legendär, aber auch Steensgaard Herregårdspension westlich der Stadt sowie einige Odenseer Lokale bieten erste Qualität.

Wo die Schiffe der Wikinger liegen

Westlich von Kerteminde wartet mit dem Ladby Skib das einzige erhaltene Wikinger-Schiffsgrab Dänemarks auf Besucher. Ein spektakulärer Fund von 1935 ist gleichsam auf unspektakulärem Grund zu sehen: Man geht ein Stück auf einem Ackerweg entlang, gelangt in den Innenraum eines Hügels und sieht dann hinter Fensterglas das Schiff.

Nördlich von Kerteminde erstreckt sich die Landzunge Hindsholm. Sie beheimatet eine der interessantesten und faszinierendsten Landschaften Dänemarks – abwechslungsreich, gesegnet mit einer facettenreichen Vogel- und Pflanzenwelt und geschmückt mit einigen sehr hübschen Dörfern. Eines davon ist Viby, das eine wahre Idylle mit vielen schön erhaltenen Fachwerkhäusern bietet. Und auch in Måle stehen solche Gebäude. In Mårhøj liegt das größte Einkammergrab (»jættestue«) Dänemarks. Es kann zwar betreten werden, doch das ist bei nur 80 Zentimeter Höhe nicht ganz einfach, für groß gewachsene Besucher gar unmöglich.

In der Kirche in Stubberup soll Marschall Stig, der angebliche Mörder König Erik V. Klippings, begraben sein. Der König hatte das Bündnis mit der Aristokratie gesucht, sein Nachfolger beschuldigte deren führende Köpfe des Mordes und ließ sie hinrichten.

Schließlich erreicht man Fyns Hoved, von wo aus man einen unübertroffenen Blick über das Wasser und in Richtung Jütland genießen kann. Hier fand der Maler Johannes Larsen viele seiner Motive.

Die fünf schönsten Erlebnisse in Fünen

Schloss Egeskov – es gibt viel zu sehen

Den Besucher erwartet nicht nur ein eindrucksvolles Wasserschloss, sondern auch ein schöner Park, ein Automuseum und ein Labyrinth.

Auf den Spuren von Hans Christian Andersen

Das HC Andersen Haus ist die Kultstätte für alle Leser des großen Märchendichters, hier kann man den Stationen seines Lebens folgen.

Bilderbuchidylle Ærø

Genau so stellt man sich Dänemark vor, idyllisch, ruhig, klein, farbenprächtig und immer sind es nur ein paar Schritte bis zum Wasser.

Eisenbahnmuseum in Odense

Nicht nur eingefleischte Eisenbahnfans werden von den zahlreichen alten Loks und Waggons beeindruckt sein, im Sommer lohnt die Fahrt mit der Museumsbahn.

Naturparadies Fyns Hoved

Die perfekte Naturidylle – weit weg von allem Lärm kann man hier am Meer sitzen und sich der reichen Vogelwelt erfreuen.

Auf Bornholm gibt es eigentlich kaum eine Stelle, von der aus man das Meer nicht sieht, auch die weiten Felder mit den weißen Gehöften sind typisch.

Bornholm

Die Insel des Sonnenscheins

Bornholm ist weit weg vom
dänischen Kernland gelegen,
gleichsam weit von der Heimat.
Die »Sonnenscheininsel« bietet
auf kleinem Raum höchst
abwechslungsreiche Szenerien:
Golfer und Radfahrer,
Sonnenhungrige und auch
Kulturinteressierte kommen hier
ganz und gar auf ihre Kosten.

Gerade erst hat das Fährschiff den Hafen der südschwedischen Stadt Ystad verlassen, da erhebt sich schon aufgeregtes Kindergeschrei: »Wir sehen Bornholm, wir sehen Bornholm! Land in Sicht!« Und obwohl das eigentlich noch nicht möglich ist, strecken auch viele Erwachsene neugierig ihren Kopf über die Reling. Noch ist Bornholm aber nicht in Sicht. Nach einer Weile wird die Unruhe erkennbar größer. Land in Sicht? Fürwahr meint jetzt ein jeder, am Horizont bereits Umrisse zu erkennen. Und irgendwann verschwimmt dann auch die Grenze zwischen Einbildung und Realität. Bornholm wird sichtbar. Zuerst der felsige Norden mit der Burgruine Hammershus, bald die Stadt Hasle und dann Rønne, Hauptstadt der Insel und Ziel unserer Reise.

In den Köpfen der Reisenden schwirren ähnliche Fragen umher: Was erwartet mich? Werde ich von der Insel genauso fasziniert sein wie mein Nachbar? Das fragt sich jeder, der Bornholm zum ersten Mal besucht. Was hat sich in der Zwischenzeit verändert? Wird es genauso schön wie die letzten Male? Das fragt sich der »Alt-Bornholmer«. Mit ziemlicher Sicherheit wird am Ende aus dem Neu-Bornholmer ein Alt-Bornholmer werden, denn die Zahl der Einmal-Bornholmer ist und bleibt klein. Warum das so ist? Was ist es, das den Charme, den Reiz der Insel ausmacht? Weshalb die Treue zur selbst ernannten »Sonnenscheininsel«?

Eine Insel fern der Heimat

Bornholm ist ein Stück Dänemark fernab vom Mutterland. Bis zur schwedischen Küste sind es nur 40 Kilometer, bis zur polnischen 90 Kilometer, hingegen bis zum nächsten Zipfel Dänemark, nämlich Møn, 135 Kilometer. Als »Dänemark in einer Nussschale« ist Bornholm auch schon bezeichnet worden. Und tatsächlich sammelt die Insel viele Elemente des Mutterlandes auf nur 522 Quadratkilometern.

Gerne erzählt wird immer wieder die aus dem Mecklenburgischen stammende Sage von der Entstehung Bornholms: Ein Segelschiff fuhr über die Ostsee und geriet dabei in schwere See. Der Kapitän befahl, allen Ballast abzuwerfen. Und so warf die Besatzung den Abfall, der sich auf dem Schiff angesammelt hatte, über Bord. Bornholm war entstanden.

Gestritten wird nach wie vor über die Bedeutung des Inselnamens. Bereits bei dem englischen Reisenden Wulfstan ist 805 von Burgendaland die Rede. Später ist von Borgundarholm die Rede, dann von Borringholm. Erklärungen für diesen Namen gibt es viele. So meint man, dass sich der Name auf die Burgunder bezieht, die zur Wende der Zeitrechnung hier wohnten. Eine andere Interpretation deutet den Namen dagegen eher als »Insel Borgund«.

Willkommen in Rønne

Rønne ist die Hauptstadt der Insel, ein Drittel der rund 48 000 Einwohner wohnt hier. In Rønne legen die Fährschiffe und Kreuzfahrtdampfer an, südlich der Stadt erstreckt sich der Flughafen. Der wahre Schatz des Ortes ist allerdings die Altstadt, die sich zwischen Hafen, Markt sowie der nach Süden führenden Søndre Allé erstreckt. Hier stoßen wir auf kleine Häuschen, die farbenfroh gestrichen und in den Fenstern zumeist hübsch geschmückt sind. In der Teaterstræde können wir Dänemarks ältestes Provinztheater bewundern, das 1823 eingeweiht wurde.

Die weiße, über dem Hafen thronende St. Nikolai Kirche erhielt ihr heutiges Gesicht Anfang des 20. Jahrhunderts, auch wenn einige Teile bereits im 13. Jahrhundert entstanden.

Der Marktplatz bietet ein eher unharmonisches Bild, alte und neue Häuser beherbergen Geschäfte von recht unterschiedlicher Qualität. In der Nähe kann man im Erichsens Gård das bürgerliche Interieur des 19. Jahrhunderts bestaunen. Dieses ehemalige Haus einer Anwaltsfamilie konnte bewahrt werden, hübsch ist auch der Kräutergarten. Südlich des Hafens steht ein Ende des 17. Jahrhunderts gebautes Kastell. Es ist heute die Heimat des Verteidigungsmuseums, das die Geschichte des Militärs auf der Insel dokumentiert.

Verlassen wir die Stadt Richtung Norden, so können wir schon bald nach Nyker abbiegen. Dort steht eine von vier Rundkirchen Bornholms – eine Besonderheit der Insel, gibt es doch im restlichen Dänemark nur drei weitere. Später mehr dazu …

Weiter auf der Straße nach Norden weist ein Schild Richtung Klemensker. Der Ort selbst ist nicht unbedingt sehenswert. Aber hier steht mit der Bornholms Andelsmejeri ein Betrieb, der sogar über Dänemark hinaus schon zu Berühmtheit gelangt ist. Der Blauschimmelkäse von Bornholms einziger Meierei gilt als einer der weltweit besten. Auf den Joghurtpackungen sieht man »Bisseline«, eine Meerjungfrau, die es zumindest zu lokaler Berühmtheit gebracht hat. Populärer noch ist »Krølle Bølle«. Das ist ein Kobold, der einst als Wettermännchen einer Bornholmer Tageszeitung seinen Einstand gab und heute noch auf verschiedenen Produkten auftaucht. Er zeugt von dem auf der Insel weit verbreiteten Glauben an die Wesen aus der Unterwelt.

Die Geister aus der Unterwelt

Die »Unterirdischen« (»de underjordiske«) bekommt man natürlich nie zu sehen, dennoch regieren sie auf der Insel mit. So passte ihnen beispielsweise nicht die Stelle, an der die Burg Hammershus errichtet werden sollte. Sie verschoben nachts den Bauplatz. Zwar verlegten ihn die Bornholmer wieder an die alte Stelle, doch die Unterirdischen blieben hartnäckig. Als ein besonders schlauer Bornholmer sie dann nachts beobachten wollte, fand man ihn am nächsten Tag eingemauert.

Aber sie helfen auch im positiven Sinne. Als die Schweden einst kurz davor waren, Bornholm einzunehmen, kam plötzlich Kanonendonner aus unsichtbaren Kanonen. Die Unterirdischen verteidigten ihre Insel und die Schweden haben sich seitdem nie wieder in feindlicher Absicht der Insel genähert.

Nur einer hat sich ihnen entgegengestellt, Bonavedde, der Sohn eines Bauern und einer Meerjungfrau. Er kann die eigentlich unsichtbaren Unterirdischen nämlich sehen und ist ihnen deshalb besonders verhasst. Um sich seiner zu entledigen, boten sie ihm einst ein giftiges Getränk an. Er erkannte die Gefahr, goss das Getränk über die Schulter, so dass der Schweif seines Pferdes verbrannte! Blitzschnell ritt Bonavedde davon.

Von diesen Geschichten gibt es unzählige – Glaube und Aberglaube sind auf der Insel tief verwuzelt. Zwar ziehen die Bornholmer nicht mehr in Massen in die Kirche, doch selten werden einem auf so engem Raum so viele verschiedene Glaubensrichtungen begegnen.

Hasle, Heringe und hohe Kirchen

Die größte Attraktion der Stadt Hasle ist sicherlich die historische Heringsräucherei direkt am Meer. Sie stand viele Jahre leer, wurde erst 1990 wieder in Betrieb genommen und beherbergt heute ein kleines Museum zur Geschichte der Bornholmer Heringsräucherei. Sie lädt natürlich auch zum Genießen verschiedener Fischgerichte ein. Die Wiege der Heringsräucherei steht allerdings auf der anderen Inselseite. Denn es waren Fischer aus Gudhjem, die vor über 100 Jahren britischen Fischern, die auf Christiansø weilten, diese Art der Zubereitung abschauten. Einige Kilometer weiter im Landesinneren steht auf dem zweithöchsten Punkt der Insel (131 Meter) die Rutskirke. Sie ist zugleich die höchst gelegene Kirche Dänemarks, weshalb auch gerne behauptet wird, »hier spricht der Pastor am höchsten«.

Die weiße Skt. Nikolai Kirke ist das Erste, was man vom Fährschiff aus erkennt, links und rechts von ihr erstreckt sich die sehenswerte Altstadt mit ihren kleinen farbenprächtigen Häusern.

Links: Heringsräuchereien findet man auf Bornholm noch an vielen Stellen. Der über Erlenholz geräucherte Fisch wird am besten warm und mit den Fingern gegessen, dazu ein Brot, danach ein Schnaps.

Fährt man mit dem Wagen von Hasle weiter gen Norden, tut man dieses hoch über dem Meer. Wer diese Strecke dagegen mit dem Fahrrad bewältigt, kann unten nur wenige Meter neben dem Meeresrand einen herrlichen Ausblick genießen und passiert einladende Idyllen wie die Helligpeder oder Teglkås. Ohne Zweifel ist das einer der schönsten Abschnitte des insgesamt wirklich hervorragend ausgebauten Bornholmer Radwegenetzes. Einen Besuch abstatten sollte man Jons Kapel, einem kuriosen 22 Meter hohen Felsen, von dem aus um das Jahr 1000 der Mönch Jon zu den heidnischen Fischern gepredigt haben soll. Unten in der kleinen Höhle schlief er dann.

Beeindruckend Burg Hammershus

Was den Besucher anschließend erwartet, ist die zweitgrößte Ruinenanlage Nordeuropas (nach Visby/Gotland). Nach der Wikingerzeit teilten sich Kirche und Krone zunächst die Macht über Bornholm. Als Zeichen der Macht ließ der Lunder Erzbischof Jakob Erlandsen 1257 die Burg Hammershus im Norden der Insel errichten. Die heute südschwedischen Provinzen Skåne, Halland und Blekinge gehörten damals noch zu Dänemark. Das weltliche Gegenstück, die Lilleborg im Wald Almindingen, ließ er 1259 vernichten. In der Folge galt die Regel, dass der Herrscher über Hammershus auch über die Insel verfüge.

Rechte Seite: Ganz deutlich erkennt man die Grundmauern der Burg Hammershus, auf denen die dunkleren Steine liegen, die die Lübecker im 16. Jahrhundert zum Reparieren der Burg benutzten.

Rechts: Sechs Arkaden begrenzen den Taufraum der Østerlars Kirke, der etwa sechs Meter Durchmesser misst. Die Kirche besitzt schöne Wandmalereien.

Links: Die Rundkirchen boten den Bornholmern einst Schutz vor Eindringlingen, aus der zweiten Etage wurde geschossen, in der ersten verharrten Frauen und Kinder.

Und so verbindet sich mit der Burg das wohl zentrale Datum der Bornholmer Geschichte: Wir schreiben das Jahr 1658. Ein Jahr zuvor hatte König Frederik III. einen Krieg gegen Schweden begonnen und verloren. Dänemark musste seine östlichen Provinzen Skåne, Halland und Blekinge sowie Bornholm abtreten. Doch die Beteiligten hatten die Rechnung ohne die Bornholmer gemacht. Die nämlich wollten sich nicht unter die schwedische Herrschaft fügen. Folglich wurden im Hasler Rathaus Verschwörungspläne geschmiedet. Ziel war es, den schwedischen Kommandanten Printzenskjöld als Geisel zu nehmen und die Schweden so zum Abzug zu zwingen. Unter der Führung der Bornholmer Povl Ancher, Jens Kofoed und Peder Olsen griffen sich die Rebellen den Kommandanten in der Rønner Storegade. Doch der versuchte angeblich zu fliehen und wurde zusammen mit seinem Hund erschossen. Diese Stelle ist heute noch auf der Straße markiert.

Wie die Bewohner Bornholm retteten

Der Plan drohte also zu scheitern, denn noch saßen die schwedischen Truppen auf Hammershus. Folglich zog einer der Aufständischen des Kommandanten Kleidung an, wurde wie ein Gefangener vor die Burg geführt und forderte »seine« Truppen zur Kapitulation auf. Die Männer folgten dem Befehl ohne Widerspruch, wurden gefangen genommen und von der Insel gejagt. Im Winter 1659 fuhr eine Bornholmer Delegation zum König nach Kopenhagen und gab ihm die Insel zurück. Sie tat das natürlich nicht ohne sich einige Privilegien, steuerliche Vergünstigungen und das Versprechen, die Insel nie wieder zu verpachten, zu sichern. Die anhaltende Bedeutung dieses Aufstandes für das Bornholmer Bewusstsein wird daran deutlich, dass einige Fährschiffe der Reederei Bornholmstraffikken nach den Anführern des Aufstandes benannt wurden.

Umso enttäuschter waren die Bornholmer allerdings, als die Kopenhagener Regierung beschloss, die Fähren aus Bornholm ab Herbst 2004 nicht mehr im Kopenhagener Zentrum anlaufen zu lassen, sondern weiter südlich in der Stadt Køge. »Wir haben die Insel dem König zurückgebracht und werden nun in die Provinz abgeschoben!« So lautete die fast einstimmige Klage der Bornholmer.

Ein Ort der Dramen

Bereits 1660 spielte sich auf Hammershus erneut ein Drama ab. Leonora Christina, Tochter des 1648 verstorbenen Königs Christian IV., und ihr Mann Corfitz Ulfeldt saßen hier im Burggefängnis. Ulfeldt hatte gegen den dänischen König Frederik III. konspiriert, musste zum Erzfeind Schweden fliehen, fiel dort bald in Ungnade und kehrte zurück nach Dänemark, wo man die beiden auf Hammershus einkerkerte. Zwar gelang ihnen die Flucht, allerdings gelangten sie nur bis Sandvig, wo sie erkannt und erneut gefangen genom-

In Svaneke kann man am Markt der Herstellung von Bonbons zuschauen und dann natürlich einen Beutel Süßes kaufen.

Das Angebot auf den Bornholmer Wochenmärkten reicht von Fisch und Tomaten bis zu Schmuck und Socken, nicht verpassen sollte man die Flohmärkte.

MARIA-

Für Bornholms Fischer ist das Leben durch starke Überfischung, Fischquoten und die Konkurrenz aus Osteuropa noch härter geworden.

Svaneke ist Dänemarks östlichste Stadt, hier geht die Sonne zuerst auf. Eine Heringsräucherei, verschiedene Antikläden und die Straße vom Markt zum Hafen sind die Hauptattraktionen.

Linke Seite: Aus dem einst stillen Fischerdorf Snogebæk ist ein beliebter Ferienort geworden, im Sommer tobt hier am Hafen das Leben.

men wurden. Ulfeldt starb 1664, seine bedauernswerte Frau saß insgesamt 22 Jahre in Kopenhagen in Haft.

Mitte des 18. Jahrhunderts verließ dann das Militär Hammershus. Die Bornholmer nutzten die Burg als Steinbruch, so manches Haus auf der Insel ist noch aus Hammerhussteinen gebaut. Erst 1822 wurde die Burg unter Denkmalschutz gestellt

Unmittelbar unterhalb der Burg erheben sich der Kamel- und der Löwenkopf, zwei sehr markante Felsformationen. Im Norden lockt Hammerknuden mit einer etwa zweistündigen Wanderung um die Nordspitze der Insel. Auf holprigen Wegen geht es an den Ruinen einer kleinen Kapelle (Salomons Kapel) vorbei, man blickt auf den regen Schiffsverkehr und nach Südschweden, streift Sandvig und kehrt wieder zum Ausgangspunkt zurück.

Von Hammershus aus ist es nur ein Katzensprung in den Doppelort Sandvig-Allinge. Hier begann um 1900 der große Tourismus auf Bornholm. Der Strand von Sandvig ist eher klein, doch hier und da bekommt man noch eine Ahnung von dem einst mondänen Strandbad. Allinge hingegen ist etwas bodenständiger. Auf dem Ende der Pilegade gelegenen Friedhof sieht man Gräber russischer Soldaten.

Die Deutschen waren am 9. Mai 1940 in Dänemark einmarschiert, einen Tag später auch auf Bornholm.

Die Kirche von Svaneke steht 18 Meter über dem Meer. Einige Teile entstammen noch dem 16. Jahrhundert, der überwiegende Teil wurde allerdings 1881 errichtet.

Ganz typisch für die Hafenstädte der Insel sind die farbenfroh angestrichenen Fachwerkhäuser, in deren Fenstern allerlei Dekoration steht.

»Linie Eins« nennt sich die Kutsche, mit der man sich ganz gemütlich durch Svaneke fahren lassen kann, gestartet wird am Marktplatz.

Zwar kapitulierten die deutschen Truppen in Dänemark am 4. Mai 1945. Doch nicht so der deutsche Kommandant auf Bornholm, von Kamptz. Er wollte die Insel nicht den Russen übergeben, ließ deren Ultimatum verstreichen. Am 7. und 8. Mai wurden deshalb Rønne und Nexø von russischen Flugzeugen bombardiert. Erst am 9. Mai wurde auch auf Bornholm die Kapitulation verkündet. Die Russen übernahmen die Insel bis zum 5. April 1946, dann war die Insel wieder dänisch.

Die Kunstgeschichte Bornholms

Zwischen Sandvig und Allinge liegt auf einer Anhöhe mit Madsebakke die größte dänische Sammlung von

Zeichen aus der Bronzezeit. Es geht weiter Richtung Süden. In Sandkås säumen Hotels den Weg. In Tejn ist einer der größten Fischereihäfen der Insel angelegt worden. Es folgt mit Døndalen Dänemarks größter Wasserfall. Er liegt versteckt in einem Wald, ist jedoch vom Parkplatz in wenigen Schritten erreicht. 22 Meter fällt das Wasser herunter.

Von hier aus ist es nicht weit bis zum eindrucksvollen Kunstmuseum. Lage und Gebäude beeindrucken schon von außen, im Inneren wissen die lichtdurchfluteten Räume noch mehr zu begeistern. Der Besucher erlebt hier einen sehr schönen Querschnitt durch die Bornholmer Kunstgeschichte. Natürlich ist Michael Ancher dabei, der auf Bornholm geboren wurde, aber als Skagenmaler weltberühmt wurde. Kristian Zahrtmann, Maler und Lehrmeister zahlreicher dänischer Maler, fehlt natürlich nicht. Edvard Weie und Karl Isakson, die beiden Schweden, die Bornholm und vor allem Christiansø in einmaligen Farben malten. Olaf Rude, Kræsten Iversen und Paul Høm, die als Vertreter der Klassischen Moderne hoch angesehen sind. Und natürlich Oluf Høst, der als einer der wenigen Bornholmer Maler ein Einheimischer und kein Zugereister war und der besondere Verehrung genießt. Bornholm war immer die Insel der Künstler – das besondere Licht der Insel zog die Maler an, insbesondere Gudhjem und Svaneke.

Kunstvolle Keramik

Heute prägen Keramiker das künstlerische Bild der Insel. Überall warten Werkstätten auf Besucher, Gebrauchskeramik ist dabei ebenso im Angebot wie kunstvolle Einzelstücke. Es sind kleine Familienbetriebe, die einst blühende industrielle Keramikproduktion von Fir-

Links: Auch heute wird auf Bornholm noch viel Keramik produziert, allerdings nicht in Fabriken, sondern von Künstlern. Die Hinweisschilder sind nicht zu übersehen.

Hjorth in Rønne war eine der großen Bornholmer Keramikfabriken, musste aber wie alle anderen schließen und lebte vor ein paar Jahren als Museum mit kleiner Produktion wieder auf.

Rechts: Die einen brennen Keramik, die anderen malen, und wieder andere produzieren Textildruck, so wie Bente Hammer in Nyker.

Bente Hammer treibt für ihre Stoffe viel Aufwand, doch der hat sich gelohnt, sie ist heute eine der bekanntesten Kreativen der Insel.

men wie Hjorth, Michael Andersen und Søholm ist Historie. Einzig Hjorth ist als Keramikmuseum in Rønne wieder auferstanden und produziert auch wieder. Große Tradition besaß auch die Herstellung von Standuhren. Diese gehören heute bei Auktionen zu überaus begehrten Sammlerobjekten.

Vom Museum kann man hinunter zur Felsformation Helligdommen spazieren, einem markanten Gebilde von 22 Metern Höhe, links und rechts davon gibt es ausgewaschene Höhlen, in die man mit kleinen Booten fahren kann.

Steil hinab nach Gudhjem

Von hier aus hat man auch schon den Blick auf Gudhjem. Es geht steil hinunter in den Ort, Radler müssen hier absteigen, weil sie sonst im Hafenbecken landen könnten. Auf 50 Meter erhebt sich der Felsen Bokul über den Ort und bietet so eine hervorragende Sicht über Gudhjem. Kein Wunder, dass man hier fast immer einen Maler oder Zeichner findet.

Im Hochsommer ist in dem Ort kein Parkplatz zu bekommen, er ist sicherlich der beliebteste unter den Besuchern der Insel. Kleine Boutiquen säumen die beiden wichtigsten Straßen von »Gottes Heim«. Kurios ist der Kirchenkomplex: Ende des 19. Jahrhunderts sollte eine neue Kirche entstehen. Von der alten blieben aber die Grundmauern stehen, so dass heute beide Gebäude nebeneinander stehen.

Aber auch Kulturinteressierten hat Gudhjem etwas zu bieten. Da befindet sich zum einen am südlichen Ortseingang in der alten Bahnstation das Ortsmuseum, das wechselnde Ausstellungen zeigt. Und im Ort selbst beherbergt das einstige Atelier des Malers Oluf Høst heute ein Museum. So kann man hier heute nicht nur einige seiner besten Werke bestaunen, sondern auch noch in dem herrlichen Garten bei Kaffee und Kuchen ausspannen. Vom Museum sind es nur wenige Schritte bis zum zweiten Gudhjemer Hafen, Nørrekås. Der Ort leistete sich gleich zwei Häfen, um je nach Wind und Wetter stets erreichbar zu sein.

Land oder Insel?

Am Haupthafen steht noch eine der alten Heringsräuchereien. Und von hier kann man zu den Erbseninseln (»Ertholmene«) hinüberfahren, die man bei gutem Wetter auch von Bornholm aus sehen kann. Während die Dänen Bornholm als Insel bezeichnen, sehen es die Einwohner eher als »Land« und die Erbseninseln als »Inseln«. Dabei gehören diese gar nicht zu ihnen, sondern unterstehen dem Verteidigungsministerium in Kopenhagen. Gut 130 Menschen leben hier, Tagesgäste erhöhen diese Zahl im Sommer beträchtlich. Nur zwei der sechs Inseln sind bewohnt, Christiansø und Frederiksø. Eine, nämlich Græsholmen, ist Vögeln vorbehalten, bei dem Rest handelt es sich eher um aus dem Meer herausragende Felsen. Christiansø misst 710 mal 430 Meter, Frederiksø 440 mal 160 Meter, man hat sie also relativ schnell durchwandert. Fahrräder und Autos sind hier verboten, und es gibt nur einige wenige Gästebetten. Im Sommer kommen Schiffe aus Allinge, Gudhjem und Svaneke, im Winter nur aus Gudhjem.

Ende des 17. Jahrhunderts wurden die Hauptinseln militärisch befestigt, sollten gar zu einem Flottenstützpunkt werden. Und dieser Charakter ist heute noch sehr gut zu erkennen: An den gelben Häusern, die einst Kasernen waren, an den Schießschanzen, den Mauern,

Rechte Seite: Unendlich weit ist der Strand an der Südküste Bornholms bei Dueodde, ideal für Strandwanderer, Burgenbauer oder Ballspieler, hier ist genug Platz für alle.

Die Mühle von 1877 bei Årsdale an der Ostküste arbeitet noch und verkauft auch ihr Mehl, am kleinen Hafen steht noch eine Heringsräucherei.

dem Großen Turm auf Christiansø und dem Kleinen Turm auf Fredriksø, heute das Heimatmuseum. Eine kulinarische Spezialität der Insel erhalten Sie übrigens in ganz Dänemark, nämlich den »Christiansø Sild«, einen eingelegten Hering.

Bornholms wehrhafte Rundkirchen

Zurück nach Bornholm. Von Gudhjem geht es in das Landesinnere, dort gelangen wir nach Østerlars. Die Østerlars Kirke ist die mächtigste der vier Bornholmer Rundkirchen, die im 12. Jahrhundert als Verteidigungskirchen errichtet wurden. Im Falle eines feindlichen Angriffs konnte die Bevölkerung in die Gotteshäuser fliehen. Der Aufbau der vier Bornholmer Rundkirchen ist identisch: Im Erdgeschoß befindet sich der Kirchenraum, im ersten Stock erkennt man den Zufluchtsraum, aus der zweiten Etage wurde auf Angreifer geschossen. Die Glocken befinden sich in einem separaten Gebäude neben der Kirche. Zwei der Kirchen, nämlich Nykirke und Nylarskirke, stehen im Westen nahe Rønne, eine im Norden in Olsker.

Gegenüber der Østerlarskirke gibt es ein Mittelalterzentrum, das Jung und Alt Tradition und Lebensweise der Vorfahren eindrucksvoll veranschaulicht. Nicht als Museum, sondern als Erlebniscenter, das zum Mitmachen einlädt. Verlässt man Gudhjem gen Süden und bleibt an der Küste, kommt man schnell nach Melsted. Hier lohnt der Besuch des Landwirtschaftsmuseums, das ebenfalls in historische Lebens- und Arbeitsbedingungen einführt.

Nächster größerer Ort ist dann Svaneke. Von Norden kommend, passieren wir bei der Einfahrt nach Svaneke einen Wasserturm. Diesen hat kein Geringerer als der weltberühmte Architekten Jørn Utzon entworfen, von dem auch das berühmte Sydneyer Opernhaus stammt. Svaneke ist Dänemarks östlichste Stadt, hier also geht in Dänemark zuerst die Sonne auf. Der Ort ist sehr schön erhalten, insbesondere in den Straßen rund um die Kirche. Diese wurde 1881 durchgreifend umgestaltet und liegt etwas überhalb der Stadt. Ein Bummel durch Svaneke lohnt: Es besitzt einige schöne Antiquitätengeschäfte und Kunsthandwerksläden.

Ein Paradies für Kinder

Aber auch Kinder werden gerne hierher kommen. Am Markt gibt es eine kleine Bonbon-Fabrik. Ihr Erfolg hat dafür gesorgt, dass jetzt rund um die Insel Spezialitäten-Shops entstanden sind, die Bonbons, Schokolade oder Rapsöl anbieten. Gleich nebenan wartet ein Restaurant mit selbst gebrautem Bier auf durstige Gäste. Ein paar Kilometer landeinwärts steht der Freizeitpark »Joboland«. Er besteht aus einem großen Freibad und einem traditionellen Spielpark, in dem High-Tech noch ein Fremdwort ist. Eltern schieben beispielsweise das große Karussell noch selbst an.

Von Svaneke geht es weiter südlich an dem kleinen Ort Årsdale vorbei, sehenswert sind hier der kleine Hafen, die Räucherei und die Mühle. Dann kommt man nach Neksø, die zweitgrößte Stadt Bornholms. Neksøs Schönheiten muss man suchen. Wer nur einmal um den Marktplatz schlendert, wird vielleicht enttäuscht sein. Auch der große Fischereihafen ist nicht gerade romantisch. Doch im Süden des Ortes stößt man wieder auf die typischen farbenfrohen kleinen Häuser. Dort lohnt auch das Museum zu Ehren von Martin Andersen Nexø einen Besuch. Martin kam als Siebenjähriger auf die Insel, lebte in bitterster Armut und wurde später einer der bekanntesten dänischen Schriftsteller. Eindrucksvoll beschrieb er Not und Elend der einfachen Menschen, »Pelle der Eroberer« und »Ditte Menschenkind« gehören zu seinen populärsten Werken. Er war ein glühender Kommunist und verbrachte seinen Lebensabend in der DDR. Als Erinnerung an seine Zeit auf Bornholm nahm er den Namen »Nexø« an.

Nordwestlich von Neksø bietet sich das Waldgebiet Paradisbakkerne für Wanderungen an. Auch Pilz- und Blaubeersammler werden in diesem Wald ihre helle Freude haben.

Bornholms Traumstrände

Südlich von Neksø beginnt das große Bornholmer Strandgebiet, das sich um den Süden fast bis Rønne zieht. Bereits bei Balka reiht sich ein Ferienhaus an das andere. Das kleine Snogebæk gehört dank der vielen Ferienhausbewohner im Sommer zu den quirligsten Orten der Insel. Am Hafen herrscht jeden Abend Hochstimmung, aus den Kneipen dröhnen Jazz und die Gespräche der Besucher.

Die Südspitze der Insel bildet Dueodde mit dem weißen Leuchtturm. Der mühsame Aufstieg die 196 Stufen hoch wird durch den tollen Blick belohnt. Unendlich weit ziehen sich hier Dünen, Strand und Wasser. Der hier zu findende feine Sand wurde einst von Europas Königshöfen zum Trocknen der Siegel importiert. Doch Wind und Wetter trotzen dem Land mehr und mehr Boden ab. An einzelnen Stellen ist der Strand im Laufe der Jahrzehnte deutlich geschrumpft. Dennoch bleibt er das Ziel, das die Besucher in erster Linie auf die Insel lockt.

Zu den bekanntesten Felsformationen Nordbornholms zählen die Helligdommenfelsen nördlich von Gudhjem. Etwas oberhalb steht das großartige Kunstmuseum.

Links: Rund um Svaneke flachen die Felsen allmählich ab, doch baden lässt sich hier noch nicht, stattdessen lieben Angler und Geologen diesen Abschnitt.

Der weitere Weg in Richtung Åkirkeby bleibt unspektakulär. Boderne und Arnager sind kleine Hafenorte, in Øster Sømarken kann man oberhalb der Ostsee frischen Räucherfisch verspeisen. Fünf Kilometer landeinwärts liegt mit Åkirkeby Bornholms einzige Binnenstadt. Sie wird von der Åkirke überragt. 22 Meter ist der Dom hoch, der in der zweiten Hälfte des 12. Jahrhunderts errichtet wurde. Vom Turm aus hat man einen herrlichen Blick über Stadt und Umgebung. Überragendes Inventarteil im Inneren ist der gotländische Taufstein aus dem 13. Jahrhundert, der in elf Bildern das Leben Jesu zeigt. Einen Blick lohnt auch in der Vorhalle der Grabstein für Schweder Kettingk und seine zwei Frauen.

Anfang des 16. Jahrhunderts war die Macht der Hanse in der Ostsee erdrückend, Dänemark zugleich durch Kriegsbeteiligungen hoffnungslos verschuldet. Die Lübecker halfen dem auch militärisch arg in Bedrängnis geratenen König Frederik I. aus seiner Notlage. Zum Dank erhielten sie von ihm 1525 Bornholm für 50 Jahre zur Pacht. Der Feldherr Schweder Kettingk war ab 1565 Lübecker Hauptmann, gebärdete sich dabei aber weniger grausam als seine Vorgänger. Er ließ die Burg Hammershus renovieren, die Insel sogar befestigen und wehrte die Angriffe der Schweden erfolgreich ab. Sein Ansehen bei den Inselbewohnern ist bis heute entsprechend hoch.

Rechte Seite: Stille über Snogebæk, früh am morgen ist es hier am schönsten, wenn die Sonne aufgeht und der Ort langsam erwacht.

Nach Gudhjem geht es so steil hinunter, dass Radler am Ortseingang absteigen müssen. Der Ort ist bei den Besuchern der Insel der beliebteste.

Bornholms wildromantische Wälder

Nördlich der Stadt befindet sich mit Almindingen Dänemarks drittgrößtes Waldgebiet. Ein gewisser Hans Römer ließ es gegen den Widerstand der Insulaner anpflanzen, heute sind sie ihm für diese weitsichtige Entscheidung dankbar. Herrliche Wanderwege und eine Trabrennbahn, auf der regelmäßig Rennen stattfinden, locken scharenweise Besucher an. Der mitten im Wald gelegene Rytterknægten ist die höchste Erhebung Bornholms. Westlich von Åkirkeby gibt es mit »Natur Bornholm« ein interessantes Museum zur geologischen und biologischen Geschichte der Insel. Vor der Fahrt nach Rønne sollte man ihm einen Besuch abstatten.

Es geht zurück nach Rønne, die Abfahrt steht an. Was bleibt in Erinnerung? Das Kapital der Insel bleibt die Natur. Die langen Strände und die herrlichen Wälder. Kleine, zum Teil bezaubernde Orte garnieren sie wie Farbtupfer. Auf herrlichen Rad- und Wanderwegen kann man die Insel erkunden. Sorgsam haben die Bornholmer versucht, zusätzliche Attraktionen zu schaffen. Verschiedene Museen etwa oder drei wunderschön angelegte Golfplätze.

Und die Menschen? Es sind offene, freundliche und bodenständige Menschen, meist konservativ. Und immer souverän. Fremdbestimmung ist ihnen zuwider. Man ist dänisch, doch es ist gewiss kein Nachteil, dass das Mutterland ein paar Fährstunden entfernt ist. Man freut sich über die Gäste aus Schweden, Norwegen, Deutschland und auch den Niederlanden. Aber man wird ihnen zuliebe keine Verrenkungen machen, nicht die Insel deren Wünschen anpassen. Es ist gut, wenn sie kommen, schön wenn sie da sind, aber auch erfreulich, dass sie in absehbarer Zeit wieder fahren. Sie verlangen von den Besuchern Respekt. Respekt vor sich, die hier ihrem Broterwerb nachgehen müssen. Und Respekt vor der Insel. So wie sie ihn auch pflegen.

»Das Meer prägt die Insel. Es ist die zweite Landschaft.« Diese berühmten Sätze über die Insel Bornholm stammen von Hans Henny Jahnn. Der Hamburger Schriftsteller lebte während des Zweiten Weltkrieges im Bornholmer Exil. Jahnn sagte weiter: »Das Land ist einfach und ruhig, von einer klaren, keineswegs dämonischen Schönheit.« Treffender kann man es in der Tat nicht formulieren … Das Schiff legt ab. Bald verschwindet die Insel am Horizont. Wohl jeder an Bord wird wieder nach Bornholm reisen.

Die **fünf** schönsten Erlebnisse auf Bornholm

Hammershus – mächtigste Burg Bornholms

Wer dereinst die Burg besaß, herrschte auch über die Insel. Heute erwartet den Besucher ein imponierender Ruinenkomplex hoch über dem Meer.

Wehrhafte Rundkirchen

Vier der sieben einstigen Wehrkirchen stehen auf Bornholm. Teilweise kann man noch, wie unsere Vorfahren, in die oberen Stockwerke steigen.

Der feinste Sand – Dueodde

Fein wie Puderzucker ist der feine Sand, die weite Dünenlandschaft bietet genug Platz für jeden Sonnenhungrigen.

Radwandern auf Bornholm

Das Bornholmer Radwegenetz ist hervorragend ausgebaut, nur sollte man die Steigungen hier nicht unterschätzen.

Den besten Räucherhering genießen

Über Erlenholz geräucherte Heringe noch warm zu verspeisen ist eine einmalige Delikatesse

Reiseinformationen

Dänemark von A bis Z

ANREISE

Mit dem Flugzeug

Dänemark hat zwei große Flughäfen, nämlich Kopenhagen und Billund (Jütland). Kopenhagen fliegen Lufthansa und SAS von allen großen deutschen Flughäfen, Zürich und Wien aus an. Billund ist von Frankfurt und Zürich mit Mærsk Air erreichbar, Mærsk verbindet Billund auch mit Frankfurt, Berlin, München und Zürich. Billigflieger landen im südschwedischen Sturup, 30 Kilometer von Malmö entfernt. Von dort gelangt man mit dem Bus oder Zug nach Kopenhagen.

Mit dem Zug

Dänemark ist mit dem Zug über Hamburg und Jütland erreichbar. Wollen Sie über Jütland Richtung Fünen oder Seeland, müssen Sie in Fredericia umsteigen. Wer nach Seeland will, kann aber auch von Hamburg aus den Zug Richtung Puttgarden und Rødby nehmen. Auch Bornholm lässt sich fast per Zug erreichen, es existiert eine Verbindung von Kopenhagen aus bis ins südschwedische Ystad. Von dort ist es nicht weit bis zum Schiffsanlegeplatz.

Beispiele für Fahrzeiten:

- Von Hamburg nach Kopenhagen (über Rødby):
  Abfahrt 9:23 Uhr
  Ankunft 13:59 Uhr
- Von Hamburg nach Kopenhagen (über Jütland):
  Abfahrt 9:30 Uhr
  Ankunft 15:18 Uhr
- Von Wien nach Hamburg:
  Abfahrt 8:30 Uhr
  Ankunft 0:48 Uhr
- Von Zürich nach Hamburg:
  Abfahrt 8:02 Uhr
  Ankunft 21:59 Uhr

Mit dem Auto

Auch für Autofahrer entscheidet das jeweilige Ziel über die beste Route. Jütland ist am besten über die A7 Hamburg-Flensburg zu erreichen, das gilt auch für Fünen. Hinter der Grenze können Sie bald Landstraßen Richtung Westküste nehmen, wenn das Ihr Ziel ist, bei Kolding führt aber auch die Autobahn E 20 Richtung Esbjerg.
Wer Seeland oder Bornholm ansteuert, kann zwar auch über Jütland und Fünen reisen, kürzer ist aber der Weg über die »Vogelfluglinie« (Puttgarden–Rødby, www.scandlines.de). Die Fährpassage auf dieser Strecke kostet zwar, aber auch die Brücken zwischen Fünen und Seeland (www.storebaelt.dk) sowie Seeland und Schweden (www.oresund.dk) sind gebührenpflichtig. Die aktuellen Tarife sind auf den angegebenen Webseiten zu finden. Bornholm kann aber auch über Rügen erreicht werden, die Fähren Richtung Rønne legen in Neu Mukran ab, oder über Køge südlich von Kopenhagen, dort legt die Nachtfähre kurz vor Mitternacht ab.

Mit dem Bus

Das Busnetz ist gut ausgebaut, in Folge der Privatisierungen ist die Übersicht jedoch nicht ganz einfach. Mehr Infos erhalten Sie im Internet unter: www.busseridanmark.dk

Mit dem Rad

Dänemark ist ein ideales Radlerland. Es ist zwar vom Sattel aus nicht so flach, wie es aus dem Auto heraus erscheint, aber doch zu bewältigen. Das Radwegenetz ist hervorragend ausgebaut und beschildert. Es gibt jede Menge spezielle Radlerkarten. Züge nehmen Räder natürlich mit, allerdings mit Einschränkungen, über die man sich rechtzeitig informieren sollte.

Die großen Brücken in Dänemark sind für Radler gesperrt, sie müssen auf Fähren oder Züge ausweichen.

AUTOFAHREN

Das dänische Straßennetz ist in sehr gutem Zustand, Autobahnen gibt es allerdings nur auf den Hauptachsen. Es gelten folgende Verkehrsregeln:

- Es wird immer mit Abblendlicht gefahren, auch tagsüber.
- Die Blutalkoholgrenze beträgt 0,5 Promille.
- Es besteht Anschnallpflicht.
- Handys dürfen nur mit Freisprechanlage benutzt werden.
- Sie sollten neben Führerschein und Fahrzeugschein auch die Grüne Versicherungskarte dabeihaben.

Das Tempolimit liegt

- in geschlossenen Ortschaften bei 50 km/h
- auf Landstraßen bei 80 km/h
- auf Autobahnen bei 110 km/h, versuchsweise auf Teilabschnitten gelegentlich bei 130 km/h.

Dänische Autofahrer fahren überwiegend defensiv und überholen recht langsam.Sie sind oft nicht darauf vorbereitet, dass jemand deutlich schneller als erlaubt fährt. Die Geldbußen für Tempoverstöße sind sehr hoch.
Bei Unfällen sollten Sie in jedem Fall die Polizei holen. Der ADAC hat in Dänemark

Trotz aller Brücken ist die Fahrt mit dem Schiff immer noch die schönste Form, um das Land der 500 Inseln zu besuchen. Zumindest wenn man nicht unter Zeitdruck steht.

Linke Seite: Der Stolz der Dänen ist der Danebrog, die älteste Fahne der Welt. Der Sage nach fiel sie 1219 während einer Schlacht gegen die Esten vom Himmel.

Verwirrend wie dieser Schilderwald ist auch das von Piet Hein angelegte Labyrinth, beides findet der Besucher im Park von Schloss Egeskov (Fünen).

Rechts: Reiten ist ein beliebter Sport in Dänemark.

die Telefonnummer 79 42 42 85. Im Falle einer Panne kommt die Firma »Falck«. Wenn in den Ferienhäusern am Samstag Bettenwechsel ist, kommt es im Sommer meist auch zum Stau auf den Autobahnen. Beachten Sie bitte, dass die Sommerferien in Dänemark meist von Mitte Juni bis Anfang August gehen und dann das ganze Land Ferien hat. Die anderen nordischen Länder haben ebenfalls zu dieser Zeit Ferien. Verkehrsmeldungen werden im dänischen Rundfunk äußerst selten durchgesagt, darauf sollte man sich also nicht verlassen.

Bei heftigen Stürmen werden die Brücken für Autos mit Anhängern, im Extremfall sogar für alle PKWs gesperrt.

Tankstellen sind meistens von 7 bis 20 Uhr geöffnet, vielfach ist auch außerhalb dieser Zeiten eine Bezahlung an der Zapfsäule per Geldschein oder Kreditkarte möglich.

DIPLOMATISCHE VERTRETUNGEN

Deutsche Botschaft
Stockholmsgade 57
2100 København Ø
Tel. 35 26 16 22

Österreichische Botschaft
Grønningen 5
1270 København
Tel. 33 12 46 23

Schweizerische Botschaft
Amaliegade 14
1256 København K
Tel. 33 14 17 96

FÄHRSCHIFFE

Innerhalb Dänemarks dominiert Scandlines (www.scandlines.de), nach Bornholm kommt man mit Bornholmstrafikken (www.bornholmstrafikken.dk).

FESTE UND FEIERTAGE

1.Januar (Neujahrstag)
Gründonnerstag
Karfreitag
Ostermontag
Großer Bettag (vierter Freitag nach Ostern)
1.Mai (ab 12 Uhr)
Christi Himmelfahrt
Pfingstmontag
5. Juni (Verfassungstag, ab 12 Uhr)
25. Dezember (Erster Weihnachtstag)
26. Dezember (Zweiter Weihnachtstag)

Natürlich gibt es jede Menge Feste, kein Hafenort kommt ohne sein eigenes Hafenfest aus.

Musikfestivals gibt es eigentlich für jede Stilrichtung. Populär ist das Jazzfestival in Kopenhagen im Juli, berühmt das Roskilde-Festival mit Rockmusik, exzellent das Bornholmer Musikfestival, das den Sommer über meist in Kirchen stattfindet. Das ganze Land feiert die Sommersonnenwende am Sankt Hans Aften (23. Juni) mit der traditionellen Hexenverbrennung, Grillen und Getränken bis spät in die Nacht.

FKK

Es gibt keine ausgewiesenen FKK-Strände, jeder zieht am Strand so viel oder wenig an, wie er seinen Mitmenschen zumuten mag. Das reine Nacktbaden ist nicht mehr so populär wie noch in den 1980er-Jahren, »oben ohne« aber fast schon normal.

GESUNDHEITSWESEN

Krankenhaus heißt »sygehus«, Arzt »læge«, Zahnarzt »tandlæge«,Tierarzt »dyrlæge«. Die Notfallnummer ist 112. Wenn Sie den Auslands-Krankenschein dabeihaben, entstehen Ihnen bei der Behandlung vor Ort keine weiteren Kosten.

KLIMA

An der jütischen Westküste herrscht ein etwas raueres Klima, selbst im Sommer klettert die Temperatur selten über 20 Grad. Dafür gibt es dann aber auch fast neun Sonnenstunden, im Winter wird es

selten so richtig eisig, im Durchschnitt stoppt das Thermometer bei minus 2 Grad Celsius. Der regenärmste Monat ist der Mai. Das ist er auch in Kopenhagen, wo der Juli der wärmste Monat mit im Schnitt 22 Grad Celsius ist. Auf Bornholm regnet es zwischen März und Juni nur an sieben Tagen, in Juli und August an acht Tagen. Der Juli ist der wärmste Monat mit über 20 Grad, der kälteste der Februar mit minus 2 Grad.

MIETWAGEN

Mietwagenstationen gibt es in allen größeren Städten. Da allerdings dänische Wagen durch eine besondere Art der Besteuerung sehr kostspielig sind und die Mehrwertsteuer 25 Prozent beträgt, sind die Leihgebühren in Dänemark sehr hoch.

ÖFFNUNGSZEITEN

Die Geschäfte öffnen zwischen 9:30 und 10 Uhr, sie schließen zwischen 17:30 und 18:00 Uhr, samstags ist schon zwischen 12:30 und 13:00 Uhr Ende. Etwas länger haben die großen Kaufhäuser auf, ebenso die großen Einkaufszentren auf der Grünen Wiese. Banken und Postämter folgen diesen Öffnungszeiten, allerdings sind Banken am Samstag geschlossen. In vielen Geschäften und Institutionen muss man eine Wartenummer ziehen, damit kein Streit entsteht, wer wann dran ist.

TELEFON

Die Handyverbreitung in Dänemark ist riesig. Aber natürlich gibt es auch noch Telefonzellen, Telefonkarten gibt es bei der Post, in vielen Telefonläden oder an Zeitungskiosken.

UNTERKÜNFTE

Hotels sind recht teuer und sind oft eher schlicht ausgestattet. An Wochenenden oder in den Sommermonaten, wenn die Geschäftsreisenden ausbleiben, gibt es oft sehr günstige Angebote.

Typisch sind die Landgasthöfe, kroer genannt. Ihre Spanne reicht vom wirklich historischen Haus mit knarzendem Gebälk bis zum modernen, fast hotelähnlichen Betrieb. Sie haben sich zu Dansk Kroferie zusammengeschlossen. Mit zur Kette gehören auch einige Stadthotels und so genannte »Klassische Hotels« (www.danskkroferie.dk)

Die Jugendherbergen sind überwiegend gut ausgestattet und verfügen meist auch über Familienzimmer (www.danhostel.dk).

Ferienhäuser werden sowohl von großen Anbietern als auch von kleineren regionalen Anbietern angeboten. Die Preise richten sich natürlich je nach Jahreszeit, am teuersten ist mittlerweile die Woche um Sylvester, gefolgt vom Hochsommer. Monate wie März oder November hingegen sind äußerst günstig.

ZAHLUNGSMITTEL

In Dänemark gilt die Dänische Krone (DKr oder DKK). Eine Krone besteht aus 100 Øre. Münzen gibt es als 25 und 50 Øre, 1, 2, 5, 10 und 20 Kronen. Scheine zu 50, 100, 200, 500 und 1000 Kronen. Beim Bezahlen wird in der Regel auf- oder abgerundet.

Nahe der deutschen Grenze, in Kaufhäusern und Touristenzentren wird mitunter auch der Euro akzeptiert. Bargeld erhalten Sie an Geldautomaten, die die Bezeichnung »Kontanten« tragen. Zahlen per Scheck- oder Kreditkarte ist üblich.

ZOLL

Kontrollen sind innerhalb der Europäischen Union selten, dänische Grenzstellen nicht mehr besetzt. Dennoch kann es passieren, dass der Zoll kurz hinter der Grenze kontrolliert. Besonders scharf wird kurz vor Sylvester kontrolliert, da das in Deutschland erhältliche Feuerwerk meist nicht in Dänemark erlaubt ist.

Im Südwesten Fünens schiebt sich die Landzunge Helnæs ins Meer, eine hügelige und zeitlos wirkende Landschaft mit bewaldeten Felsen und unendlich weitem Blick.

Seite 110: Hart am Wind – radeln an der Nordseeküste ist eine echte Herausforderung, denn der Boden ist weich und der Wind kommt garantiert von vorne.

SCHWEDEN

SCHWEDEN

Erich Spiegelhalter
Bernhard Pollmann
Brigitte Merz

N
0
150 km
Fährverbindungen
A T L A N T I K
N o r w e g e n
F i n n l a n d
Groß-
britannien
Dänemark
Estland
Lettland
Litauen
Weiß-
russl
N o r d s e e
O s t s e e
Skagerrak
Kattegat
Bottnischer Meerbusen
Finnischer Meerbusen
Bucht von Riga
Shetlandinseln
Orkneyinseln
Aberdeen
Tynemouth
South Shields
Sunderland
Stockon-on-Tees
Middlesbrough
York
Bergen
Stavanger
Oslo
Trondheim
Aalborg
Århus
Odense
Kopenhagen
Abisko
Karesuando
Nikkaluokta
Kiruna
Vittangi
Svappavaara
Stora Sjöfallet N.P.
Padjelanta N.P.
Sarek N.P.
Gällivare
Tärendö
Pajala
Muddus N.P.
Jokkmokk
Lakaträsk
Överto rnea
Jäkkvik
Pieljekaise N.P.
Lappland
Arjeplog
Norrbotten
Morjärv
Karungi
Vidsel
Boden
Töre
Tärnaby
Sorsele
Arvidsjaur
Älvsbyn
Storuman
Jörn
Norsjövallen
Skellefteå
Vilhelmina
Lycksele
Väster-
botten
Björnlandet N.P.
Hällnäs
Lövånger
Dorotea
Åsele
Hoting
Vännäs
Umeå
Strömsund
Ångermanland
Adals-Liden
Rundvik
Örnsköldsvik
Åre
Duved
Krokom
Östersund
Jämtland
Sollefteå
Bispgården
Bräcke
Härje-
Hede
Röjan
Kramfors
Fjäll
Härnösand
Medelpad
Sundsvall
Idre
dalen
Sveg
Särna
Tandsjö
Ljusdal
Harmånger
Hudiksvall
Undersvik
Älvdalen
Hälsing land
Bollnäs
Söderhamn
Dalarna
Mora
Gästrik-
land
Rättvik
Siljansee
Leksand
Sandviken
Gävle
Skutskär
Marma
Borlänge
Falun
Storvik
Ludvika
Avesta
Öregrund
Östhammar
Torsby
Värmland
Uppland
Arvika
Hällefors
Uppsala
Filipstadt
Norrtälje
Kappelskär
Arjäng
Kil
Köping
Enköping
Karstad
Karlskoga
Kristinehamn
Mälarsee
Solna
Stockholm
Eskilstuna
Södertälje
Huddinge
Örebro
Närke
Strömstad
Dalsland
Åmål
Vänernsee
Bohuslän
Södermanland
Håby
Mariestad
Lidköping
Karls-
borg
Nyköping
Motala
Lysekil
Väster-
götland
Vättern
Norrköping
Trollhättan
Öster-
götland
Linköping
Kungälv
Falköping
Göteborg
Alingsås
Jönköping
Halland
Eksjö
Vimmerby
Västervik
Färösund
Kungsbacka
Småland
Vetlanda
Gotland
Visby
Varberg
Grankulla
Blå Jungfrun N.P.
Falkenberg
Oskarshamn
Växjö
Nybro
Öland
Burgsvik
Halmstad
Borgholm
Tingsryd
Kalmar
Ängelholm
Blekinge
Karlshamn
Helsingborg
Kristianstad
Karlskrona
Ottenby
Landskrona
Hörby
Lund
Malmö
Simrishamn
Ystad
Trelleborg
Oulu
Tampere
Turku
Vantaa
Espoo
Helsinki
Sankt-Pete
Tallin
Peipussee
Pskov
Riga
Liepāja
Klaipeda
Panevėžys
Daugavpils
Murm
E4
E6
E8
E10
E12
E14
E16
E18
E20
E22
E39
E45
E63
E67
E75
E105
E134
E136
E271
E15

Blühendes Rapsfeld vor falunroten Holzhäusern in der südschwedischen Gemeinde Töreboda am Götakanal in Västergötland. Västergötland ist eines der wichtigsten Landwirtschaftsgebiete Schwedens.

Königreich Schweden

Du gamla, du fria, du fjällhöga Nord

Du gamla, du fria, du fjällhöga Nord,
Du tysta, du glädjerika sköna!
Jag hälsar dig vänaste land uppå jord,
Din sol, din himmel, dina ängder gröna,
Din sol, din himmel, dina ängder gröna.

Du alter, du freier, du gebirgshoher Norden,
Du stiller, du freudenreicher Schöner!
Ich grüße dich, lieblichstes Land auf der Erde,
Deine Sonne, deinen Himmel, deine grünen Wiesen,
Deine Sonne, deinen Himmel, deine grünen Wiesen.

(Erste Strophe der schwedischen Nationalhymne. Text: Richard Dybeck)

Die »Raukar« genannten Brandungspfeiler sind charakteristisch für die aus Kalkgestein aufgebaute Westküste Gotlands und der nördlich vorgelagerten Insel Fårø. Zu den malerischsten Ensembles aus Felspfeilern, -toren und -zinnen zählt das Digerhuvud Naturreservat auf Fårø.

Rechts: Die Altstadtinsel Stadsholmen mit dem königlichen Schloss und die benachbarte Insel Riddarholmen (im Vordergrund) mit der Grabkirche der schwedischen Könige bilden das Herz der Haupt- und Residenzstadt Stockholm.

Zwischen Gletschern und Schären

Schweden ist das ideale Reiseland für Naturfreunde, Wassersportler und Liebhaber pulsierender Städte und kultureller Glanzpunkte. Und die Insel-, Seen- und Kunststadt Stockholm zählt zu den Top-Destinationen bei City-Reisen in Europa. Hinzu kommen zwölf Regionen, die als Weltnaturerbe unter dem Schutz der UNESCO stehen, darunter so große Gebiete wie die arktische Kulturlandschaft Laponia und die Hohe Küste am Bottnischen Meerbusen.

Mit 450 000 Quadratkilometern ist das Königreich unter der Mitternachtssonne das drittgrößte Land der Europäischen Union. Doch es zählt nur 8,8 Millionen Einwohner und ist somit kaum bevölkerungsreicher als die Schweiz: Ein Drittel aller Schweden lebt in den süd- und mittelschwedischen Großstädten Malmö, Göteborg, Stockholm und deren Einzugsbereichen.

Der wilde Norden des Landes ist dagegen mit statistisch drei Einwohnern pro Quadratkilometer nur sehr spärlich besiedelt (zum Vergleich: in Deutschland leben durchschnittlich 228 Einwohner pro Quadratkilometer). Diese unterschiedliche Verteilung der Bevölkerung prägt auch das Reisen zu Schwedens Kulturschätzen sowie durch seine abwechslungsreichen, großartigen Naturlandschaften, in denen es inzwischen 15 Nationalparks gibt.

Viele Erstbesucher sind nicht nur aufgrund der weiten, oft dünn besiedelten Gebiete von der Größe des Landes überrascht – tatsächlich sind es vom Treriksröset, dem schwedisch-norwegisch-finnischen Dreiländereck im Norden, bis zum südlichsten Punkt, dem Smygehuk in Schonen, fast 1600 Kilometer. Von den Sandstränden der Kattegatküste und den Schären der Ostsee steigt das überwiegend leicht hügelige Land mit seinen fast 100 000 Seen und den falunroten Holzhäuschen zur Gebirgskette der Skanden an, wo es im vergletscherten Kebnekaise (2111 Meter) im Grenzgebiet zu Norwegen seine höchste Erhebung findet. 57 Prozent der Landesfläche sind bewaldet, etwa zehn Prozent bestehen aus

Seen und Gewässern. Die Zahl der Inseln und Inselchen liegt bei über 200 000, die größten sind Gotland und Öland vor der Sonnenküste in Südschweden. Die vier größten Seen heißen Vänern, Vättern, Mälaren und Hjälmaren; der Vänern ist beinahe zehnmal so groß wie der Bodensee und der drittgrößte See Europas.

Die Landesteile, Landschaften und Läns

Traditionell besteht das Königreich Schweden aus drei Landesteilen (landsdelar): dem südschwedischen Götaland, dem mittelschwedischen Svealand und dem nordschwedischen Norrland. Die Landesteile gliedern sich wiederum in 21 »Län« genannte Verwaltungsbezirke sowie in historische Landschaften (landskap); oft greift der Name des Län einen historischen Landschaftsnamen auf. Die drei bevölkerungsreichsten Läns sind Stockholms län, Västra Götalands län mit der Hauptstadt Göteborg und Skåne län (Schonen) mit der Hauptstadt Malmö.

Skandinaviens höchste Gebirgskette: die Skanden

Die Skanden sind nicht nur die höchste Gebirgskette Skandinaviens, sondern umfassen auch die höchsten Gipfel ganz Nordeuropas und der drei Länder der skandinavischen Halbinsel. Von der Skagerrakküste bis zum Nordkap durchzieht dieses Gebirge den Westen der Halbinsel über 13 Breitengrade hinweg, was der Entfernung von Neapel nach Hamburg entspricht. Es besteht aus unterschiedlichen Einheiten, die erst seit 1944 unter der Wortschöpfung »Skanden« zusammengefasst sind: Der vergletscherte Galdhøpiggen im Jotunheimen-Gebirge im südlichen Norwegen markiert mit 2469 Metern die höchste Landmarke Nordeuropas. Der ebenfalls vergletscherte Kebnekaise in Schwedisch-Lappland ist mit 2111 Metern der höchste Gipfel Schwedens. Und auch Finnland hat in den nördlichen Skanden, nicht weit entfernt vom Dreiländereck Treriksröset, seinen höchsten Berg: den »Halti« oder Haltiatunturi (1328 Meter), von den Samen auch »Halditschokko« genannt.

Von der mittelnorwegischen Trøndelag-Senke bis hinauf zum norwegisch-schwedisch-finnischen Dreiländereck in Lappland bilden die Skanden die Grenze zwischen Norwegen und Schweden – deshalb bezeichnet man sie hier oft als »das schwedisch-norwegische Grenzgebirge«, obwohl der Grenzverlauf nicht der Kammlinie folgt; genau genommen stellt ihn das vergletscherte Sulitjelma-Gebirge (1913 Meter) dar. Norwegen blickt westwärts zum vom Golfstrom erwärmten atlantischen

Die Landschaft Dalarna reicht bis hinauf in das seenreichen Grenzgebiet zu Norwegen. Dort liegt inmitten der Wälder direkt an der grünen Grenze in der Nachbarschaft der Femundsmarka-Seen der kleine Ort Flötningen mit Ferienhütten an einem von hunderten von Seen.

Nordmeer, wo der auch für Schweden wichtige, weil ganzjährig eisfreie Hafen Narvik liegt. Die Lapplandbahn überquert diesen Teil der Skanden zwischen Kiruna und Narvik als eine der touristisch schönsten Eisenbahnlinien Europas; fast parallel zur Lapplandbahn verbindet die Europastraße 10 beide Städte. Die Bäche und Flüsse auf der schwedischen Seite des Grenzgebirges fließen in die Ostsee und entspringen der höchsten Bergregion des Königreichs: Kebnekaise (2111 Meter), Sareksjåkka (2089 Meter) im Sarek, Palkattjåkka (2002 Meter) im Pärtefjäll und Akkavare (2015 Meter) im Padjelanta.

Im wilden Fjäll

Das Wort »Fjäll« ist verwandt mit dem deutschen »Feld« und bezog sich ursprünglich nur auf die weiten, von eiszeitlichen Gletschern überformten Gebirgshochflächen. Heute versteht man unter »Fjäll« jedoch das gesamte Bergland oberhalb der Nadelwaldgrenze: das eher hügelige Fjäll genauso wie das plateauförmige Fjäll mit welligen Hochflächen oder das alpine Fjäll mit seinen spitzen Gipfeln. Die im modernen Sprachgebrauch ebenfalls als Fjäll bezeichneten bewaldeten Berggebiete sind meist unbewirtschaftete »Urwälder«.

Das Fjäll entzieht sich der traditionellen wirtschaftlichen Nutzung und Dauerbesiedlung abendländischer Prägung. Seine niedrigen Lagen bilden aber in Lappland seit Menschengedenken die Existenzgrundlage der nomadisierenden Samen und ihrer Rentierherden. Ab dem 19. Jahrhundert entdeckten wohlhabende Touristen das Fjäll für Bergsportaktivitäten und Zivilisationsfluchten, die zu »Friluftsliv« zusammengefasst sind. Kein Wunder, sind die Fjällgebiete doch ein Eldorado für Outdoor-Unternehmungen jeder Art, ob Wandern, Angeln, Reiten, Trekking oder Skiwandern, um nur einige zu nennen. Gipfel, Grate und Gletscher, fruchtbare Almtäler und idyllische Seen, sanfte Kuppen und steile Geröllflanken, Birkenwälder und Moore, Schluchten, Canyons und tosende Wasserfälle – die Natur des Fjäll ist einzigartig vielseitig. Da in den ökologisch sensiblen und landschaftlich schönsten Fjällregionen viele Nationalparks liegen, ist die Natur hier noch weitgehend intakt.

Das Fjäll oberhalb der Nadelwaldgrenze gliedert sich in drei Vegetationszonen. Die unterste Zone bildet der »Weidengürtel«, der sich im 20. Jahrhundert stark ausgebreitet hat. Hier gedeihen verschiedene Weidenarten wie Lappland-, Blaugrüne und Wollige Weide, aber auch bis zu zwölf Meter hohe Fjällbirken sowie kälteresistente Laubbäume wie Espe und Eberesche. In Mooren und in Heiden findet man ebenfalls eine üppige Flora: Typisch sind Moltebeere, Wollgras, Zwergbirke, Heidekraut und Heidelbeere. In der Vegetationszone oberhalb des Weidengürtels dominieren Gräser und grasartige Pflanzen. Wo die zusammenhängende Pflanzendecke endet und Fels, Moose und Flechten vorherrschen, liegt der Hochgebirgsgürtel, das Kahlfjäll.

STF – Tourismuspionier in Schweden

Der schwedische Svenska Turistföreningen (STF) ist der bedeutendste Touristikverein des Landes. Zugleich ist er die zentrale Anlaufstelle für Reisen, Wanderungen, Gletschertouren und andere Bergsportaktivitäten sowie für die Übernachtung in Gästehäusern und Jugendherbergen. Eine Gruppe von Geologiestudenten gründete 1885 den STF unter dem Motto »Kenne dein Land«. Ihr Ziel war es, »den Fremdenverkehr in Schweden zu fördern und Kenntnisse über Land und Leute zu verbreiten«. Dies ist auch heute noch die Basis für das Wirken des STF. Mit seinem hochqualitativen Angebot an umweltverträglichen Natur- und Kulturerlebnissen möchte er zudem Wertvorstellungen fördern, die zu innerer Harmonie und einem bereichertem Leben führen. Mit rund 330 000 Mitgliedern ist er eine der größten natur- und kulturorientierten ideellen Vereinigungen Schwedens.

Der Verein unterhält 315 Gästehäuser, acht Fjällstationen und rund 40 Fjällhütten, ist als Reiseveranstalter tätig und betreibt einen Verlag.

Schloss Kalmarhus auf einer Felsinsel vor der südschwedischen Stadt Kalmar ist einer der beeindruckendsten Renaissancebauten Schwedens und eine der geschichtsträchtigsten Festungsanlagen des Landes.

Rechte Seite und rechts unten: Idre Fjäll im mittelschwedischen Dalarna ist im Sommer und im Herbst ein Inbegriff für Angelurlaub und für Bergwanderungen.

Oben: Hunderte inselreicher Seen prägen die Landschaft von Arjeplog im nordschwedischen Lappland. Im Winter dienen die Eisflächen einiger Seen als Teststrecken der Automobilindustrie, die hier neben dem Tourismus der größte Arbeitgeber ist.

Küstenwachboot im Schärengarten von Stockholm, dem »Venedig des Nordens«.

In 85 lokalen Vereinen bietet er seinen Mitgliedern Veranstaltungen. Sämtliche Gästehäuser sind dem IYHF (International Youth Hostel Federation), dem internationalen Dachverband aller Jugendherbergsorganisationen, angeschlossen. Darüber hinaus ist der STF dem Internationalen Jugendherbergswerk (Hostelling International, HI) angegliedert und verfügt über ein Netz von rund 300 »Vandrarhem« (Wandererheim) genannten Jugendherbergen, in denen es keine Altersbegrenzung gibt. In ihnen erkennt man die Ausweise aller Jugendherbergsverbände, die dem HI angehören, an. Mit einem Deutschen Jugendherbergsausweis ist man also automatisch STF-Mitglied. Ein Beitritt zum SFT lohnt sich bereits ab etwa drei Übernachtungen.

Die Bewirtschaftung der Wandererheime basiert wie die Nutzung der Fjällhütten auf einem Prinzip, das in Skandinavien »Selbstbedienung« heißt. Dieser Begriff bedeutet aber bei weitem nicht dasselbe wie im Deut-

Obwohl die Küstengemeinde Mönsterås im südschwedischen Småland relativ klein ist, erreicht die Ostseeküste hier wegen des Buchtenreichtums eine Länge von 150 Kilometern, vorgelagert sind Mönsterås rund 300 Inseln, im Bild die Insel Oknö.

Linke Seite: Im Dorf Nyhamn an der Kliffküste von Gotland dokumentiert ein Museum die Fischereigeschichte der größten schwedischen und Ostseeinsel.

Schon 1805 wurde die historische Altstadt von Visby auf Gotland unter Denkmalschutz gestellt, 1995 erklärte sie die UNESCO zum Weltkulturerbe.

Rechte Seite: Im Schärengarten von Stockholm.

schen. Zum Beispiel müssen die Gäste Schlaf- und Waschraum sowie die Selbstversorgerküche in den Wandererheimen sauber halten und bei der Abreise gründlich reinigen; auf Fjällhütten müssen sie sogar das Wasser selbst herbeitragen und gegebenenfalls Holz hacken. Die Bezahlung erfolgt auf der Basis von Vertrauen und Ehrlichkeit.

Vogelfluglinie nach Norden

Mit Ausnahme der 45 Fährminuten zwischen Puttgarden auf der deutschen Ostseeinsel Fehmarn und Rødby auf der dänischen Insel Lolland kann man Schweden durchgehend auf dem Landweg erreichen: Königin Margrethe II. von Dänemark und König Carl XIV. Gustaf von Schweden eröffneten am 1. Juli 2000 die 16 Kilometer lange Straßen- und Eisenbahnverbindung über den Öresund zwischen der dänischen Stadt Helsingør auf der Insel Seeland und Helsingborg im südschwedischen Schonen. Mit der mautpflichtigen ersten Landverbindung zwischen Dänemark und Schweden wollte man den Wirtschaftsraum Kopenhagen-Malmö stärken, der sich in Konkurrenz zum Gebiet Hamburg-Schleswig-Holstein als Drehscheibe des Skandinavien- und Ostseeanrainerhandels etablieren soll.

Während die Fährüberfahrt 45 Minuten plus Wartezeit in Anspruch nahm, dauert die Autofahrt nun 15 Minuten; von Hamburg über die Fähre Puttgarden-Rödby ist man mit dem Auto jetzt in etwa fünf statt sechs Stunden in Malmö. Und von Rostock aus muss man einschließlich der Fährüberfahrt nach Gedser nur noch mit vier statt fünf Stunden rechnen. Die »Vogelfluglinie« als Verbund von Straße, Schiene und Wasserweg ist nach dem Weg benannt, den die Zugvögel wählen, wenn sie im Frühjahr zu den Brutplätzen in den Norden und im Herbst wieder zu den Winterquartieren in den Süden ziehen.

Rechte Seite: Herbst am See Norra Barken in Smedjebacken im Süden der mittelschwedischen Bilderbuchlandschaft Dalarna.

Blumenschmuck im Fischereidorf Bönhamn an der Welterbe-Küste »Höga Kusten« im nordschwedischen Ångermanland.

Tällberg am Siljansee avancierte im 19. Jahrhundert zu einem klassischen Fremdenverkehrsparadies in Dalarna.

Rechte Seite:
Das Renaissanceschloss Gripsholm bei Mariefred am Ufer des Sees Mälaren beherbergt Schwedens nationale Porträtgalerie.

Am Norra Barken, einem der Wassersportseen in Dalarna. Wer ausdauernd paddelt, gelangt vom Norra Barken bis in den Atlantik.

Links: Im malerischen Hafenort Havstenssund in Bohuslän wurden Teile des TV-Fünfteilers »Saltön« (2005) gedreht. Vorlage waren zwei auch als vergnügliche Urlaubslektüre zu empfehlende Romane aus dem »Saltön«-Zyklus von Viveca Lärn: drei Frauen, der schwedische Sommer, die Liebe ...

Schloss Hällekis am Vänern wird wie die meisten Schlösser in Schweden privat genutzt, die Gärten und Außenanlagen sind jedoch öffentlich zugänglich.

Bootshaus am Vänern, dem größten See Skandinaviens und bedeutendsten Wassersportsee Schwedens.

Der ehemalige Burggraben von Schloss Vadstena am Vättern-See dient als Gästehafen. Der Burghof des Vasa-Schlosses bildet im Sommer den imposanten Rahmen für Opern- und Theateraufführungen.

Rechte Seite: Vom Aussichtspunkt Avholmberget bei Frigesund lassen sich die beiden großen Seen Norr- und Sördellen in Hälsingland gut überblicken. Die Dellenseen bilden eine 130 Quadratkilometer große Wassersportfläche, auf denen die Inseln reizvolle Ziele für Kanuten darstellen. Viel besucht ist der Sandstrand von Avholm.

Abendstimmung in Nyhamn auf Gotland, der größten Ostseeinsel

Südschweden

Sonneninseln, Sandstrände, Schären

Götaland ist die sonnigste und dichtbesiedeltste Großlandschaft Schwedens: Von den Inseln Gotland und Öland erstreckt sie sich bis zum Vänern, dem größten See Skandinaviens, von den Wäldern Schonens bis zu den Gärten von Blekinge, von den Schären der Ostküste bis zu den Sandstränden von Halland im Westen. Dalsland ist die seenreichste Region Schwedens, in Småland ist Pippi Langstrumpf zu Hause, und wer seinen Hunger nach Großstadtleben stillen will, begibt sich in die pulsierenden Kapitalen Malmö und Göteborg.

Schonen – das Tor zu Schweden

Die Halbinsel Schonen im äußersten Süden Schwedens ist die wohlhabendste Landwirtschaftsprovinz des Königreichs – die Kornkammer Schwedens und eine der ertragreichsten Agrarregionen Nordeuropas. Für die meisten Urlauber bildet sie das Tor zu Skandinavien: An ihren Küsten liegen die Fährhäfen Trelleborg, Helsingborg, Landskrona und Ystad. Seit der Eröffnung der Brücke über den Öresund im Jahr 2000 ist Schonen von Dänemark aus auch auf dem Landweg erreichbar.

Die fruchtbare Moränenlandschaft Schonens mit ihren sanft gerundeten Hügeln, rauschenden Laubwäldern, Hafenstädten, Seebädern und endlosen Sandstränden war bis 1998 in zwei verschiedene Läns geteilt. Heute bildet sie den einheitlichen Verwaltungsbezirk Skåne Län mit der Hauptstadt Malmö.

Auf der Halbinsel Skanör zwischen Trelleborg und Malmö im Südwesten Schonens liegen die bedeutenden Seebäder Falsterbo und Skanör. Im Südosten hat sich die Landschaft Österlen mit ihren malerischen Fischerdörfern, Gourmettempeln und Sandstränden als Refugium für Künstler und Feinschmecker positioniert. Die herausragende Stadt im Landesinneren ist die Universitätsstadt Lund, deren Dom der bedeutendste romanische Sakralbau Schwedens ist. Die Hafenstadt Ystad mit ihren rund 300 Fachwerkhäusern des 16. bis 18. Jahrhunderts und der Marienkirche im Stil der Backsteingotik verfügt über eines der schönsten mittelalterlich-frühneuzeitlichen Altstadtensembles in Schweden. Sie ist Schauplatz der Kriminalromane von Henning Mankell, dessen fiktiver Kommissar Kurt Wallander in der Mariagatan 10 wohnt. Die detailreichen Schilderungen von Ystadt und Schonen in den Mankell-Krimis, von

Der Dom in der Altstadt von Lund ist das bedeutendste Bauwerk der Romanik in Schweden.

Die Krypta im Dom von Lund wurde um 1080 bis 1131 errichtet.

Die schiffsförmige Megalithanlage Ales Stenar bei Ystad ist die größte Steinsetzung Skandinaviens.

denen mehrere auch verfilmt sind, haben zu einem regelrechten Wallander-Tourismus geführt. Auch literarische Führungen auf den Spuren des verschroben-depressiven Kommissars, der meist alles grau sieht, werden nicht nur in Ystad angeboten. Bei Ystad befindet sich außerdem die Kultstätte Ales Stenar sie ist die größte Steinsetzung Skandinaviens. 59 bis zu fünf Tonnen schwere Megalithen wurden auf einem Hügel an der Südküste Schonens zu einem Ensemble mit schiffsförmigem Grundriss von 68 Meter Länge so aufgestellt, dass Bug und Heck in Richtung des Sonnenauf- beziehungsweise Sonnenuntergangs zur Zeit der Winter- und Sommersonnenwende zeigen. Das Alter der Anlage ist umstritten: Manche Wissenschaftler datieren sie in die Eisenzeit um 600 n. Chr., andere vermuten eine Entstehung in der Jungsteinzeit um 3000 v. Chr. Der Hügel bietet einen ausgezeichneten Blick auf den Hafen von Kåseberga und auf die Ostsee.

Das Medicon Valley in der Öresundregion

Die Öresundregion ist ein gutes Beispiel dafür, wie Gebiete, die sinnlose Kriege auseinander rissen, wieder natürlich zusammenwuchsen. Bis ins ausgehende Mittelalter gehörte Schonen zu Dänemark, von wo aus es auch leicht erreichbar war: Schiffe kreuzten rasch über den Öresund. Vergleichsweise schwierig war es dagegen, aus den dichten Wäldern und Mooren nördlich der Halbinsel bis nach Schonen zu gelangen. 1658 fiel Schonen jedoch im Frieden von Roskilde an Schweden. Bis ins 18. Jahrhundert führten nun die Schoninger einen Partisanenkrieg gegen die schwedische Krone, die sogar ihre angestammte Sprache verbot.

Seit dem ausgehenden 20. Jahrhundert wachsen Schonen und Seeland wieder zusammen: Die 1997 gegründete dänisch-schwedische Öresundregion zählt zu den dynamischsten Wissenschafts-, Wirtschafts- und Industrieregionen Europas. Aufgrund ihrer internationalen Erfolge in den Bereichen biotechnische Forschung, medizinische Technologie und pharmazeutische Industrie schärft sie ihr Profil als »Medicon Valley« mit dem Anspruch, das gleiche globale Potenzial wie das kalifornische Silicon Valley zu haben. Die Partnerschaft »Öresundregion« besteht aus der dänischen Hovedstadregion rund um Kopenhagen und dem Westküstenbereich der südschwedischen Landschaft Schonen rund um die Metropole Malmö. Mit der Eröffnung der Öresundbrücke zwischen Helsingör und Helsingborg im Jahr 2000 wurde das erste Großprojekt verwirklicht.

Helsingborg liegt in Schonen an der engsten Stelle des Öresunds. Von der Burg ist der Turm »Kärnan« (14. Jahrhundert) erhalten.

Und die grenzüberschreitende Verbindung zog zahlreiche mentale Brückenschläge nach sich, wie etwa die Öresund-Universität, eine Kooperation der elf Universitäten beidseits des Sunds. Auch die Medicon Valley Academy ist eine von Universitäten, Krankenhäusern und Unternehmen gegründete Organisation, die die Netzwerke im medizin- und arzneimitteltechnologischen Bereich ausweiten und verbessern möchte. Eine Vielzahl weiterer Initiativen betrifft die Zusammenarbeit zwischen Häfen, bei Verkehr, Umweltfragen, Banken und Finanzierung, Medien und Tourismus, um nur einige Bereiche aufzuführen. Auch viele deutsche Gastarbeiter zieht es in die Öresundregion.

Ein Garten mit Marinehafen

Die südschwedische Landschaft Blekinge mit ihren Buchenwäldern im Landesinneren und den Schären und Fischerdörfern an der Ostseeküste gilt dank ihrer Blütenpracht als Schwedens Garten. Wie das benachbarte Schonen gehörte sie bis zum Jahr 1658 zum Königreich Dänemark.

In der Hafenstadt Karlshamn findet alljährlich gegen Ende Juli das Östersjøfestivalen statt: Der Baltic Song Contest zählt mit hunderttausenden von Besuchern aus allen Ostseeanrainerstaaten zu den größten Events in Südschweden. Das volksfestartige Spektakel mit seinen Musikdarbietungen, dem bunten Treiben am Hafen und auf dem Markt sowie den fröhlichen Sommernächten ist für Besucher ein unvergessliches Erlebnis.

Hauptstadt des Verwaltungsbezirks Blekinge län ist der Marinestützpunkt Karlskrona, dessen historische Hafen- und Militäranlagen die UNESCO 1998 auf die Liste der Weltkulturerbe gesetzt hat. Auf 33 Inseln entstand ab 1679 eine Reißbrettstadt, die König Carl XI. als Schutz vor dänischen Angriffen und als eisfreien Hafen anlegte. Mehr als 300 Jahre lang, bis zum Ende des Kalten Kriegs, war Karlskrona eine verbotene Stadt, ehe sie auch Zivilisten besuchen durften und die UNESCO sie schließlich entdeckte. Seitdem positioniert sich Karlskrona als neuer Tourismusmagnet in Südschweden: Die ursprünglich wenig attraktive Ansammlung barocker Gebäude, alter Forts, Offiziersunterkünfte, Werften, Hafenmauern und Kais sind inzwischen restauriert und neuen Bestimmungen zugeführt: In einem Leuchtturm findet im Sommer ein Filmfestival statt, in den Zellen des historischen Marinegefängnisses arbeiten Computerspezialisten. Den Stadtbrand von 1790 überlebten unter anderem die zweitürmige Fredrikskirche und der kuppelbekrönte Zentralbau der Dreifaltigkeitskirche, beide von N. Tessin dem Jüngeren. Auch die

Das Pistolenobjekt »Non Violence« von Carl Frederik Reuterswärd in Malmö wurde 1988 auch vor dem UNO-Hauptquartier in New York aufgestellt.

Unten: Die Festung Malmöhus, 1537-1542 erbaut im Übergangsstil von der Gotik zur Renaissance, beherbergt das Kunst-, das Stadt-, das naturhistorische und das Technik- und Seefahrtsmuseum.

Der 190 Meter hohe Büro- und Wohnturm »Turning Torso« von Santiago Calatrava in Malmö ist der höchste Wolkenkratzer Skandinaviens; 2005 wurde das 59-stöckige Gebäude eröffnet.

Reichstelefonzelle am Lilla Torg, Malmös 1592 angelegtem idyllischem Marktplatz.

leuchtend rote Admiralitätskirche (1685), die größte Holzkirche Schwedens, ist Teil des Weltkulturerbes. Das Marinemuseum erinnert mit Modellen und Nachbauten an die Zeit der schwedischen Kriegsschiffsbauer in Karlskrona: Im Hafen vor dem Museum kann der Besucher das erste nordische Trockendock (1720), ein nachgebautes Postschiff (1692) sowie historische Militärschiffe bewundern.

Jede der 33 Inseln hat ihren ganz eigenen Charakter. In Torhamn starten die Ausflugsboote in die wundervolle Welt der Blekinger Schären, die so schön sind, dass es im Jahr 1982 ein U-Boot der Union der Sozialistischen Sowjetrepubliken (UdSSR) nicht lassen konnte, hier ein wenig zu spionieren – und zwischen den Inselchen strandete.

Öland, Ferien- und Naturparadies für alle

Das sonnenreiche Öland, Schwedens zweitgrößte Insel, ist nicht nur für Normalsterbliche ein Ferienparadies ersten Ranges: Bei der Inselhauptstadt Borgholm liegt Schloss Solliden, die königliche Sommerresidenz mit ihrem wundervollen, öffentlich zugänglichen Park. Der gesamte Süden der Insel mit der Karst- und Heidelandschaft Stora Alvaret, der größten Kalksteinheide Europas, steht als Weltkulturerbe unter dem Schutz der UNESCO. Das flache Kalkplateau von Öland ist zwar 137 Kilometer lang, aber nur bis zu 16 Kilometer breit. Die leuchtend weißen Kreidefelsen, die Seebäder, Strände, Windmühlen, Runensteine und Wälder der Insel sind vom südschwedischen Festland durch den Kalmarsund getrennt, den seit 1972 die 6072 Meter lange Ölandbrücke überspannt. Während Nordeuropas größte Schlossruine die Inselhauptstadt Borgholm überragt, reckt sich ganz im Süden der Insel der Långe Jan in den blauen Himmel, Schwedens höchster Leuchtturm. Jedes Dorf hat ein bis drei Windmühlen – da kommt man auf Öland dann schon mal angeblich auf 400 Windmühlen! Außerdem gibt es 34 Kirchen, 16 vorgeschichtliche Befestigungsanlagen und 34 verschiedene Orchideenarten zu entdecken.

Von Karstheiden und Zugvögeln: Stora Alvaret

Jahrhundertelang wurde das 26 000 Hektar große Gebiet von Schafen, Rindern und Pferden extensiv beweidet, sodass sich hier weder Bäume noch Büsche ansiedeln konnten. Dadurch konnte eine hoch spezialisierte Flora und Fauna entstehen – ein komplexes Mosaik aus offenen Heide-Habitaten.

Nach dem Zweiten Weltkrieg gaben viele kleine Landwirtschaftsbetriebe auf Öland die extensive Viehwirtschaft wegen zu niedriger Erträge auf. Als Folge davon machten sich auf den Alvar-Flächen Gehölze breit. Sie verdrängten die Kalksteinheiden, die immer kleiner wurden und zu verschwinden drohten. Um diese großartige Natur- und Kulturlandschaft vor dem Untergang zu retten, startete die regionale Naturschutzbehörde ein Programm zur Wiedereinführung der extensiven Weidewirtschaft: Die Landwirte erhielten Gelder für die Rodung der überwucherten Flächen und verpflichteten sich dafür, die Heidelandschaft in traditioneller Weise zu beweiden.

Im Jahr 2000 erhielt Stora Alvaret schließlich die Anerkennung als Weltkulturerbe. Die Kultur- und Naturlandschaft in den Kalksteinheiden entwickelte sich zu einem Besuchermagneten, von dem auch die Bauern profitieren. Das Interesse der Besucher gilt den Heideflächen ebenso wie den Salzwiesen und Schilfsäumen am Rand der fruchtbaren Küstenebene am Fuß der Kreidekliffs: Im Frühjahr und Spätsommer sind die Uferzonen Süd-Ölands einer der bedeutendsten Zugvögelbeobachtungsplätze Skandinaviens. Das Ottenby Naturum neben dem Leuchtturm an der Südspitze Ölands informiert über den Vogelzug. Vor dem Naturschutzzentrum steht eine bronzene Wildgans – die beiden kleinen Holzschuhe neben ihr erinnern an den von Selma Lagerlöf geschaffenen Nils Holgersson, dem berühmtesten Zugvogelflieger der Welt.

Der Wanderweg Mörbylångaleden erschließt die Landschaft Süd-Ölands. Vom »Träffpunkt Öland« an der Ölandsbrücke in Färjestaden führt er auf einer Länge von 79 Kilometern durch die Karst- und Heidelandschaft Stora Alvaret nach Ottenby im Süden der Insel. Entlang des gesamten Weges gibt es Übernachtungsmöglichkeiten und Restaurants.

Linke Seite: Sonnenaufgang in der Welterbe-Landschaft Stora Alvaret im Süden der Insel Öland.

Am Ottenby Naturum beim Leuchtturm auf der Südspitze der Insel Öland.

Auf der grössten Ostseeinsel

Gotland ist mit seinen schroff aus dem Meer ragenden Felspfeilern und Karstklippen, den Kräutersteppen, Gehölzwiesen, Heidelandschaften und Kalkplateaus, seinen Steinsetzungen und über 90 Kirchen die größte und vielfältigste Insel der Ostsee. Sie liegt 90 Kilometer vor dem südschwedischen Festland und ist 117 Kilometer lang und bis zu 45 Kilometer breit. Klimatisch begünstigt gedeihen auf der »Insel der Ruinen und der Rosen« Kastanien- und Walnussbäume, Mandeln und Trauben – die Temperaturen unterschreiten selbst im Januar kaum den Gefrierpunkt.

Die Inselhauptstadt Visby ist die einzige Stadt der Insel. Sie steht als Weltkulturerbe unter dem Schutz der UNESCO und besitzt mit ihren verwinkelten Gässchen, dem Blick aufs blaue Meer und der lauen Brise ein mediterranes Flair, das inmitten der »rauen« Ostsee angenehm überrascht. Symboltier der fruchtbaren Insel, deren Name vermutlich auf das germanische Volk der Goten zurückgeht, ist der Igel; als Wappentier hat man sich das grau- bis schwarzwollige Inselschaf auserkoren.

Charakteristisch für die Insel sind die verlandenden Seen (träsk) – der größte, der Bästeträsk (6,3 Quadratkilometer), liegt im Norden der Insel. Ihm folgt der Tingstäde träsk, an dem eine Badestelle auf diejenigen wartet, die Süßwasser bevorzugen.

Der Verwaltungsbezirk Gotlands län umfasst neben der namengebenden Insel auch die nördlich vorgelagerte Insel Fårö, auf der der international bekannte Regisseur Ingmar Bergman ein Häuschen besitzt, sowie die westlich vorgelagerten Vogelschutzinseln Stora und Lilla Karlsö. Die Stora Karlsö ist berühmt für ihre Orchideenwiesen.

Gotland war bis ins Hochmittelalter ein relativ unabhängiges, wohlhabendes Bauernland und kam erst 1645 zu Schweden. Doch die Insel nimmt nicht nur kulturgeschichtlich und kunsthistorisch eine Sonderstellung innerhalb des Königreichs ein, sondern auch geologisch: Während sich das schwedische Festland aus Gneis und Granit zusammensetzt, besteht Gotland aus Kalk- und Sandstein. Im Erdzeitalter Silur vor rund 400 Millionen Jahren baute sich die Insel im tropisch warmen Silurmeer aus den mit Schlamm, Salz und Algen verbackenen Resten von Korallen, Weichtieren, Stachelhäutern und anderem auf. Viele dieser Lebewesen sind als Versteinerungen im Kalkgestein auf Gotland eingeschlossen. Wegen der zahlreichen Fossilienfunde wurde der geologische Zeitabschnitt Silur früher Gotlandium genannt.

Königin des Meeres: Visby

Die Hansestadt Visby mit ihrer mittelalterlichen Altstadt an der Westküste der Insel Gotland zählt zu den malerischsten Städten Schwedens. Schon 1805 wurde die historische Altstadt mit ihrer von 45 Türmen bewehrten Ringmauer unter Denkmalschutz gestellt, 1995 erklärte sie die UNESCO zum Weltkulturerbe. Visby ist einer der ältesten Handelsplätze Nordeuropas und avancierte im 12. Jahrhundert zur Drehscheibe des Ostseehandels: Kaufleute aus Lübeck, Sachsen und Westfalen, die 1161 die Genossenschaft der deutschen »Gotlandfahrer« gründeten, aus der später die Hanse hervorging, erhielten hier Handelsprivilegien. Neben gotländischen prägten deutsche und russische Kaufleute das Leben der Stadt und errichteten repräsentative Handelshäuser mit charakteristischen Treppengiebeln. Auch die Kirchen kündeten vom Reichtum der Stadt, die den Beinamen »regina maris« – Königin des Meeres – trug. Der bedeutendste Sakralbau war die Kirche der Deutschen, der 1225 vollendete gotische Dom Sankt Marien. Die anderen Kirchen sind als Ruinen erhalten.

Der Niedergang Visbys begann mit der Eroberung und Brandschatzung durch den dänischen König Valdemar IV. Atterdag im Jahr 1361. Danach verlor Visby seine Vormachtstellung unter den Hansestädten an Lübeck. Von 1394 bis 1398 war Visby ein Stützpunkt der Vitalienbrüder, 1525 wurde die Stadt bei einem Angriff der Lübecker erneut stark zerstört, 1645 fiel sie schließlich mit Gotland an das Königreich Schweden.

Anfang August (in der 32. Kalenderwoche) sind Gotland und Visby jährlich Schauplatz eines besonderen Spektakels: der Mittelalterwoche (Medeltidsveckan). Mit historischen Ritterturnieren, Konzerten und Märkten hält man dabei die Erinnerung an die dänische Eroberung wach.

Raukar und Tropfsteine

Die Kliffküste nördlich von Visby zählt zu den landschaftlich großartigsten Küstenabschnitten Schwedens: In schroffen Felswänden stürzt das Kalkplateau etwa 40 Meter tief zum Meer ab. Von der Abbruchkante bieten sich spektakuläre Ausblicke auf die Ostsee, die Felskulisse, den steinigen Strand und dazwischen einzelne herrliche Badebuchten mit Sandstrand.

Die Lummelunda-Höhlen (Lummelundagrottorna) im Karst der Kliffküste sind Gotlands meistbesuchte Natursehenswürdigkeit. Ein Teil des rund zehn Kilometer langen Höhlensystems mit seinen Tropfsteinbildungen ist mit einer Führung zu besichtigen.

Links oben: Steinmännchen und Steinkreis vor Lickershamn auf der Insel Gotland.

Rechts oben: Historische Fischerboote in Helgumannen auf der Insel Fårø

Die wenigen Hütten des Hafens Helgumannen trotzen am Rand des Naturreservats Digerhuvud dem Ostseewind.

Verwinkelte Gassen mit Fachwerkhäusern und Boutiquen (oben: Designermode von Yllet) prägen Visbys Altstadt ebenso wie mittelalterliche Stufengiebelhäuser und Straßencafés (rechts).

Oben rechts: Der 1225 vollendete gotische Dom Sankt Marien in Visby.

Linke Seite: Im Naturreservat Langhammars auf der Insel Fårø stehen acht bis zehn Meter hohe Brandungspfeiler aus fossilienreichem Kalk.

Charakteristisch für die Kliffküsten ganz Gotlands sind die Rauk und in der Mehrzahl Raukar genannten isoliert aufragenden Felsbildungen. Im Lauf von Jahrmillionen entstanden sie durch Abwitterung des weicheren sie umgebenden Gesteins. Sie treten in den unterschiedlichsten Formen auf, aber auch als Nadeln, Pfeiler oder Zinnen. Seit Menschengedenken hat ihre außergewöhnliche Gestalt die Fantasie beflügelt und zu zahlreiche Sagenbildungen geführt. Der höchste Rauk auf Gotland ist der Jungfrauen-Felsen (Jungfrun) vor Lickersham am Nordende der Kliffküste von Visby: Knapp zwölf Meter ragt der Fels in der Bucht von Lickersham auf.

Småland: Pippi Langstrumpf, IKEA, Glasdesign

Die Kinder- und Jugendbücher von Astrid Lindgren machten die südschwedische Landschaft Småland weltbekannt. Aber Kinder (und Eltern) müssen nicht unbedingt Leseratten sein, um sie zumindest dem Namen nach zu kennen: Auch das »unmögliche Möbelhaus« IKEA trägt dazu bei, dass dieser Teil Schwedens über seine Grenzen hinaus berühmt ist: Die Spielecken in den Möbelläden heißen weltweit »Småland« (kleines Land). Zudem entsteht in dieser Region in mehr als einem Dutzend Glashütten seit Jahrhunderten Gebrauchsglas und vollendetes Glasdesign. Und auch die

Oben: Brunnen in Pataholm in Småland.

Hütte in Fagerhult, einem beliebten Ferienhauszentrum in Småland.

Unten: Die bezaubernde hölzerne Altstadt Gamla stan in Eksjö.

Wiege des Blumenkönigs Carl von Linné stand in der wald- und seenreichen Fels- und Moränenlandschaft Smålands, die sich an der Küste nördlich von Kalmar in Buchten und Schären auflöst. Småland umfasst die Verwaltungsbezirke Jönköpings län, Kronobergs län und Kalmars län sowie Teile von Hallands län und Östergötlands län. An der Küste ist die Festungsstadt Kalmar, im Binnenland ist Jönköping am Vättern-See die größte Stadt. Die kleine ehemalige Garnison Eksjö im Verwaltungsbezirk Jönköpings län verfügt mit der Gamla stan über eine der sehenswertesten Altstädte in Småland mit 56 denkmalgeschützten Holzhäusern und Höfen aus dem 18. und 19. Jahrhundert.

Die Seefestung Kalmar

Die Dom- und Universitätsstadt Kalmar an der schmalsten Stelle des Kalmarsunds ist der Hauptort des östlichen Småland und der vorgelagerten Insel Öland, die mit Kalmar durch die 6072 Meter lange Ölandbrücke verbunden ist. Das fünftürmige Schloss Kalmarhus, imposant auf einer Felsinsel vor Kalmar platziert, zählt zu den mächtigsten Renaissancebauten Schwedens. Das von einem Park umgebene Gebäude ist teilweise zum Museum umgewandelt.

Als dieses Gebiet zwischen Dänemark und Schweden noch umstritten war, galt das Schloss als »Tor zu Schweden« und »Schlüssel des Reichs«. Im 12. Jahrhundert begann man, am Kalmarsund zum Schutz vor Piraten einen Wehrturm zu errichten. Der Bau eines Hafens folgte, und aus dem Turm wurde mit der Zeit eine Burg. Im 16. Jahrhundert bauten die ersten Vasakönige die Burg schließlich zur Renaissancefestung um, die eine wichtige Grenzbefestigung im Kampf gegen Dänemark darstellte. Den Schutz der Stadt konnte sie allerdings nicht gewährleisten: Die Dänen zerstörten die Stadt im Kalmarkrieg (1611-1613) vollkommen. Als Barockstadt erstand sie wieder, mit der 1682 geweihten Domkirche als bedeutendstes Bauwerk. Auch von der ehemaligen Stadtmauer sind Reste erhalten, darunter das Kavalierstor.

Kalmarer Union

Kalmar ist eine der ältesten Städte Schwedens und Namengeberin der Kalmarer Union, die 1397 die skandinavischen Königreiche Dänemark (mit Grönland), Norwegen (mit Island) und Schweden vereinigte. Am 17. Juli 1397 fand in Anwesenheit von 67 Bischöfen, Prälaten und Rittern in Kalmar die Krönung des 15-jährigen Erik af Pommern, eines Großneffen Königin Margrethes I. von Dänemark, zum dänisch-norwegisch-schwedischen Unionskönig statt. Er unterstand jedoch der Vormundschaft Margrethes, sodass sie bis zu ihrem Tod 1412 die eigentliche Herrscherin blieb. Damit erreichte die Königin ihr ehrgeiziges Ziel, ein nordisches Großreich unter dänischer Vorherrschaft zu schaffen.

Mit einem Aufstand des schwedischen Rebellen Engelbrekt Engelbrektsson gegen den Unionskönig Erik begann 1432 die allmähliche Lösung Schwedens aus der Kalmarer Union. Engelbrekt, zuweilen als »Wilhelm Tell Schwedens« bezeichnet, ist im Juni 1434 erstmals an der Spitze eines Heers aufständischer Bergleute und Bauern belegt. Wenig später belagerten er und seine Gefolgsleute Stockholm. Der Aufstand richtete sich zwar primär gegen die hohen Steuern. Doch in ihm machte sich auch der Unmut gegen die Bestrebungen des Unionskönigs Luft, Schweden entgegen des Kalmarer Unionsvertrags in ein dänisches Erbreich umzuwandeln. Im Januar 1435 wählte in Arboga der erste Reichstag in der Geschichte Schwedens Engelbrekt zum Oberbefehlshaber (Reichshauptmann) der schwedischen Streitkräfte gegen die Dänen und gegen die schwedische Dänenpartei. Der Vertrag von Halmstad erkannte Erik am 3. Mai 1435 zwar als König von Schweden an, er musste sich jedoch verpflichten, die schwedischen Landesgesetze zu beachten; gleichzeitig belehnte er Engelbrekt mit dem Schloss und dem Län Örebro. Damit avancierte Engelbrekt zu einem der bedeutendsten Männer in Schweden – und zwar auch in wirtschaftlicher Hinsicht, unterstanden ihm nun doch für das Land wichtige Bergwerke.

Nach der Gründung der Vasa-Dynastie durch Gustav I. Vasa schied Schweden 1523 aus der Union aus; Norwegen erlangte seine Unabhängigkeit von Dänemark erst 1814.

Blaue Jungfrau – Nationalparkinsel im Kalmarsund

Die Blaue Jungfrau (Blå Jungfrun), auch Blåkulla genannt, erhebt ihr kuppelförmig gerundetes Granithaupt 86 Meter über dem Meer im Kalmarsund vor der Insel Öland. Wer diese berühmteste Landmarke an der gesamten Ostseeküste Schwedens ersteigt, blickt im Süden bis Bornholm und im Norden über den Schärengarten der Blauen Küste hinweg bis Västervik; auf Öland ist Schloss Borgholm zu erkennen. Obwohl die sagenumwobene Insel nur 1100 Meter lang und bis zu 800 Meter breit ist, steht sie seit 1926 als Nationalpark unter Schutz: Gletschermühlen, Höhlen, Schalensteine und Blockmeere charakterisieren den schroffen Nordteil, während den flacheren Süden urwaldähnliche Laubwälder prägen. Die Insel war zwar nie besiedelt, weist jedoch eine der größten »Trojaburgen« Schwedens auf; eine weitere berühmte labyrinthartige Steinsetzung aus der Bronzezeit findet sich in Visby auf Gotland. Angeblich fliegen am Gründonnerstag die Hexen auf ihren Besen auf die Insel ... Mit dem Schiff ist die Blaue Jungfrau von Juni bis August von Oskarshamn oder von Byxelkrok auf Öland aus erreichbar.

Schwedische Glaskunst

Die Länhauptstadt Vexjö ist das Zentrum des wald- und seenreichen »Glasreichs« von Småland, in dessen Glashütten seit Jahrhunderten robustes Gebrauchsglas, aber

Kosta Bodas Stärke ist gefärbtes Glas (links), während sich Orrefors vorrangig auf klares Kristall konzentriert (rechts).

Kreative Formgebung und handwerkliches Können haben den Ruf des schwedischen »Glasreichs« begründet.

auch filigranes Tafel- und Kunstglas entsteht. Der Markenname Kosta Boda steht synonym für den weltweiten Siegeszug schwedischen Glasdesigns. Neben Kosta – Schwedens ältester Glashütte (1742), in der man Glas auch heute noch in Handarbeit fertigt –, Boda und Årfors sind im »Glasreich« rund ein Dutzend weiterer Glashütten in Betrieb. In Växjö befinden sich das Glasmuseum, das Småland-Museum und das Glasforschungsinstitut.

Die Region hat sich im vergangenen Jahrzehnt zu einem derart beliebten Ziel für Ausflüge entwickelt, dass die beteiligten Gemeinden und Hütten im Jahr 2000 eine eigene Aktiengesellschaft, die Glasriket Turism AB, gegründet haben. Sie ist unter anderem für die Betreuung des umfangreichen Angebots zuständig (www.glasriket.se, auch auf Deutsch). In fast allen Glashütten finden Besichtigungen statt, bei denen man den Glasbläsern bei der Arbeit zusehen kann. Nach Feierabend bieten einige Hütten das »Glashüttenessen« an: Beim »Hyttsill« bereitet man das Essen in den noch heißen Glasöfen zu – gebratener Speck, Ofenkartoffeln, Hering, Griebenwurst, Butter und Brot, schwedischer Käsekuchen und Kaffee kommen dann wie in alten Zeiten auf lange Tische, an denen man zusammen isst: Die Glashütten waren mehr als nur Arbeitsplatz, sie waren auch Treffpunkt für die Menschen der Umgebung.

Astrid Lindgrens Welt in Vimmerby

Astrid Lindgren aus Näs bei Vimmerby ist die bedeutendste Kinder- und Jugendbuchautorin. Ihr Werk hat die Kinder- und Jugendliteratur weltweit wesentlich beeinflusst. Das berühmteste ihrer rund 70 Bücher, von denen die meisten auch verfilmt sind, ist »Pippi Langstrumpf« (1945-1948). 1978 erhielt sie den Friedenspreis des Deutschen Buchhandels, 1994 den Alternativen Nobelpreis für ihren lebenslangen Einsatz für die Rechte der Kinder und für die Natur.

Der Freizeitpark »Astrid Lindgrens Värld« bei Vimmerby ist eine berühmte Attraktion für Kinder. In dem 1989 von Lindgren eingeweihten Erlebnispark werden Pippi Langstrumpf, Karlsson vom Dach, Michel aus Lönneberga, Ronja Räubertochter und andere Figuren aus Lindgrens Büchern »lebendig«: Kinder können mit ihnen sprechen oder die Theaterstücke, die sie aufführen, mitverfolgen. Die Schauplätze der Lindgren-Geschichten sind im kindergerechten Maßstab 1:3 aufgebaut, einige Filmschauplätze kann man sogar in Originalgröße bestaunen. Auch Tiere, wie etwa Pferde, Schweine, Schafe und Hühner, halten sich auf dem 100 000 Quadratmeter großen Gelände auf, denn Lindgren war eine große Tierfreundin. Es gibt Picknickwiesen, Restaurants, Ausstellungen und ein eigenes Postamt mit besonderen Stempeln. Gäste, die länger bleiben möchten, finden ein Feriendorf mit Ferien- und Campinghütten sowie einen Campingplatz vor.

Unmittelbar an den Freizeitpark grenzt das Geburtshaus von Astrid Lindgren. Hier, auf dem Hof Näs, wurde sie am 14. November 1907 als zweites Kind einer Bauernfamilie geboren. Und hier fand sie nach ihrem Tod in Stockholm am 28. 1. 2002 auch ihre letzte Ruhestätte.

Die meisten Bücher Lindgrens spielen in der waldreichen Seenlandschaft Smålands. In »Das entschwundene Land«, im Jahr 1975 erschienen, erzählt Lindgren von ihrer glücklichen Kindheit mit ihren Geschwistern auf dem Hof Näs – von Apfelbäumen, Armenhäuslern und Landstreichern und vom größten aller Abenteuer, dem Lesen von Büchern. Das begann für sie eines Tages in einer armseligen Häuslerküche, als sie zum ersten

Wer kennt sie nicht? Die Villa Kunterbunt in Vimmerby.

Mal das Märchen vom Riesen Bam-Bam und der Fee Viribunda hörte.

Der literarische Durchbruch gelang Lindgren mit dem dreiteiligen Kinderbuch »Pippi Langstrumpf«. Lindgren hatte die Geschichte zwar für ihre kranke Tochter erfunden, später jedoch mit dem Manuskript das Preisausschreiben eines Verlages gewonnen. Die Abenteuer der sommersprossigen Pippi mit ihren feuerroten Zöpfen realisieren auf fantasievolle Weise die Verweigerung eines Kindes gegenüber der als hohl und langweilig empfundenen Welt der Erwachsenen. In klarer, verständlicher Sprache und mit einem eindringlichen Erzählstil berichtet Lindgren von einem ungewöhnlichen Kind: Pippi lebt allein in der Villa Kunterbunt, hat einen Vater, der eigentlich Kapitän, jetzt aber König auf einer Südseeinsel ist; sie besitzt eine Kiste voll Gold, einen Affen und ein Pferd auf der Veranda. Pippi ist stärker als mehrere Männer zusammen, setzt Polizisten auf Bäume und schwänzt die Schule, ist naseweis und vorlaut zu Erwachsenen und schläft im Bett verkehrt herum. Durch diese Figur machte sich Lindgren zur Fürsprecherin kindlicher Bedürfnisse nach Selbstständigkeit und Freiheit. Mit überschwänglicher Fantasie und übernatürlichen Kräften ausgestattet, erhält Pippi als ein großzügiges und gutherziges Menschenkind Vorbildfunktion: Sie tritt der engstirnigen, aber mächtigen Erwachsenenwelt gegenüber und setzt die Träume und Ansprüche von Kindern durch.

Zu den weiteren Erfolgen von Astrid Lindgren zählen die Bände über den Meisterdetektiv Kalle Blomquist (1946–1953), der mit seinen Freunden spannende Kriminalfälle löst. In den »Bullerby«-Erzählungen (1947–1952) schildert Lindgren auch Erlebnisse aus ihrer eigenen Kindheit. Von den lustigen Streichen eines unverbesserlichen Lausbuben handeln die »Emil«-Bücher (1963-1985, deutsch »Michel«). Die Welt der Mythen und Märchen, die durchaus auch grausame Seiten zeigen, erschließt Lindgren in »Die Brüder Löwenherz« (1973). Ein Plädoyer für Menschlichkeit und Gewaltlosigkeit ist das Märchen »Ronja Räubertochter« (1981).

Ein Paradies für Kinder: Astrid Lindgrens Welt in Vimmerby.

Blaue Küste: Der Schärengarten vor Småland und Östergötland

Die Blaue Küste (Blå kusten) von Östergötland und dem nördlichen Småland ist eine der schönsten Schärenlandschaften. Sie besteht aus den fünf Schärengebieten Arkösund vor dem Vikbolandet bei Norrköping, St. Anna bei Söderköping und Gryt bei Valdemarsvik in Östergötland sowie Misterhult und Tjust bei Oskarshamn in Småland. Allein vor dem Småland-Küstenabschnitt bei Oskarshamn liegen von Runnö im Süden bis Örö im Norden 5429 Inseln mit einer Uferlänge von insgesamt 1173 Kilometern – kahle, bewaldete oder glatt geschliffene felsige Inseln, von denen die wenigsten bewohnt sind. Von der Europastraße 22 aus führen einige kleine Straßen zu Fischerdörfern und Badestellen am Rand des Schärengartens. Am besten kann man ihn jedoch vom Boot aus oder auf einer Schärenrundfahrt mit Ausflugsschiffen erleben. Aber dafür muss man sich Zeit nehmen: Fünf Stunden dauert allein die Misterhult-Schärenrundfahrt von Klintemåla zur Insel Örö.

Göteborg – Grachten und Parks am Skagerrak

Göteborg mit seinem eisfreien, von Inseln und Schären geschützten Nordseehafen am golfstromerwärmten Skagerrak ist die wichtigste Hafenstadt Skandinaviens und die zweitgrößte Stadt Schwedens. Die quirlige Universitätsstadt mit ihrem Nachtleben, ihren Flaniermeilen und Shoppingzentren, ihrer Kaffeehauskultur und den blauen Straßenbahnen hat nach dem Wegbrechen der Werftenindustrie einen Wandel zur Touristik- und internationalen Event- und Konferenzmetropole durchgemacht. Seit dem Jahr 2000 wird auch der gesamte Hafenbereich neu gestaltet: Im Rahmen des größten Bauprojekts der Stadt entstehen Parks und Freizeitstätten, während die Straßen unter die Erde verbannt sind.

Göteborg ist eine vergleichsweise junge Stadt: König Gustaf II. Adolf gründete sie 1619 als befestigten Außenposten der schwedischen Krone zwischen dem damals norwegischem Bohuslän im Norden und dem noch dänischen Halland im Süden. Niederländische, deutsche und schottische Siedler bauten den Platz zu einer Festungssiedlung nach niederländischem Vorbild mit Grachten und Brücken aus. Auch wenn die meisten Kanäle inzwischen zugeschüttet sind: Die Stadtrundfahrt mit den Paddan-Booten vom Kungsportsplassen auf den verbliebenen Kanälen und unter 20 Brücken hindurch zum Hafen ist noch immer die schönste Art, sich einen Eindruck von nahezu allen Sehenswürdigkeiten Göteborgs zu verschaffen. Zu ihnen zählt neben dem Dom Storkyrka aus dem 13. Jahrhundert der Wissenschaftstempel Universeum mit seinen großartigen Naturanlagen auf einer Fläche von 10 000 Quadratmetern: Hier folgen die Besucher dem Weg des Wassers vom schwedischen Fjäll durch die Weltmeere. Tropischer Regenwald ist ebenso zu bewundern wie der Pfeilfrosch, das giftigste Tier der Erde, schwedische Vogelarten, aber auch exotische Kaimane, Haie und Papageien.

Eine ganz andere Attraktion mitten in der Stadt ist Liseberg, der größte Freizeitpark Skandinaviens. Wer gute Einkaufsmöglichkeiten sucht, findet sie im Einkaufszentrum Nordstan, entlang der Avenyn sowie in Kungsgatan, Fredsgatan und Östra Hamngatan. Die Kaffeehauskultur ist gut vertreten in Haga, Linnéstaden und auf der Avenyn.

Halland – Sandstrände am Kattegat

150 vom Golfstrom erwärmte Küstenkilometer am Kattegat bilden die Seelinie der südschwedischen Landschaft Halland, an deren Sandstränden einige der bedeutendsten Bäder des Königreichs liegen. Halmstad, Falkenberg und Varberg sind die größten, auch die klippenreiche Halbinsel Onsala beim Marktort Kungsbacka ist ein viel besuchtes Bade- und Wassersportrevier. Das

Astrid Lindgrens Welt außerhalb des Freizeitparks: Der See am Fuß des Kirchhügels von Pelarne bei Vimmerby.

Hinterland des Küstenstreifens wartet mit tiefen Wäldern und guten Angelseen auf. Die Hafen- und »Sportstadt« Halmstad, Mekka des Golfs mit neun Golfplätzen sowie einer Trabrennbahn, ist zugleich Hauptstadt des Verwaltungsbezirks Hallands län. Seit der dänische König Christian IV. in Halmstad regierte, thronen Schloss und Befestigungsanlage mächtig über der Stadt. Christian IV. konnte sich nicht lange darüber freuen: Im Frieden von Brömsebro musste er 1645 Halland nebst Gotland und Ösel an Schweden abtreten.

Kanu-, Rad- und Fusswanderpararadies

Halland ist auch ein Kanu-, Rad- und Fußwanderparadies. Das längste Paddelabenteuer bietet der Lagaleden: Vom See Bolmen in Småland führt dieser Wasserwanderweg auf einer Länge von 180 Kilometern durch eine abwechslungsreiche Naturlandschaft zum Kattegat. Unterwegs gibt es Campingplätze, Lagerstellen und Kanuzentren.

Wer Halland auf dem Fahrradsattel erkunden will, hat zwei Toprouten zur Auswahl: den Banvallsleden im Binnenland und den Nordseeküsten-Radweg (North Sea Cycle Route) längs der Kattegat-Küste. Der Ban-

GÖTEBORGSOPERAN

Zuckerstangen, giftgrüne Geleestücke, Schokolade, Mandeln, Rosinen: »Välkommen« im Landhandel am Kronhuset in Göteborg!

Saluhallen am Kongstorget ist mit Delikatessenständen aus allen Ländern die größte Markthalle Göteborgs. »Ost« bedeutet Käse, »smör« ist Butter, das in Deutschland bekannteste schwedische »bröd« ist das haltbare, knusprige Knäckebröd (schwedisch knäcka: knacken).

Fotos oben: Fangfrischen Fisch und andere Meeresdelikatessen gibt es dienstags bis samstags in der Feskekörka, der 1874 nach dem Vorbild gotischer Kirchen und norwegischer Stabkirchen errichteten Göteborger »Fischkirche«.

Linke Seite: Die Göteborger Oper eröffnete 1994 am Packhuskai ihre Pforten für 1305 Zuschauer im großen und 230 Zuschauer im kleinen Saal.

Das »Kronhuset« in der Altstadt ist das bekannteste unter den zahllosen guten Cafés in Göteborg.

vallsleden folgt auf 195 Kilometern als Rad- und Fußwanderweg in gemächlicher Steigung der zum Rad- und Wanderweg umgebauten ehemaligen Schmalspurbahntrasse von der Halland-Hauptstadt Halmstad am Kattegat zum 184 Quadratkilometer großen See Bolmen in Småland und in die Kleinstadt Ljungby. Von dort geht es auf einer zweiten ehemaligen Schmalspurbahntrasse am großen See Åsnen (139 Meter) vorbei zur Hafenstadt Karlshamn in Blekinge an der Ostseeküste.

Der längste Radfernweg weltweit

Die 380 Kilometer lange Schweden-Strecke des Nordseeküsten-Radwegs beginnt am Fährhafen des Seebads Varberg. Der im Jahr 2001 eröffnete Radweg führt als erster transeuropäischer Radfernweg längs der Küsten von Deutschland, Dänemark, Schweden, Norwegen, Großbritannien und Niederlande mit einheitlicher Beschilderung rund um die Nordsee und ist mit knapp 6000 Kilometer der längste Radfernweg weltweit. In Halland folgt er dem Ginstleden (Cykelspåret Väest) nordwärts bis zur Stadt Göteborg, dann geht es auf dem Cykelspåret durch Bohuslän bis zur norwegischen Grenze in Svinesund.

Der Wanderweg Hallandsleden erschließt auf 380 Kilometer Länge die beeindruckende Natur und Kultur im Hinterland von Halland abseits der Kattegatküste. Er folgt Pfaden ebenso wie Wirtschaftswegen und kleineren Straßen und ist mit zahlreichen weiteren Wanderwegen vernetzt. Das 80 Kilometer lange Teilstück von der Grenze zu Västra Götaland im Norden – dort geht der Hallandsleden in den Bohusleden über – durch die Gemeinde Kungsbacka bis zum Seebad und Fährhafen Varberg ist Teilstück des Europäischen Fernwanderwegs 1. Am Åkulla Friluftsgård (mit Jugendherberge) in einem der schönsten Buchenwaldgebiete Hallands 25 Kilometer östlich von Varberg verzweigt sich der Hallandsleden in einen Ost- und einen Weststrang, die sich am Simlangsgården östlich der Halland-Hauptstadt Halmstad wieder vereinigen. Am Bahnhofsort Kinnared nordöstlich von Halmstad an der Grenze zu Småland hat der Hallandsleden Anschluss an den Gislavedsleden, der ein Teilstück des Europäischen Fernwanderwegs 6 ist. Der E 6 folgt ab Kinnared dem Hallandsleden bis Våxtorp und dann dem Skåneleden in die zauberhafte Hafenstadt Malmö, die Haupstadt von Schonen am Öresund.

Die fünf schönsten Erlebnisse in Südschweden

Marinehafen Karlskrona: Die verbotene Stadt
Mehr als 300 Jahre lang waren die barocken Anlagen des Marinehafens in der Garten- und Waldregion Blekinge eine verbotene Stadt. Seit dem Ende des Kalten Krieges ist sie nun auch für Zivilisten geöffnet – sogar die UNESCO hat sie entdeckt und als Weltkulturerbe ausgewiesen.

Karstheide Stora Alvaret auf Öland
Die größte Kalksteinheide Europas im Süden Ölands steht als Weltnaturerbe unter dem Schutz der UNESCO. Der Wanderweg Mörbylångaleden erschließt diese traumhafte Landschaft, deren Küstenebenen am Fuß der Kreidekliffs zu den bedeutendsten Zugvogelbeobachtungsplätzen Skandinaviens zählen.

Steilküsten und Tropfsteinhöhlen bei Visby auf Gotland
Die Kliffküste nördlich von Visby mit den Lummelunda-Höhlen und den Raukar-Felsbildungen zählt zu den landschaftlich großartigsten Küstenabschnitten Schwedens.

Blaue Küste von Småland und Östergötland
Die Blaue Küste ist eine der schönsten Schärenlandschaften der Erde. Allein vor dem Småland-Küstenabschnitt von Oskarshamn liegen 5429 Inseln und Inselchen. Auf einer Schärenrundfahrt ist die wunderbare Inselwelt am schönsten zu erkunden.

Auf Grachten durch Göteborg
Mit einem Paddan-Boot auf den Kanälen unter 20 Brücken zum Hafen – eindrucksvoller lassen sich die Sehenswürdigkeiten Göteborgs kaum erschließen.

Landungssteg
von Rättvik am Sil-
jansee in Dalarna.

MITTEL-SCHWEDEN

Reich der großen Seen und Schlösser

Das mittelschwedische Svealand ist Kernland und Namensgeber des Staates Schweden, des Reichs der Svea. Seine gewaltigen Seen Vänern und Vättern gelten als das »Herz Schwedens«. Und die Haupt- und Residenzstadt Stockholm – zu Recht eine der schönsten Metropolen Europas genannt – liegt weiter ostwärts zwischen Skandinaviens drittgrößtem See Mälaren und dem Schärengarten der Ostsee. Dieses abwechslungsreiche Gebiet mit seinen fünf Weltkulturerbestätten und märchenhaften Wäldern erstreckt sich nordwärts bis zu den Hügeln und Tälern von Dalarna, wo am Siljansee der Weihnachtsmann wohnt …

Das blaue Band Schwedens – Freizeitparadies Götakanal

Göta Hotel am Götakanal in Borensberg.

Die alten Schleusen in Trollhättan wurden bereits im 19. Jahrhundert zur Umgehung der Götaälv-Wasserfälle angelegt und sind Teil des Götakanals.

Der Götakanal zwischen dem Vänern, dem in der mittelschwedischen Senke gelegenen größten See Skandinaviens, und dem Ort Mem in Östergötland an der Ostseeküste ist mit 195 Kilometer der längste Kanal Schwedens und eine beliebte Touristikattraktion. Für Kanu- und Schiffsfahrten, aber auch für Radwanderer ist »das blaue Band Schwedens« mit seinen ausgedehnten Wäldern, riesigen Seen, alten Klöstern und schmucken Orten die schönste Route in diesem Teil von Schweden.

Von 1810 bis 1832 als Verbindung zwischen Ost- und Nordsee errichtet, verlor das größte Bauprojekt Schwedens nach dem Aufkommen von Eisenbahn und Lastwagen seine Bedeutung als Transportweg für die Schifffahrt. Heute besitzt der Kanal, »Schwedens längstes Abenteuer«, einen hohen Freizeitwert: Mit Passagierschiffen, Charterbooten oder der eigenen Yacht kann man ihn befahren, mit Pferden lässt sich auf extra Wegen sein Lauf verfolgen. Wer spezielle »Erlebnispakete« bucht, kann sogar Kanu- oder Passagierschifffahrten mit Theatertagen oder Wellness-Wochenenden in den Orten und Hotels längs des Kanals verbinden.

Die autofreien Wege längs des Freizeitkanals sind Schwedens bequemste und attraktivste Radroute: Von Mem geht es in leichtem Anstieg landeinwärts an Söderköping vorbei zum See Roxen, weiter zum Vätternsee und schließlich bis zum Vänern. Hier erreicht der Kanal mit 88,5 Metern über Normalnull seine höchste Erhebung. Vom Vänern führen der Fluss Götaälv und der Trollhättekanal weiter nach Göteborg am Kattegat.

Zu den herausragenden Sehenswürdigkeiten am Götakanal zählt die 18 Meter hohe Schleusentreppe von Berg zehn Kilometer nördlich der Domstadt Linköping, der Hauptstadt von Östergötland. Tausende von Schaulustigen finden sich im Sommer hier ein, um in volksfestartiger Atmosphäre die Schleusungen zu beobachten. Wie in Linköping, das nicht nur die größte Stadt Östergötlands ist, sondern auch weltweit die meisten Schleusen hat (30!), sind die Schleusen von Berg beliebter Ausgangspunkt für Fahrten auf dem Götakanal und auf dem mitten durch Linköping führenden Kindakanal.

Getreidefelder in Gränna am Vättern.

Rund um den Vättersee

Der Vättersee (Vättern) in der mittelschwedischen Senke ist Schwedens zweitgrößter See. Mit 1912 Quadratkilometern ist er mehr als doppelt so groß wie der Bodensee. Die größte Stadt an dem 130 Kilometer langen und bis zu 31 Kilometer breiten See ist die Län-Hauptstadt Jönköping an der Südbucht, eine der ältesten Städte Schwedens. Inoffiziell macht ihr diesen Rang jedoch Motala in Östergötland am Ostufer streitig: Nicht nur, dass hier der Götakanal in den Vättern eintritt und der Motalaström den See als Hauptabfluss in Richtung Ostsee verlässt, in die er bei Norrköping mündet. In Motala beginnt und endet auch jährlich Mitte Juni eines das bedeutendste Volksradrennen Europas. Zu der 300 Kilometer langen »Vätternrundan« (Vätternrundfahrt) kann sich wie bei einem Volkslauf jeder anmelden – ob mit Rennrad, Klapprad, Liegerad, Mountainbike oder Hollandrad, alle können mitmachen. Mehr als 15 000 Menschen beteiligen sich an diesem Event, bei dem niemand fürchten muss, sich im Dunkeln zu verirren: Nur gut eine Stunde ist es zu diesem Zeitpunkt Nacht, sodass sich fast permanent – auch »nachts« – die Startenden auf die Piste begeben. Dabei gewesen zu sein, abzuspecken und die Strecke zu schaffen, ist die Hauptsache. Am Ziel in Motala gibt es weder eine Stoppuhr noch eine Siegerehrung, aber jeder wird bei der Zieleinfahrt fotografiert und erhält eine Medaille.

Vänern – der grösste See Skandinaviens

Der Vänern liegt direkt neben den Vättern und ist mit einer Fläche von 5585 Quadratkilometern der drittgrößte Binnensee Westeuropas. Die riesige Wasserfläche mit ihren rund 20 000 Inseln und Schären, weiten

Sandstränden, einsamen Badefelsen und bewaldeten Ufern war vor Jahrmillionen eine Meeresbucht und erweckt immer noch den Eindruck eines Meeres.

Das größte Trinkwasserreservoir Schwedens ist zugleich ein beliebtes Wassersportgebiet mit rund 16 000 Yachten und Sportbooten in den Häfen und 10 000 Wracks auf dem bis zu 106 Meter tiefen Grund (62 Meter unter dem Meeresspiegel). Angler schätzen den See als einen der fischreichsten der Erde und behaupten, es gebe keine Süßwasserfischart, die nicht auch in ihm lebt. Da die Senke während der letzten Eiszeit mit dem Meer in Verbindung stand, kommen im Vänern bis heute tierische und pflanzliche Lebewesen vor, die es andernorts nur im Salzwasser gibt.

Eine Rundfahrt um den Vänern – die Uferlänge beträgt etwa 2000 Kilometer – ist eine Reise durch drei Landschaften: An der Nordbucht des Sees liegt die Värmland-Kapitale Karlstad; das »Klein-Paris« Vänersborg mit dem Sträcklan-Park und den Strandpromenaden an der Südspitze ist die größte Stadt auf der Västergötland-Seite des Sees; das Ostufer gehört zu Dalsland. Da Vänern und Vättern drei Regionen miteinander verbinden, bezeichnet man sie deshalb oft als das »Herz Schwedens«.

In Vänersborg beginnt der Dalbostigen, ein Wanderweg längs des Westufers mit herrlichen Ausblicken auf den See. Benannt ist der Wanderweg nach dem Naturreservat Dalobergen mit seinen prachtvollen Eichenwäldern in Ufernähe und im Nordteil sowie den Laubwäldern und Heidegebieten auf den Höhen. Die Regulierung des Vänern in den 30er-Jahren ermöglicht es, seinen Wasserstand um 1,7 Meter zu verändern. Nördlich von Mariestad am Ostufer mündet der Götakanal, der über den Vättern die Verbindung zur Ostsee schafft. Der Fluss Götaälv, der in Göteborg ins Kattegat mündet, entwässert dagegen den Vänern.

Dicht an dicht stehen die Holzhütten, Bootsschuppen und Ferienhausvillen im ehemaligen Fischereihafen Fiskebäckskil in den Schären am Skagerrak, alles überragt von der Windmühle.

Bohuslän am Skagerrak

Die saubersten und salzhaltigsten Meeresgewässer Schwedens umspülen die Felsküste und Schären von Bohuslän am Skagerrak. Sie locken alljährlich tausende von Wassersportlern an, die anstelle der Ostseesandstrände die zerklüftete und wilde Fjordküste mit ihrer oft gefährlichen Brandung, ihren malerischen Felsen und winzigen Fischerdörfern vorziehen. Die kleine, aber wunderschöne Landschaft im Verwaltungsbezirk

Linke Seite: Schloss Läckö am Ufer des Vänersees bei Lidköping ist eines der schönsten Barockschlösser Schwedens. Der Schlosshof bildet im Sommer den Rahmen für Opernaufführungen.

Im Wassersport- und Ferienort Grundsund bei Lysekil am Skagerrak.

Die während der jüngeren Bronzezeit in die Felsen geritzten Jagdszenen und Schiffsdarstellungen bei Tanum in Bohuslän stehen als Welterbe unter dem Schutz der UNESCO.

Rechte Seite links oben: Der See Övre Fryken.

Rechte Seite links unten: Gut Mårbacka, Heimathof der schwedischen Literaturnobelpreisträgerin Selma Lagerlöf.

Västra Götaland reicht von Göteborg bis zur norwegischen Grenze.

Bohuslän gehörte bis 1658 zum Königreich (Dänemark-)Norwegen. Sein Reichtum bestand aus Heringsschwärmen und Wald. Benannt ist Bohuslän nach der Festung Bohus (1308) über dem Fluss Götaälven nördlich von Göteborg. Nach der Eroberung durch die Schweden kamen schwedische Priester und Beamte ins Land, die als Amtsträger des schwedischen Absolutismus Hexenprozesse einführten. Um die Bohusläner zu disziplinieren, ließen sie zehn Prozent der Höfe im Süden und mindestens ein Drittel der Gehöfte im Norden des ehedem reichen Landes verwüsten. Noch blieben den Leuten die Heringe, doch als ab 1808 auch die Heringsschwärme ausblieben, schien Bohuslän am Ende und die Menschen verließen die Schären.

Die Natur mit ihren glatt polierten Felsen, den Schären und den Wäldern des Kynnefjäll im Binnenland – hier verläuft der Wanderweg Bohüsleden als Teil des Europäischen Fernwanderwegs 1 – ist heute das Kapital des kleinen Landes am Rande Schwedens. Die größte Gemeinde ist Tanum, bekannt durch ihre als UNESCO-Weltkulturerbe ausgewiesenen Felszeichnungen; sie sind im Museum zu besichtigen. Der Tierpark Nordens Ark präsentiert Wölfe, Wildpferde, Kleine Pandas und andere vom Aussterben bedrohte Tiere.

Ein See und seine Saga

Der Fryken-See zählt zu den größten Seen Mittelschwedens und ist eines der abwechslungsreichsten Ausflugsziele im »Finnskogen« in Nordvärmland. Von Torsby mit malerischem Ausblick auf den Fryken erstreckt sich die 73 Kilometer lange Kette der durch kleine Wasserläufe verbundenen Seen Övre Fryken, Mellan-Fryken und Nedre Fryken südwärts zum Urlaubsort Sunne und weiter bis Kil in unmittelbarer Nähe der Värmland-Hauptstadt Karlstadt. Schmucke Kirchdörfer, Badeplätze, Aussichtshügel und noble Herrenhöfe säumen die Ufer, darunter das museale Gut Mårbacka der Literaturnobelpreisträgerin Selma Lagerlöf, die dieses Tal

weltberühmt gemacht hat: »Die Quellen des Sees liegen hoch oben im Norden, und da ist ein herrliches Land für einen See. Wald und Berge werden niemals fertig, Wasser für ihn zu sammeln, Elfe und Bäche stürzen das ganze Jahr hindurch nieder. Er hat seinen weißen Sand, auf dem er sich ausstrecken kann, Landzungen und Inseln, die er umspielen kann, da ist freier Spielraum für den Wassermann und die Meerfrau«, schreibt sie in »Gösta Berlings Saga«.

Nahezu alle Orte am Fryken, der in der Saga »Löven« heißt, kommen in der Saga unter anderen Namen vor. Einer der schönsten Aussichtspunkte am Fryken ist der Gipfel des Tossebergsklätten. Im »Saga«-Kapitel

Gut Mårbacka, wo Selma Lagerlöf ihre klassisch-konservative Bildung erhielt, ist als Museum zugänglich.

Quelle der Inspiration – die Fryken-Seenkette bei Gut Mårbacka.

Schloss Tullgarn bei Södertälje in Sörmland wurde nach dem Abbruch des Vorgängerbaus ab 1720 erbaut und fungierte u. a. als königliche (Sommer-)Residenz.

»Der große Bär im Gurlita-Berge« ist der Tossebergsklätten ein »prächtiger Gipfel, den man die Gurlita Klippe nennt, die sich steil und unzugänglich am Ufer des oberen Lövsees erhebt«. Heute windet sich eine Serpentinenstraße gipfelwärts. Bären muss niemand mehr fürchten, stattdessen lädt ein rustikales Restaurant mit Caféterrasse zu gepflegter Einkehr ein.

Wer Kaffee und Büffet auf dem Wasser genießen will, unternimmt eine Kreuzfahrt mit der 1868 gebauten »Freja av Fryken«: Der Dampfer sank im Jahr 1896 und lag über 90 Jahre auf Grund, ehe man ihn 1997 geborgen und in dreijähriger Arbeit original wiederhergestellt hat. Die Schiffsbesatzung heißt die Gäste in Uniformen des 19. Jahrhunderts zur nostalgischen Fahrt willkommen. Anlegestellen sind Torsby, Sunne und Kil, wo in der Fryksta Station der Geschichte der »Freja« ein kleines Museum gewidmet ist.

Södermanland – Schlösser, Parks und Alleen

Die Landschaft Södermanland (als Sörmland ausgesprochen und oft auch so geschrieben) umfasst das wald- und seenreiche Kulturland zwischen den Schären der Ostsee und den großen Binnenseen Mälaren und Hjälmaren. Rund 400 Herrenhäuser und Schlösser mit Parks, Alleen und Wiesenland verleihen der fruchtbaren Hügellandschaft mit ihren kurvigen Landstraßen ihr unverwechselbares Gepräge. Einige dieser Herrenhäuser bilden den festlichen Rahmen für Schloss- und Herrenhofkonzerte, Weihnachtsmärkte und andere Events. Die meisten befinden sich in Privatbesitz, manche sind inzwischen Museen, andere Hotels, Tagungsstätten und First-Class-Restaurants. Zu den bekanntesten Museumsschlössern zählt das Renaissanceschloss Gripsholm bei Strängnäs am Südufer des Sees Mälaren. Es beherbergt Schwedens nationale Porträtgalerie, eine der weltweit ältesten Porträtsammlungen.

Schloss Nynäs an der Küstenstraße von Nyköping Richtung Trosa dokumentiert, wie die hochwohlgeborenen Stände in Schweden einst lebten. Das pompöse Hauptgebäude wurde im 17. Jahrhundert errichtet und 1860 umgebaut; von 1860 datieren auch die sehenswerten Stuckdecken.

Das ehemalige Kloster und königliche Gut Julita Gård nördlich von Katrineholm am See Öljaren stammt aus dem ausgehenden 19. Jahrhundert. Es umfasst neben den Hauptgebäuden unter anderem auch Parks, Gärten, Kräutergarten, Gutsmeierei, Feuerwache, Kirche sowie eine Ziegelei. Zudem ist es Sitz des schwedischen Landwirtschaftsmuseums mit einer Genbank für Obstbäume und alte Haustierrassen.

Auf Julita werden Ausstellungen, Events und Konzerte veranstaltet. Ein Gasthof, eine Jugendherberge sowie Ferienhäuser befinden sich ebenfalls auf dem Gelände, sodass sich Feriengäste hier einquartieren können; auch in den Herrenhausflügeln kann man Zimmer mieten.

Näckrosen, die weiße Seerose, ist das Landschaftssymbol von Södermanland: Auf rund 700 Kilometer Länge erschließt der Radwanderweg Näckrosleden das Seerosenland zwischen Nyköping, Katrineholm, Strängnäs und Mariefred. Auch der längste Einzelwanderweg Schwedens, der Sörmlandsleden, führt auf knapp 1000 Kilometer durch diese sanft modulierte, abwechslungsreiche Kulturlandschaft – von Stockholm nach Katrineholm und Nyköping, um sich dann entlang der Schärenküste zurück in die Haupt- und Residenzstadt am Mälaren zu schlängeln; die erste Etappe beginnt an der U-Bahn-Station Björkhagen. Von dort folgt der Europäische Fernwanderweg 6 dem Sörmlandsleden auf dem küstennahen Strang via Trosa nach Nyköping und weiter bis kurz vor Norrköping.

Hauptstadt von Södermanlands län ist die Ostseehafenstadt Nyköping mit ihrem herrlichen Großen Platz. Größte Stadt und Zentrum der schwedischen Kleineisenindustrie ist Eskilstuna. In dem »lebenden Museum« Rademacherschmiede führt man das traditionelle Handwerk mit Werkzeugen aus dem 17. Jahrhundert vor. In der Domstadt Strängnäs am Südufer des Mäla-

Marktplatz im Badeort Trosa vor dem Schärengarten der Ostsee im südlichen Sörmland.

ren fand 1523 die Krönung Gustaf Eriksson zum König statt, der damit die Vasa-Dynastie begründete.

Schweden in nuce: Uppland

Uppland mit der Hauptstadt Uppsala ist die bevölkerungsreichste Landschaft Schwedens und das historische Kernland der Ynglinge, der ersten schwedischen Königsdynastie. Es reicht vom Schärengürtel der Ostsee, der Kungsholmen-Insel im Zentrum Stockholms und dem See Mälaren mit seinen fruchtbaren Tieflandebenen und waldbedeckten Moränen bis zu den Grenzen von Gästrikland im Norden und Västmanland im Westen. Diese landschaftlich und kulturell vielseitige Region ist repräsentativ für ganz Schweden: Seen und Inseln prägen die Landschaft, Runensteine, Felszeichnungen und freskengeschmückte mittelalterliche Kirchen sind Zeugen einer alten Geschichte – und die Dom-, Wissenschafts- und Kunststadt Uppsala mit der ältesten (1477) und beliebtesten Universität Skandinaviens bildet ein lebendiges Zentrum.

Die Schweiz Schwedens

Die berge- und seenreiche Landschaft Dalarna (»Täler«) rund um den Siljansee gilt als die Schweiz Schwedens, erinnert sie Reisende doch an die malerische Heimat von Wilhelm Tell und Heidi: Fruchtbare Almen, glasklare Bäche, hoch aufragende Berge und ein starkes Traditionsbewusstsein, das sich in Folklore, Architektur, Trachten und Stickereien sowie deftigen Mahlzeiten ausdrückt, prägen diese Region. Von hier stammt Schwedens Nationalsymbol, das Dalapferd, hier lebten auch Tomte, der Weihnachtsmann, und seine Tiere, und hier findet auch der Vasalauf, der bedeutendste Ski-

Linke Seite: Der von Carl von Linné angelegte Linnégarten in Uppsala zählt zu den meistbesuchten botanischen Gärten Skandinaviens; hier befindet sich auch das Linnémuseum.

Rechts: Schloss und Domkirche in Uppsala. Der Dom ist mit 118,7 Metern das höchste Kirchengebäude Skandinaviens.

Unten: 1477 wurde in Uppsala die erste Universität in Skandinavien gegründet; im Bild der Eingangsbereich.

marathon der Welt statt. Ganz nebenbei: Auch das Knäckebrot soll aus Dalarna kommen.

Am Rand des Nationalparks Fulufjället stürzt Schwedens höchster Wasserfall, der 97 Meter hohe Njupeskärs Vattenfall, zu Tal. Sälen am Transtrandsfjäll ist der bedeutendste Wintersportort ganz Skandinaviens, und auch das etwas nördlicher gelegene Idre Fjäll ist ein Synonym für Wintersport: Anspruchsvolle »schwarze« Abfahrten, Buckelpisten und familienfreundliche Hän-

Rechte Seite: See bei Flötningen in Dalarna im Morgenlicht.

Oben: Skokloster bei Uppsala ist eines der prächtigsten Barockschlösser Schwedens. Nach dem Kauf durch den Staat wurde es renoviert und 1971 zum Kulturdenkmal erklärt und als Barockmuseum mit einer 50 000 Objekte umfassenden Sammlung von Möbeln, Gemälden, Textilien usw. öffentlich zugänglich gemacht.

Eine Sommerwoche lang erinnern rund um Schloss Skokloster historische Umzüge und Spiele an Schwedens Großmachtzeit.

Am Rand des Nationalparks Fulufjället an der Grenze zu Norwegen tost Schwedens höchster Wasserfall knapp 100 Meter durch eine Felswand, davon 70 Meter im freien Fall. In der Gischt des Njupeskärs Vattenfall gedeihen Feuchtigkeit liebende Moose, Flechten und Blumen. Die meisten Besucher wandern die etwa zwei Kilometer zum Wasserfall und stärken sich dann im Restaurant Njupeskärsserveringen, das für seine gute Küche bekannt ist.

ge – jeder findet für sich das Passende. 74 Kilometer gespurte Loipen führen durch Wälder und offenes Fjällgelände. Ein Eldorado für Snowboarder sind die Westhänge, und ab 50 Zentimeter Naturschnee locken Schneescootersafaris und Hundeschlittentouren.

Hauptstadt des Verwaltungsbezirks Dalarnas län ist die alte Bergbaustadt Falun, die in zahlreichen Romanen verewigt ist, etwa in E. T. A. Hoffmanns romantischer Erzählung »Die Bergwerke zu Falun«, erschienen im Jahr 1821.

Wie bei keiner anderen Landschaft Schwedens spiegelt die Umbenennung des Kopparbergs län in Dalarnas län 1997/1998 ein Umdenken wider: Der Name sollte nicht mehr die industriell geprägte Vergangenheit repräsentieren, sondern die Landschaft der Region als Erlebnisraum. Das historische Industriegebiet Großer Kupferberg (Kopparberg) in Falun steht seit dem Jahr 2001 als Weltkulturerbe unter dem Schutz der UNESCO. Eines seiner augenfälligsten Produkte ist nicht nur in Dalarna, sondern in ganz Schweden weiterhin auf dem Land präsent: das falunrote Holzhäuschen.

Der Siljansee in Dalarna

Der durch einen Meteoriteneinschlag entstandene Siljansee mit seinem Kranz blauer Berge ist ein Wassersport- und Ferienparadies. Er liegt im Herzen Dalarnas, der Nordteil mit der großen Insel Sollerön auf dem Gebiet der Gemeinde Mora.

Der Name Mora steht für einige der bekanntesten schwedischen Exportprodukte: Das in Njusnäs am Siljan geschnitzte und bemalte Dalapferd (dalahäst) ist neben dem Plüschelch das meistverkaufte Souvenir Skandinaviens, und die in Östnor gefertigten Moramesser

zählen zu den besten Jagd- und Werkzeugmessern. Auch den Vasalauf von Sälen nach Mora hat man inzwischen weltweit kopiert.

Berühmtester Sohn der Gemeinde Moras ist der Maler und Bildhauer Anders Zorn (1860-1920). Er schuf ein umfangreiches Œuvre aus Naturschilderungen, Freilichtakten und bäuerlichen Heimatszenen, in dem er die impressionistische Malweise mit kräftigem Realismus und starker Farbigkeit verband. Seine Werke und seine Sammlungen von Silberarbeiten, Textilien sowie alter und zeitgenössischer Kunst überließ er dem schwedischen Staat. Ausgestellt sind sie im Zorn-Museum im Zorn Gården in Mora. Zorns bekannteste Bronzeskulp-

Kirche von Rättvik am Siljansee.

Oben links: Falun, die Hauptstadt von Dalarnas län, ist der Inbegriff einer Kupferbergbaustadt in Schweden. Die historische Industrielandschaft »Großer Kupferberg« in Falun wurde 2001 in die Liste des Welterbes aufgenommen. In Falun hat die Farbe »falunrot« ihren Ursprung.

Unten: Herbst in Leksand am Siljansee in Dalarna.

Links: Ausflugsschiff »Gustaf Wasa« auf dem Siljansee. Um 1900 verkehrten noch zahlreiche Dampfschiffe auf dem See.

Rechte Seite: Herstellung von Dalapferden in Färnäs bei Mora.

Unten: Der Kapitän der »Gustaf Wasa«.

tür ist die Statue Gustafs I. Vasa (1903) mit der Sockelinschrift: »Wo Gustaf Eriksson 1520 zu den Dalarnen sprach, ist heute der Marktplatz von Mora.«

Der Weihnachtsmann Tomte

Der mit einem Sessellift erreichbare Gipfel des Gesundaberget (514 Meter) westlich des Sees ist der beste Aussichtspunkt weit und breit. Am Fuß des Berges wohnt nach alter Überlieferung Tomte, der Weihnachtsmann. Zwar rätseln Erwachsene, ob der Tomte vom Gesundaberget tatsächlich der »echte« Jultomte war, doch für Kinder im Tomte-Land spielt das keine Rolle: Tomte-Land (englisch Santa World) ist die meistbesuchte Kinderattraktion Dalarnas, denn hier kommt der Weihnachtsmann auch im Sommer.

Rättvik am Ostufer des Siljansees mit seiner 628 Meter langen Seebrücke ist Dalarnas Mekka der Volksmusik und des Volkstanzes. Das Festpielhaus »Dalhalla« liegt wenige Kilometer nördlich des Kirchorts, der auch bekannt ist für seine malerischen Kirchbootrennen in traditionellen Trachten. Um Dalarnas größten See führt ebenfalls ein Radrundweg: der 310 Kilometer lange Siljansleden. Die 70 Kilometer lange Strecke von Mora über den Aussichtsberg Gesundaberget in das Kirchdorf Leksand, wo der Dalälven den Siljansee verlässt, ist Teil des Europäischen Fernwanderwegs 1.

Das Dalapferd – Schwedens Nationalsymbol

Das Dalapferd (dalahäst) ist Schwedens inoffizielles Nationalsymbol und das mit Abstand meistverkaufte Souvenir des Landes. Reist der schwedische Regierungschef ins Ausland, hat er als Gastgeschenk stets dieses Spielzeug im Gepäck: So kamen der ehemalige US-Präsident Bill Clinton und viele andere zu einem Dalapferdchen. Die aus Holz geschnitzten und kunstvoll bemalten Pferde stehen in Dalarna in allen Größen und Farben in Vorgärten und auf Plätzen.

Schon vor Jahrhunderten haben Wanderhändler die Dalapferde in Heimarbeit geschnitzt und vertrieben. Sie

symbolisieren das Pferd Odins, des höchsten germanischen Gottes, obwohl dessen Ross Sleipnir achtbeinig ist und die Dalapferdchen nur vier Beine haben. Vor rund 380 Jahren, genau im Jahr 1624, wetterte Bischof Johannes Rudbeckius in einer Marktpredigt in der Dalarna-Domstadt Västerås gegen die Holzpferde: »... unnütze Waren, die keinem anderen Zweck dienen, als in allen Belangen eitel, gottlos und sündig zu machen. Vielen Dummköpfen wird das Geld mit Tricks aus der Tasche gezogen ... mit Kartenspiel, Würfeln, Flöten, Puppen, hölzernen Pferden, Liebesballaden, unverschämten Malereien ...« Als sich im 18. Jahrhundert das heimische Handwerk entwickelte und die dalakarlischen Wanderhändler Mora-Uhren, Messer, Haspeln, Schleifsteine, Haarschmuck und Spankörbe vertrieben, fanden die kleinen Holzpferdchen derart reißenden Absatz, dass sie oft als Zahlungsmittel für Nahrung und Unterkunft der Hausierer akzeptiert wurden. Auch im Chassis der Mora-Uhren standen Dalapferde. Im 19. Jahrhundert versah man sie immer häufiger mit floralen Mustern (»Kurbits«) in Anlehnung an die Malereien auf Bauernmöbeln und die Stickmuster von Tüchern.

Ursprünglich stellten arme Bauernfamilien die Dalapferde nach der Feldarbeit in Heimarbeit her. Eine dieser Familien waren die Olssons in Nusnäs: Die Kinder mussten nach der Schule Pferde schnitzen, wollten sich aber damit allein nicht zufrieden geben – Grannas A. Olsson (1896-1944) gründete seine heute weltbekannte Dalahäst-Manufaktur 1922 im Backhaus des Bauernhofs seiner Familie am Siljansee. Am selben Ort zogen die 13 und 15 Jahre alten Brüder Nils und Janne Olsson von der heutigen Nils Olsson Hemslöjd AG nach. Sie verschuldeten sich bis über beide Ohren beim Kauf einer Säge und bemalten ihre Dalapferde mit Pinseln aus Eichhörnchenschwänzen. Der weltweite Siegeszug der olssonschen Dalapferde begann mit der Aufstellung eines riesigen Dalapferds vor dem schwedischen Pavillon auf der Weltausstellung 1939 in New York.

Skimarathon mit Volksfestcharakter: der Vasalauf

Der Waldarbeiter Erik Alm aus Norsjö gewann am 19. März 1922 den ersten Vasalauf in der sensationellen Zeit von 7:02:49. Heute ist der Vasalauf in der mittelschwedischen Berg- und Waldregion von Dalarna der weltweit bedeutendste Skimarathon und eines der bekanntesten Volksfeste Schwedens. Seit 1987 wird er im klassischen Stil ausgetragen. Der Lauf startet bei jedem Wetter am ersten Märzsonntag in Sälen im schwedisch-norwegischen Grenzgebirge und endet nach 90 Kilometer in Mora am Siljansee. Wetter- und witterungsbedingt ergeben sich bei den Siegerzeiten große Differenzen. Den Streckenrekord hält seit 1998 Peter Göransson mit 3:38:57. Aus dem eigentlichen Vasalauf ist inzwischen ein einwöchiges Fest geworden, das das Fernsehen live überträgt und dessen krönender Abschluss der Marathon ist. Darüber hinaus gibt es Läufe wie den Kortvasan über 30 Kilometer und die Öppet Spår ohne Wettkampfcharakter. Prominente, Parteivorsitzende und Minister nehmen am Vasalauf ebenso teil wie Schlagerstars, auch König Carl XVI. Gustaf gibt sich die Ehre.

Der Vasalauf hat historische Wurzeln: Während des schwedischen Unabhängigkeitskampfes warb der Freiheitskämpfer Gustaf Eriksson im Winter 1520/1521 vergeblich um die Unterstützung der Bauern von Mora in Dalarna und floh schließlich vor den Dänen Richtung Norwegen. Als in Mora die Nachricht eintraf, dass die Dänen beim Stockholmer Blutbad 82 schwedische Adelige ermordet hatten, sandten die Bauern zwei Skiläufer aus, die Gustaf Eriksson in Sälen einholten. Gustaf führte von Dalarna aus erfolgreich den Unabhängigkeitskrieg gegen Dänemark, beendete 1523 die Kalmarer Union und begründete die Dynastie Vasa.

»Vater« des Vasaloppet war der Journalist und Reichstagsabgeordnete Anders Pers aus Mora. In der Zeitung »Vestmanlands Läns Tidning« rief er im Februar 1922 zu einem nationalen Skilauf zur Erinnerung an die Flucht Gustaf Vasas auf – 119 Läufer starteten auf dessen Spuren zum damals 87 Kilometer langen Skimarathon. Erik Alm bewältigte ihn als Erster. 1994 eröffnete in Mora das Museum Vasaloppsmuseet.

Dalahäst in Mora.Das Dalapferd ist das meistverkaufte Souvenir Schwedens.

Wandern entlang der Vasalauf-Route

Seit 1991 gibt es mit dem Vasaloppsleden einen attraktiven leichten Sommerwanderweg durch die Wald-, Moor-, Seen- und Berglandschaft des mittelschwedischen Dalarna. Er folgte etwa der Spur des Vasalaufs und ist 90 Kilometer lang Teil des Europäischen Fernwanderwegs 1. Landschaftlich am schönsten sind die ersten knapp 70 Kilometer bis Oxberg durch einsame Hochmoore und Wälder. Die Übernachtung in den zahlreichen Selbstverpflegungshütten am Weg ist kostenlos, es wird jedoch um eine Spende gebeten; entsprechende Überweisungsformulare liegen in den Hütten aus. Ausgangsort ist Sälen im Grenzgebiet zu Norwegen. Es ist mit über 100 Skiliften und Abfahrtsstrecken sowie mehr als 200 Kilometer gespurter Loipen der bedeutendste Wintersportort Skandinaviens und auch im Sommer ein viel besuchtes Ausflugsgebiet mit zahlreichen eher leichten Wanderwegen.

Die fünf schönsten Erlebnisse in Mittelschweden

Linköping und die Schleusen von Berg am Götakanal
Für Kanu- und Schifffahrten genauso wie für Radwanderer ist der Götakanal, »das blaue Band Schwedens«, eine der schönsten Routen im Binnenland. Zu den herausragenden Sehenswürdigkeiten an der Strecke zählt die 18 Meter hohe Schleusentreppe von Berg nördlich der Domstadt Linköping.

Schlösser und Herrenhäuser in Södermanland
Hier kann man sich in alte Zeiten zurückversetzen: Das ehemalige Kloster und königliche Gut Julita Gård bei Katrineholm repräsentiert einen kompletten Gutshof aus dem 19. Jahrhundert. Schloss Gripsholm, Mälsåker und Fiholm laden zur Besichtigung ein. Und auf Ulvhälls herrgård oder Sundbyholm empfiehlt sich eine Übernachtung in herrschaftlichem Ambiente.

Uppsala: Das geistige Zentrum
Macht und Mythos: Die Domstadt und älteste Universitätsstadt des Nordens zählt mit ihrer Altstadt, den Museen, Linné-Gärten und den Promenaden an der Fyriså sowie dem sagenumwobenen Alt-Uppsala zu den herausragenden und geheimnisumwitterten Kulturstätten Skandinaviens.

Siljansee: Gesundaberget, Kirchbootrennen, Dalapferd
Vom 514 Meter hohen Gesundaberget hat man einen herrlichen Blick auf den Siljansee. An seinem Ostufer finden bei Rättvik die traditionellen Kirchbootrennen statt. Und das gegenüberliegende Mora ist für eine andere Tradition berühmt: das hölzerne Dalapferd, dem meistverkauften Souvenir Schwedens

Sälen und der Vasalauf
Sälen und Umgebung ist nicht nur im Winter für Outdoor-Aktivitäten interessant – auch im Sommer ist es ein viel besuchtes Fjäll-Ausflugsgebiet mit zahlreichen Wanderwegen. Am ersten Märzsonntag startet in Sälen der Vasalauf, der weltweit bekannteste Skimarathon.

Die Stockholmer Altstadt Gama Stan.

STOCKHOLM

Weltstadt zwischen Brücken

Zwischen dem Schärengarten der Ostsee und dem Mälaren, dem drittgrößten See Skandinaviens, liegt Schwedens Hauptstadt Stockholm. Mit ihren Schlössern, Museen, Wäldern und Parks auf 14 Inseln zählt sie zu den schönsten Metropolen Europas. Jede Insel und Halbinsel der Stadt hat ein unverwechselbares Flair, ob die Altstadtinsel mit ihren Prunkgebäuden und Kirchen, die aussichtsreichen Hügel von Södermalm, die alten Wälder auf Djurgården oder die Shopping-Meilen rund um den Stureplan. Stockholm wird oft als »Venedig des Nordens« bezeichnet – aber im Gegensatz zu seinem italienischen Pendant, ist das Wasser hier so sauber, dass man mitten in der Stadt Lachs angeln kann.

Müder Kämpfer: Skulptur über einem der oft reich verzierten Hauseingänge in der Stockholmer Altstadt.

Oben: Boutiquen, schmale Straßenzeilen, geschmackvolle Architektur vergangener Jahrhunderte, frohe Farben: die Stockholmer Altstadt Gamla Stan.

Oben: Välkomna: Zahlreiche Einkehrmöglichkeiten bieten während des Altstadtrundgangs die Möglichkeit, sich mit schwedischen Spezialitäten zu erquicken.

Rechts: Straßencafé am Marktplatz Stor Torget, gesäumt von Patrizierhäusern.

Dicht besiedeltes Kulturland

Obwohl der mittelschwedische Verwaltungsbezirk Stockholms län am Mälaren und der Ostsee nur knapp zwei Prozent der Landesfläche umfasst, leben in ihm mehr als 20 Prozent der Bevölkerung Schwedens. Mit 266 Einwohnern pro Quadratkilometer ist dieser Bezirk somit mit Abstand die dichtbesiedeltste Region des Landes. Das 1968 eingeführte Wappen des Läns kombiniert die Wappen von Stockholm, Uppland und Södermanland: Die Grenze der Landschaften Södermanland und Uppland führt mitten durch dieses Gebiet, zu dem neben der Haupt- und Residenzstadt Stockholm 26 umliegende Gemeinden gehören.

Altstadtinsel Stadsholmen

Die Altstadtinsel Stadsholmen mit dem königlichen Schloss und die benachbarte Insel Riddarholmen mit der Riddarholmskyrkan, der Grabkirche der schwedischen Könige aus dem 13. Jahrhundert, bilden das Herz Stockholms. Die Altstadt Gamla Stan bewahrt durch ihre prächtigen Bürgerhäuser, Paläste, Kirche und kopfsteingepflasterten Gassen den historischen Kern der schwedischen Großmacht-Kapitale. Nur hier ist das mittelalterliche Straßennetz noch teilweise erhalten – die Hauptstraßen Österlånggatan und Västerlånggatan sind heute Fußgängerzonen, in denen Boutiquen, Kunstgewerbe- und Antiquitätenläden zum Bummeln einladen. Im Norden der Insel liegen das königliche Stockholmer Stadtschloss und weitere Paläste sowie Bürgerhäuser im Renaissancestil und das prächtige Ritterhaus (1641–1674). In der Mitte der Insel erheben sich die Türme des barockisierten gotischen Doms Storkyrkan und der deutschen Gertrudskirche Tyska Kyrkan

Die autofreien Straßenzüge von Gamla Stan spiegeln Kultur, Geschmack und Prunk.

Das königliche Stockholmer Stadtschloss und der Dom Storkyrkan auf der Altstadtinsel Stadsholmen.

Rechte Seite: Reichstagsgebäude.

(1638–1642). Die Börse nahe der Domkirche ist das schönste Rokokogebäude der Stadt.

Stadtschloss – Arbeitsplatz des Königs

Das Stockholmer Stadtschloss im Norden der Altstadtinsel Stadsholmen ist einer der bedeutendsten Barockbauten Nordeuropas. Nach dem Brand des alten Schlosses Tre Kronor 1697 hat man es nach Plänen Nicodemus Tessins des Jüngeren wiedererrichtet und 1754 fertig gestellt. Die Innenausstattung markiert den Beginn des schwedischen Neoklassizismus.

Die königliche Familie wohnt zwar in Schloss Drottningholm auf der Insel Lovö im See Mälaren westlich von Stockholm, doch im Stadtschloss geht der König seinen Pflichten nach. Große Teile des Schlosses sind öffentlich zugänglich, darunter die Prunkgemächer mit dem Rikssalen und den Ordenssalarna, die Schatzkammer und das Antikenmuseum. Und fast jedes Jahr übergibt König Carl XVI. Gustaf einen weiteren Raum der Allgemeinheit (alle zehn königlichen Schlösser in Stockholm und am Mälaren stehen dem Publikum offen).

Die Mittelachse des Schlosses findet ihre Verlängerung in der Norrbro, der zur Insel Helgeandsholmen und zum Festlandsufer von Norrmalm führenden Brücke. Auf der kleinen Insel Helgeandsholmen steht das Reichstagsgebäude (1894–1906). Am Ende der Brücke erstreckt sich am Ufer von Norrmalm der Strömkajen. Dort starten die zahlreichen Ausflugsschiffe zur Djurgården-Fahrt, der schönsten Stadtrundfahrt in Stockholm.

Erster Stadt-Nationalpark der Welt

Mit dem 27 Quadratkilometer großen Ekoparken verfügt Stockholm über den weltweit ersten städtischen Nationalpark. 1995 gegründet, ist er eine über Jahrhunderte hinweg gestaltete Kultur- und Naturlandschaft mit Parks, Wäldern, Schlössern, Wasserstraßen, Wander- und Radwegen. Sie umfasst den königlichen Djurgården (Tiergarten) auf der gleichnamigen grünen

Halbinsel im Osten der Innenstadt sowie die Inseln Skeppsholmen und Kastellholmen im Westen. Nordwestlich von Djurgården erstreckt sie sich über das vornehme Stadtviertel Östermalm bis hin zur Universität.

Im Ekoparken liegen einige der bekanntesten Sehenswürdigkeiten Stockholms. Auf der kleinen Insel Skeppsholmen befinden sich das Moderne Museum, das Architekturmuseum und das Ostasiatische Museum. Im Bereich Södra Djurgården sind die Hauptsehenswürdigkeiten das Freilichtmuseum Skansen, der Vergnügungspark Gröna Lund Tivoli, das historische Kriegsschiffmuseum Vasamuseet und der Aussichtsturm Kaknästornet sowie das königliche Schloss Rosendal. Im nördlichen Djurgården finden sich unter anderem die königliche Schlösser Ulriksdal und Haga.

Linke Seite: Auf der Insel Skeppsholmen bezaubern Skulpturen von Jean Tinguely und Niki de St-Phalle den Besucher.

Das königliche Schlachtschiff »Vasa« (unten) im Vasamuseum. Rechts: Detail mit rekonstruierter ursprünglicher Farbgebung.

Die Halbinsel Djurgården

Die grüne Halbinsel Djurgården mit ihren Parks, Freizeitstätten, Schlössern und Museen und ihrem 1200 Meter langen Strand ist das Haupt-Naherholungsgebiet von Stockholm. Die »grünen« Gebiete des Djurgården sind Teil des Stadt-Nationalparks Ekoparken. Außerhalb des Nationalparks befinden sich vier der meistbesuchten Sehenswürdigkeiten von Stockholm: der Freizeitpark Gröna Lund Tivoli, das Freilichtmuseum Skansen, das Vasamuseum und das Kinder-Märchen- und Abenteuerzentrum Junibacken.

Namensgeber und Prunkstück des Vasamuseums ist das königliche Schlachtschiff »Vasa«, eines der berühmtesten historischen Schiffe Skandinaviens. Das Kriegsschiff mit einer Wasserverdrängung von 1400 Tonnen sank auf der Jungfernfahrt kurz nach dem Verlassen des

Cinderella
VIKING LINE

Die schmucke Wasserseite des gepflegten Stadtviertels Östermalm mit Yachten und der Straße Strandvägen, die vom Schauspielhaus Dramatiska teatern (unten rechts) zum Nobelparken führt.

Unten links: Rosenbad in einer prachtvollen Häusergruppe aus der Zeit des Jugendstils ist der Sitz der schwedischen Regierung.

Linke Seite: Die Riddarholmskyrkan auf der Insel Riddarholmen wurde ab dem 13. Jahrhundert als Grablege der schwedischen Könige errichtet.

Axel Anderberg errichtete die Königliche Opera 1892-1898 in den opulenten Formen des Historismus.

Stockholms Königliche Opera ist die nationale Opern- und Ballettbühne. Gelegentlich sind auch neuere Klänge zu hören: Beim Gala-Empfang am Vorabend der »Märchenhochzeit« von Carl Gustaf spielte hier Abba den Hit »Dancing Queen« für die Braut Silvia.

Ausrüstungskais am 10. August 1628. Nach mehrjähriger Vorbereitung wurde es 1961 gehoben und im eigens errichteten Vasamuseum auf der Halbinsel Djurgården eingedockt.

Die Halbinsel wartet noch mit weiteren lohnenswerten Zielen auf: Circus, Biologisches Museum, Nordisches Museum, Aquarium, Liljevalchs Kunsthalle sowie das Gasthaus Hasselbacken. Djurgården darf man also getrost als das Top-Ziel Stockholms bezeichnen. Wer diese vielseitige Halbinsel und ganz Stockholm sowie den Mälaren bis hin zum Schärengürtel der Ostsee von oben sehen will, ersteigt den 155 Meter hohen Aussichts- und Restaurantturm Kaknästornet.

Freilichtmuseum Skansen – Einblicke in das Leben vergangener Zeiten

Skansen auf der Halbinsel Djurgården ist ein viel besuchtes Freilichtmuseum: Mehr als 150 Häuser, Bauernhöfe, Werkstätten und andere Gebäude aus dem 18. bis 20. Jahrhundert hat man seit der Museumsgründung 1891 aus allen Teilen Schwedens nach Skansen gebracht und dort wieder aufgebaut, um Einblicke in das Leben vergangener Zeiten zu gewähren.

Neben den historischen Bauten, in denen auch Handwerker wie Glasbläser und Bäcker nach traditioneller Art arbeiten, beherbergt Skansen auch den Stockholmer Zoo: Die in Skandinavien heimischen Elche,

Rechte Seite: Schloss Drottningholm, das schwedische Versailles, ist seit 1981 Wohnsitz der Königsfamilie. 1991 wurde es von der UNESCO zum Weltkulturerbe erklärt.

Links: Die U-Bahn ist Stockholms längste Kunstausstellung; im Bild der Bahnhof Kungsträdgården in Norrmalm.

Wölfe und Braunbären sind dort ebenso zu bewundern wie Tiere aus fernen Ländern.

Als historisches Freilichtmuseum pflegt Skansen auch traditionelle nordische Feste, wie Walpurgisnacht, schwedischer Nationalfeiertag, Mittsommer und Neujahr. Gut besucht sind auch die Sommerkonzerte sowie die Märkte im Herbst und in der Weihnachtszeit. Wegen der herrlichen Aussicht sollte man nicht versäumen, dem Solliden, Skansens höchsten Punkt, einen Besuch abzustatten: Von hier hat man einen der schönsten Panoramablicke auf die Ostsee und die Seewege in die Stadt.

Tub 3: Die längste Kunstausstellung der Welt

Stockholm hat ein hochmodernes Straßensystem. Doch der Charakter der Stadt mit 14 Inseln und 57 Brücken legt Besuchern nahe, auf das Auto zu verzichten. Zudem besteht wie in vielen modernen Großstädten immer die Gefahr eines Verkehrskollapses und stundenlanger Staus.

Deshalb arbeitet man auch derzeit mit Hochdruck daran, einen Teil der großen Straßen unter die Erde zu verlegen; seit dem Jahr 1991 wird das Tunnelsystem Norra Länken ständig erweitert, und im Jahr 2004 wur-

GABRIELLA

Linke Seite und links: Der Freizeitpark Gröna Lund Tivoli ist ein großes permanentes Volksfest mit Fahrgeschäften, Varietés, Losbuden und gastronomischen Betrieben

Oben: Auf der Insel Skeppsholmen befindet sich das Moderna Museet mit einer großen Sammlung zeitgenössischer Kunst und Fotografie. Der Skulpturenpark wurde von Niki de St-Phalle und Jean Tinguely gestaltet.

de südlich des Stadtkerns das 4,5 Kilometer lange Straßentunnelsystem Södra Länken eröffnet. Über eine Innenstadtmaut wird derzeit diskutiert.

Statt sich dem nervenstrapazierenden und zeitaufwändigen Autoverkehr auszusetzen, tut man gut daran, die U-Bahn Tunnelbana zu benutzen: Sie umfasst 140 Streckenkilometer und 100 Bahnhöfe. Ein besonderes Plus bietet die ab 1975 eröffnete, inzwischen 25 Kilometer lange »blaue Linie«. Künstler gestalten die Bahnhöfe und machen die Tub 3 dadurch zur »längsten Kunstausstellung der Welt«. Wer an der Haltestelle T-Centralen aussteigt, gelangt zum Kulturhuset, dem Kulturhaus am Sergels-Torg-Platz.

In der Altstadt Gamla Stan findet der Besucher zahlreiche kleine Cafés, die zum Verweilen einladen.

Das Stadshus (Rathaus) ist ein Wahrzeichen von Stockholm und das bedeutendste Gesamtkunstwerk der schwedischen Nationalromantik. Errichtet wurde es 1911–1923 nach Plänen von Ragnar Östberg auf der Südspitze der Insel Kungsholmen. An der Ausstattung waren führende Designer, Bildhauer, Textilkünstler und Maler beteiligt. Markantestes Element im äußeren Erscheinungsbild ist der 105 Meter hohe Eckturm mit dem Reichswappen »Tre Kronor« (drei Kronen).

Rechte Seite: Die »Blaue Halle« im Stadshus auf der Insel Kungsholmen unweit der Altstadt bildet den Rahmen der Nobelpreis-Bankette. Vergeben werden die Nobelpreise jeweils am 10. Dezember, dem Todestag des schwedischen Industriellen Alfred Nobel, in Stockholm und in Oslo (Friedensnobelpreis).

Skulptur »Dauerbaustelle« im unromantisch-funktionellen Stadtteil Norrmalm, dessen Hochhäuser, Einkaufszentren und Fast-Food-Hallen – »Restaurants« wäre zu viel gesagt – ab den 1950er-Jahren nach Reißbrettvorstellungen gebaut wurden.

Progressiv und multikulturell – das Kulturhaus des Wohlfahrtsstaats

Das Kulturhuset (Kulturhaus) mit seinen Galerien moderner Kunst (Malerei, Fotografie, Kleidung, Design), seinen Theater- und Musikveranstaltungen sowie zahlreichen unterschiedlichen Begegnungs- und Erlebnisstätten (»Kinderzimmer«, Comic-Bibliothek, Cafés und vieles mehr) ist eine der meistbesuchten Sehenswürdigkeiten Stockholms und ein Wahrzeichen des sich als progressiv und multikulturell verstehenden Teils der Stadt. Im Kulturhuset gibt es fast nichts, was es nicht gibt – und alles wird als Kultur verstanden: Im Treffpunkt »Lava« kann man Wäsche waschen, während man aus den großen Glasfenstern schaut und Hiphop hört. Das Kulturhuset mit seiner beeindruckenden Beton- und Glasarchitektur entstand in den 70er-Jahren. Es steht am auf zwei Ebenen angelegten Sergels-Torg-Platz und sollte das Herz des in den 60er-Jahren aus dem Boden gestampften Stadtteils Norrmalm werden. Nach dem Komplettabriss der alten Bebauung wollte man hier dem Wohlfahrtsstaat ein städtebauliches Denkmal setzen:

Die 18-stöckigen Blocks mit ihren kleinen Wohnungen setzen freilich einen fragwürdigen Akzent, die politischen Bauherren hingegen empfanden ihr Unternehmen als geglückt.

Drottningholm – schwedisches Versailles

Schloss Drottningholm auf der Insel Lovö im See Mälaren westlich von Stockholm ist seit 1981 Wohnsitz der schwedischen Königsfamilie. Das von Nicodemus Tessin dem Älteren ab 1662 für Königin Hedwig Eleonore nach französischem Vorbild begonnene und von seinem Sohn vollendete Barockschloss gilt mit seinen ausgedehnten Gartenanlagen als schwedisches Versailles. Als Adolf Fredrik 1751 König wurde, erweiterte seine Frau Lovisa Ulrika, eine Schwester Friedrichs des Großen, Schloss Drottningholm im Rokokostil. Dabei erhielt es das Aussehen, das die UNESCO 1991 bewog, es zum Weltkulturerbe zu erklären.

Das Drottningholms Slottsteater (1764–1766) ist eines der besterhaltenen Rokokotheater der Welt. Es beherbergt ein Theatermuseum und ist im Sommer Schauplatz von Opern- und Ballettaufführungen. Das im chinesischen Stil errichtete Kina slott (1763–1768) steht für die exotischen Träumereien jener Zeit – heute sind hier Seidentapeten, lackierte Stellschirme und die exquisite königliche Sammlung von chinesischem Porzellan zu bewundern.

Die fünf schönsten Erlebnisse in Stockholm

Altstadtinsel Stadsholmen
Die Altstadtinsel Stadsholmen mit dem königlichen Schloss und die benachbarte Insel Riddarholmen mit der Grabkirche der schwedischen Könige bilden das Herz der Haupt- und Residenzstadt Stockholm. Das Stadtschloss ist einer der bedeutendsten Barockbauten Nordeuropas.

Nationalpark Ekoparken
Der erste städtische Nationalpark der Welt umfasst eine über Jahrhunderte hinweg entstandene Kultur- und Naturlandschaft: Parks und Schlösser, der königliche Djurgården (Tiergarten) und bekannte Sehenswürdigkeiten Stockholms, wie etwa das Moderne Museum, das Architekturmuseum und das Ostasiatische Museum, finden sich hier.

Vasamuseum, Gröna Lund Tivoli und Skansen
Die grüne Halbinsel Djurgården mit ihren Parks, Freizeitstätten und dem 1200 Meter langen Strand ist das Haupt-Naherholungsgebiet der Stockholmer. Aber auch einige Top-Sehenswürdigkeiten der Stadt sind hier zu besichtigen: der Freizeitpark Gröna Lunds Tivoli, das Freilichtmuseum Skansen, das Vasamuseum mit dem berühmten Schlachtschiff »Vasa«.

Tunnelbana-Fahrt zum Kulturhaus in Norrmalm
Die »blaue« U-Bahn-Linie Tub 3 gilt als längste Kunstausstellung der Welt – Künstler gestalten die Bahnhöfe als »Kunstbahnhöfe«. Von der Haltestelle T-Centralen gelangt man zum Kulturhuset, dem multikulturellen Kulturhaus am Sergels-Torg-Platz ist.

Drottningholm – schwedisches Versailles
Schloss Drottningholm auf Lovö im See Mälaren ist Wohnsitz der Königsfamilie. Seine weitläufigen Parkanlagen erinnern an die vollendete Gartenkunst in Versailles. 1991 wurde das Barockschloss von der UNESCO zum Weltkulturerbe erklärt. Drottningholms Slottsteater (1764–66) gilt als eines der besterhaltenen Rokokotheater der Welt.

Angler am Hårkan in Jämtland. Der Hårkan ist auch ein beliebtes Kanurevier.

NORD-SCHWEDEN

Arktische Wildnis und Riviera des Nordens

Norrland wartet mit schwedischen Superlativen auf: Es ist der größte, höchste, wildeste und am dünnsten besiedelte Teil des Königreichs. Obwohl es rund 60 Prozent der Landesfläche ausmacht, lebt hier nur ein Siebtel aller Schweden. Norrland gipfelt im vergletscherten Kebnekaise und besitzt mit Laponia und Höga Kusten zwei der bedeutendsten, von der UNESCO ausgezeichneten Naturlandschaften der Erde.

Hoga Kusten – Weltnaturerbe Schärenküste

Die Hohe Küste (Hoga Kusten) von Ångermanland im nordschwedischen Verwaltungsbezirk Västernorrlands län steht seit 2000 als Weltnaturerbe unter dem Schutz der UNESCO. Durch diese dramatische Küstenlandschaft mit ihren bis zu 450 Meter hohen Landhebungs- und Steilküstenabschnitten sowie den vorgelagerten Inseln und Schären auf dem Gebiet der Gemeinden Kramfors und Örnskoldsvik nordöstlich der Län-Hauptstadt Härnösand führen mehrere touristische Hauptrouten: die Europastraße 4, die relativ wenigen von ihr abzweigenden Küstenstraßen sowie die landschaftlich bemerkenswert schöne Wanderroute Höga Kustenleden. Das 1425 Quadratkilometer große Gebiet in der Nähe des nördlichen Kvarken – der engsten Stelle des Bottnischen Meerbusens – umfasst den Nationalpark Skoleskogen, 18 Naturschutz-, elf Landschafts-

Anleger des Fischereidorfs Bönhamn an der Welterbeküste »Höga Kusten« im nordschwedischen Ångermanland.

schutz- und acht Vogelschutzgebiete sowie das Naturbewahrungsgebiet Nordingrå.

Die Höga Kusten, die einzige bergige Region an der Ostsee, verzeichnet mit rund 285 Metern über dem heutigen Meeresspiegel weltweit die höchste isostatische Bodenhebung seit der letzten Eiszeit (Hudson Bay: 272 Meter); die heutige Bodenhebung liegt bei 8 Millimeter jährlich. Die Inseln und küstennahen Bereiche haben einen wilden, schroffen Charakter und sind überwiegend unbesiedelt. Selbst das Landesinnere weist nur wenige kleine Ortschaften auf – eine Ausnahme bilden die Taler mit ihren fruchtbaren, für die Landwirtschaft geeigneten Sedimentböden. Der landschaftsästhetische Wert und die einmaligen geologischen Phänomene machen die Hohe Küste zu einer wahren Traumlandschaft.

Norrboten – Schwedens endlose Wildnis

Norrbottens län mit der Hauptstadt Luleå ist Schwedens nördlichster und größter Verwaltungsbezirk. Mit 98 000 Quadratkilometer ist er größer als Bayern und Mecklenburg-Vorpommern zusammen. Doch in den endlosen Weiten zwischen Polarkreis, Ostseeküste, finnischer und norwegischer Grenze leben nur 250 000 Menschen. Norrbottens län umfasst die historische Provinz Norrbotten an Schwedens sonnenreicher »Riviera des Nordens« mit ihrem bis zu 40 Kilometer breiten Schärengürtel an der Ostseeküste. Hinzu kommt der Nordteil der historischen Provinz Lappland (Sápmi), in der der Kebnekajse mit 2111 Metern den höchsten Gipfel Schwedens darstellt. Im Süden, in der Nähe des Polarkreises, liegt Schwedens tiefster See (221 Meter), der Hornovan.

Wo die Sonne nie untergeht

Etwa 80 Tage lang verdrängt die Sonne am Nordkap Sterne, Mond und Nacht – ein Phänomen, das bis hinab zum Polarkreis zu beobachten ist. Allerdings wird die Dauer der Mitternachtssonne immer kürzer, je näher der Polarkreis rückt. Auf dem Gebiet von Schwedens nördlichster Stadt Kiruna und ihrem »Hausberg« Kebnekajse scheint die Mitternachtssonne 50 Tage lang, vom 28. Mai bis zum 16. Juli. Verbunden mit diesem »Polartag«, der zum Nordpol hin immer länger wird – am Nordpol besteht ein Jahr aus einem Tag und einer Nacht –, sind große Mengen eingestrahlter Licht- und Wärmeenergie und ein entsprechend reges Pflanzenleben.

Millionen von Menschen kommen jährlich aus der ganzen Welt nach Nordschweden, um die Mitternachtssonne und die »weißen Nächte« zu sehen. Doch auch die Polarnacht ist zu einer Attraktion geworden: Tausende machen sich auf den Weg, um in Lappland völlige Dunkelheit, absolute Stille und arktische Kälte mit Temperaturen von minus 30 Grad Celsius und darunter zu erfahren. Zu den spannendsten und faszinierendsten Erlebnissen während der Polarnacht zählen die Polarlichter.

Das Polarlicht ist eine durch Anregung von Sauerstoffatomen und Stickstoffmolekülen entstehende Leuchterscheinung am Nachthimmel über den Polargebieten in einer Höhe von 70 bis 500 Kilometern. Farbe und Aussehen variieren, am häufigsten sind bandartige Strukturen und grüne und rote Farbtöne. Die Nordlichtzone erstreckt sich gürtelartig von Nordskandinavien über Island und die Südspitze Grönlands, durch das nördliche Kanada, Alaska und über die Nordküste Sibiriens. Häufig erscheinen Polarlichter als Bogen einzelner strahlenförmiger Gebilde, wobei die Strahlen über den Bogen zu »wandern« scheinen. Dann wieder tritt das Polarlicht als ein flackernder Lichtschein oder als leuchtende Wolken in flammender Bewegung auf. Zahlreiche Beschreibungen schildern es als eine überirdische, magisch-mystische Erscheinung und deuten es als Feenschleier oder göttliche Zeichen.

Kiruna – die nördlichste Stadt

Die Bergwerkmetropole Kiruna ist Schwedens nördlichste Stadt und die flächenmäßig drittgrößte Kommune der Erde. 24 000 Menschen leben auf einer Fläche, die mit 20 000 Quadratkilometern halb so groß wie die Schweiz ist und dank ihrer abwechslungsreichen Natur und guten touristischen Infrastruktur das wichtigste Fremdenverkehrsgebiet des Landes darstellt.

Mehr als 6000 Seen, darunter der 70 Kilometer lange Torneträsk, sieben Flüsse mit den besten Kanugewässern des Landes, tausende glasklarer Wasserläufe und ein halbes Dutzend 2000er-Gipfel prägen die Landschaft. Die Region ist ein Eldorado für Angeln, Jagen, Wandern und Biken, um nur einige der hier möglichen Outdoor-Aktivitäten zu nennen: Der schwedisch-norwegische Rallarveien längs der Lapplandbahn von Abisko zum Rombaksbotn bei Narvik ist eine traumhafte Wander- und MTB-Route. In der Nähe von Björkliden am Abisko-Nationalpark stößt man auf eines der größten Grottensysteme Schwedens, während in Abisko der Kungsleden, die bedeutendste Wander- und Trekkingroute Skandinaviens, beginnt. Goldwäscher zieht es nach Lannavaara, in Riksgränsen an der Grenze zu Norwegen ist Sommerski angesagt. Und vom 2111

Die Erzbergbaukapitale Kiruna ist Schwedens nördlichste Stadt.

Rechte Seite: Polarlicht ist eine durch Anregung von Sauerstoffatomen und Stickstoffmolekülen entstehende Leuchterscheinung am Nachthimmel über den Polargebieten in einer Höhe von 70 – 500 Kilometern.

Meter hohen Kebnekajse schweift der Blick über ein Elftel des Königreichs.

Mit den weißen Nächten der Mittsommerzeit kontrastiert der harte arktische Winter, dem Kiruna seinen Aufstieg zur touristischen »Winterhauptstadt« Schwedens verdankt. International bekannt ist das Samendorf Jukkasjärvi, wo man jeden Winter am Strand des Flusses Torneälven einen Rieseniglu aufbaut und Gäste aus aller Welt im »Ice Hotel« übernachten. Auf dem Gebiet der damaligen Gemeinde Jukkasjärvi wurde die Bergbaustadt Kiruna 1899 gegründet. Bis heute bildet der Abbau von Eisenerz das wirtschaftliche Rückgrat der Stadt, die sich auch im Hightech-Bereich einen führenden Namen gemacht hat: Esrange (European Sounding Rocket Range) ist ein von der Europäischen Weltraumorganisation ESA und der schwedischen Regierung betriebener Startplatz für Höhenforschungsraketen.

Lapplandbahn und Nordkalottvägen

Die Lapplandbahn zwischen Ostsee und Atlantik ist die nördlichste Eisenbahnlinie Europas. Der Abschnitt von der Bergwerkstadt Kiruna durch die arktische Landschaft des schwedisch-norwegischen Grenzgebirges zum ganzjährig eisfreien Erzverschiffungshafen Narvik am Ofotfjord zählt weltweit zu den landschaftlich beeindruckendsten Eisenbahnstrecken. Von der schwedischen Län-Hauptstadt Luleå am Bottnischen Meerbusen führt die 476 Kilometer lange Lapplandbahn zu den Erzabbaugebieten von Gällivare und Kiruna und über die Skanden nach Narvik. 434 Kilometer fährt sie durch Schweden, wo sie Malmbanan (Erzbahn) heißt; die 42 Kilometer in Norwegen heißen dagegen Ofotbanen. 1884 von Luleå aus begonnen, erreichte die Erzbahn 1899 Kiruna; 1902 eröffnete man die Ofotbahn. Nach dem Bau des Kraftwerks an den Porjus-Wasserfällen 1915 erfolgte die Elektrifizierung. Der Streckenabschnitt zwischen Gällivare und Kiruna ist heute kaum noch von Erzzügen befahren: Nur wenn der Hafen von Luleå vereist, befördert man das Erz aus Gällivare über Kiruna in den durch den warmen Golfstrom ganzjährig eisfreien Hafen von Narvik. Die Lapplandbahn bildete die einzige Verkehrsverbindung zwischen Kiruna und Narvik. Doch mit dem 1984 eröffneten Nordkalottvägen, der von Kiruna bis zur Reichsgrenze der Lapplandbahn folgt, entstand nicht nur eine Traumstraße durch

Das »Eishotel« in Jukkasjärvi wird aus 30 000 Tonnen Schnee und 2000 Tonnen Eis gebaut. Die rund 100 Gäste nächtigen in kuscheligen Schlafsäcken in Eisbetten, auch die Gläser, aus denen der Schlummertrunk genossen wird, bestehen aus Eis. Während der Schneeschmelze fließen das Eishotel und seine eisigen Einrichtungsgegenstände in den Fluss.

Kirche in Jukkasjärvi.

die Bergwelt Nordschwedens, sondern auch eine der landschaftlich schönsten Straßen Europas.

Am Bahnhof von Kiruna fällt der Blick auf den riesigen Erzberg Kirunavaara (»Schneehuhnberg«), in dem man heute im Tiefbau Eisenerz abbaut. Nach Verlassen von Kiruna tauchen Bahn und Straße in eine leicht hügelige Landschaft mit Wäldern, Mooren und kleinen Seen ein. Schon bald überragen die Berge die 1000er-Kote. Bahn und Straße erreichen den See Torneträsk, um dann entlang den Steilhängen an seinem Südufer auf den Touristikort Abisko mit gleichnamigem Nationalpark, Hotels, Supermarkt und Tankstelle zu treffen. Wenig später passieren sie die Bahnhofssiedlung Björkliden, in der es ebenfalls ein Hotel und Geschäfte gibt. Hier lohnt es sich, dem Schild »Rakasjåkkå« zu folgen: In 15 Minuten führt ein Wanderweg zum Wasserfall Silverfallet und zum Ufer des Torneträsk. Obwohl die Reichsgrenze erst im Wintersportort Riksgränsen erreicht wird, findet in Björkliden der Lokführerwechsel statt: Der schwedische Führer übergibt seinen Zug an einen norwegischen Kollegen. Am ehemaligen Hafen Torneham verlassen Bahn und Straße den Torneträsk und führen an zahllosen Seen vorbei hinauf nach Riksgränsen. Kurz hinter der Reichsgrenze erreichen sie zwischen den roten Holzhäuschen von Bjørnfjell den ersten norwegischen Bahnhof und trennen sich dann: Die Bahn windet sich in einer atemberaubenden Steilhangfahrt hinab auf Meeresniveau, die Straße nimmt einen längeren Verlauf weiter nördlich.

Abisko am Torneträsk

Der Bahnhofsstation Abisko an der Lapplandbahn oberhalb des Sees Torneträsk ist zwar nur eine Häuseransammlung mit 100 Bewohnern, aber sie ist ein bekannter Touristikort: Von hier aus kann man den Abisko-Nationalpark besuchen, und Abisko bildet den nördliche Endpunkt des Kungsleden, des berühmtesten Fernwanderwegs in Skandinavien. Zudem beginnt hier der schwedisch-norwegische Rallarvägen, eine fantastische Mountainbike- und Wanderroute. Bei klarer Sicht lohnt die Fahrt mit der Seilbahn auf den Berg Njuolja (1169 Meter); nach einer dreiviertelstündigen Wanderung ab der Bergstation ist der Gipfel erreicht, auf dem sich ein grandioses Panorama des tief eingeschnittenen Sees und der höchsten Berge Schwedens bietet. Besonders beliebt ist die Seilbahn bei Anbetern der Mitternachtssonne. Die markanteste Bergformation weist der U-förmige Lapporten auf, das »Tor zu Lappland«.

Im Windschatten der Skanden gelegen, verzeichnet Abisko die geringsten Niederschläge in ganz Schweden, was für Outdoor-Aktivitäten nicht ganz unwichtig ist. Der Ort hat zwei Bahnhöfe an der Lapplandbahn; »Abisko Turiststation« heißt der am gleichnamigen 300-Betten-Gebirgshotel, in dem viele Kungsleden-Wanderer für viele Tage zum letzten Mal in einem richtigen Bett schlafen und die Vorzüge von heißer Dusche und Sauna genießen. Außer dem Hotel gibt es eine Jugendherberge, Zeltplätze und Einkaufsmöglichkeiten. Das »Abisko Naturum« ist das Naturschutzinformationszentrum für Norrbotten mit Schwerpunkt Abisko.

Der Torneträsk (341 Meter) liegt in einem tief eingeschnittenen Tal der arktische Bergwelt im schwedisch-norwegischen Grenzgebiets. Mit 70 Kilometer Länge und einer Breite von bis zu zehn Kilometern ist er der größte See Lapplands. Im Winterhalbjahr und bis weit in den Juni hinein bedeckt ihn eine dicke Eisschicht. Der Wanderweg von der Abisko Turiststation längs des Canyons zum See ist bis 31. Juli gesperrt, da der deltaartige Mündungsbereich ein wichtiges Rückzusgebiet für Vögel ist.

Solch traumhafte, menschenleere Landschaften lassen das Herz eines jeden Wanderers höher schlagen.

Grenzenlos Wandern und Biken

Der Rallarvägen, norwegisch Rallarveien, vom nordschwedischen Abisko zum norwegischen Fjord Rombaksbotn bei Narvik ist einer der landschaftlich schönsten Wander- und Mountainbikewege Nordeuropas. Vom Bahnhof Turiststation (385 Meter) am Nationalpark in Abisko, wo man Fahrräder ausleihen kann, folgt der historische Eisenbahnsicherungsweg – als »Rallar«

wurden die Eisenbahnbauarbeiter bezeichnet – autofrei der Lapplandbahn. Diese erreicht im Wintersportort Riksgränsen (523 Meter) an der Reichsgrenze ihren höchsten Punkt. Mit der Bahn kommt man wieder nach Abisko zurück.

Die Wanderung auf dem ungeteerten und auf norwegischer Seite manchmal nur pfadbreiten Weg ist auf schwedischer Seite wegen der Nähe der Straße nur bedingt zu empfehlen. Jenseits der Grenze trennen sich Rallarveien und Eisenbahnlinie von der Straße und führen zwischen den Bahnhöfen Katterat und Straumnes in Schwindel erregender Höhe durch die Bergflanken über dem Fjord – und bieten eine einmalige Aussicht.

Im Abisko Nationalpark

Der Abisko-Nationalpark mit seinen Canyons und Wasserfällen liegt in der arktischen Gebirgslandschaft von Schwedisch-Lappland. Seine Gründung und die der Nationalparks Sarek und Stora Sjöfallet geht auf das Jahr 1909 zurück, als Abisko nur mit der Lapplandbahn erreichbar war. Seit der Eröffnung des Nordkalottvägen von Kiruna nach Riksgränsen und weiter ins norwegische Narvik (Europastraße 10) ist das 77 Quadratkilometer große Gebiet jedoch gut mit Bus, Bahn und Auto anzusteuern. Markierte Pfade, Wanderhütten und Zeltplätze sorgen für eine touristische Infrastruktur, sodass der Nationalpark ein beliebtest Ausflugsziel ist. Allein

Die Inlandsbana verbindet in den Sommermonaten Östersund, die Hauptstadt von Jämtlands län, mit Gällivare in Lappland. Endlose Wälder, in denen Seen aufblitzen, Bergrücken, Flüsse und vereinzelte Häuser fliegen am Fenster vorbei. Die Inlandsbana besteht nur aus wenigen Waggons und hält, wenn die Passagiere es wollen: Dann kann man zum Beispiel Beeren pflücken.

Rechte Seite: Abendstimmung bei Moskosel in Lappland.

Luleå an der Mündung des Luleälv in den Bottnischen Meerbusen ist die Hauptstadt Norrbottens. 1887 verwüstete ein Brand die Stadt fast völlig, beim Wiederaufbau erhielt sie im Wesentlichen ihr heutiges Gesicht mit der neugotischen Kreuzkirche (1893) im Zentrum.

250 000 Menschen jährlich starten in Abisko zur Wanderung auf dem Kungsleden: Die bekannteste Trekkingroute Skandinaviens durchquert den Abisko-Nationalpark.

Zu den Besonderheiten des Nationalparks zählt neben der nordischen Gebirgslandschaft, den interessanten geologischen Erscheinungen und den seltenen Pflanzen sein für Schweden ungewöhnlich trockenes Klima, das durch die Lage im Windschatten des norwegisch-schwedischen Grengebirges bedingt ist.

Seele des Nationalparks ist der Fluss Abiskojåkka. Er entfließt dem See Abiskojaure im Süden des Nationalparks, der die Wasser aus den umgebenden Bergen aufnimmt. Vom See, an dem sich Übernachtungshütten des schwedischen Bergwandervereins STF befinden, tost der Abiskojåkka in wilden Wasserfällen und Schluchten dem Abisko Canyon entgegen. Kurz vor der Europastraße beim Kungsleden-Tor, das das nördliche Ende dieses Weitwanderwegs markiert, tritt er in die Schlucht ein, um sich danach in den See Torneträsk zu ergießen.

Königlich Wandern auf dem Kungsleden

Der Kungsleden (Königspfad) ist die berühmteste Wander- und Trekkingroute Skandinaviens. Auf 45 nordischen Meilen verläuft die legendäre Lapplandstrecke dieses gut markierten Sommer- und Winterwanderwegs vom Abisko Nationalpark zum Wintersportplatz Hemavan in Västerbotten. Die Route kreuzt imposante Täler und führt zu Seen im Bannkreis der höchsten Gipfel Schwedens. Sie durchquert den Nationalpark Stora Sjöfallets, den Wildnis-Nationalpark Sarek und weiter südlich den Piljekaise-Nationalpark bis sie schließlich nach dem Naturreservat Vindelfjäll im schwedisch-norwegischen Grenzgebirge endet. Rund 450 Kilometer weiter südlich, im mittelschwedischen Grövelsjön, setzt sich der Kungsleden als Södra Kungsleden (südlicher Kungsleden) fort. Zwischen Hamavan und Grövelsjön klafft eine Lücke, die man in den nächsten Jahren gerne schließen will, um den gesamten Kungsleden in den Europäischen Fernwanderweg 1 zu integrieren.

Längs der Lapplandstrecke finden sich nur in den landschaftlich schönsten Gebieten Berghütten des Touristikvereins STF. Die Strecke von Kvikkjokk über Jäckvik nach Ammarnäs ist zwar markiert, wegen fehlender oder zu kleiner Hütten ist dort jedoch das Zelt die übliche Übernachtungsform. Der STF bietet auf dem Kungsleden, inklusive der Zeltlogis-Strecken, geführte Wanderungen an.

Neben der Durchquerung des Abisko-Nationalparks ist die etwa einwöchige Kebnekaise-Runde das am häufigsten begangene Teilstück des Lappland-Kungsleden. 105 Kilometer zählt diese fantastische Runde, doch für die letzten 19 steht auch ein Hubschrauber zur Verfügung. Von Abisko an der Lapplandbahn geht es auf dem Kungsleden in fünf Tagesetappen zur Singi-Hütte (72 Kilometer). Dort zweigt der Wanderpfad (14 Kilometer) zum autofreien Berghotel Kebnekaise Fjällstation ab, dem Ausgangspunkt für die Besteigung des Kebnekaise (2111 Meter). Von der Fjällstation geht es dann im Helikopter oder zu Fuß (19 Kilometer) zur Samensiedlung Nikkaluokta (470 Meter), dem Haupteinfallstor für Unternehmen im Gebiet des Kebnekaise. Vom Nikkaluokta fjällanleggning fährt der Bus in einer Stunde zurück zum Bahnhof von Kiruna (Kiruna Central) an der Lapplandbahn (Bus- und Zugfahrpläne unter www.resplus.se).

Die Kebnekaise-Runde ist gut markiert und mit Ausnahme der Kebnekaise-Besteigung relativ einfach. Holzschilder mit namentlichen Richtungs- und Kilometerangaben sowie der Bezeichnung »Kungsleden« weisen die Route. Zwischen den Hütten bestehen die Markierungen meist nur aus orangefarben Zeichen auf Steinen, allerdings ist der Weg nicht zu verfehlen. Rote Andreaskreuze bilden die Wintermarkierung. Unbewirtschaftete, aber häufig mit einem Hüttenwirt besetzte Berghütten (Fjällstuga) und bewirtschaftete Berghotels (Fjällstation) des schwedischen Tourismusvereins STF bieten im Abstand von zehn bis 15 Kilometer Übernachtungs- und/oder Versorgungsmöglichkeiten. Die Berghotels verfügen auch über Saunen und andere Annehmlichkeiten. Überall, auch abseits der Hütten, kann man sein Zelt aufschlagen. Wer einen Jugendherbergsausweis hat, wird bei der Bezahlung automatisch als STF-Mitglied eingestuft. Haben die Hütten noch nicht oder nicht mehr geöffnet, lässt es sich auch im ganzjährig geöffneten Notraum übernachten. Die Website des STF verzeichnet die Öffnungszeiten aller Hütten sowie die Preise (www.stfturist.se).

Im Helikopter zum Dach Schwedens

Die Samensiedlung Nikkaluokta (470 Meter) ist sommers wie winters der Ausgangspunkt für Unternehmungen im Gebiet des Kebnekaise (2111 Meter), des höchsten Bergmassivs von Schweden. Großparkplatz, Bushaltestelle und Helikopter-Landeplatz von Nikkaluokta liegen 19 Kilometer östlich der Kebnekaise Fjällstation am See Paittasjärvi. Hier endet die Stichstraße, die 64 Kilometer weiter östlich in der Bergbaustadt Kiruna beginnt. Nikkaluokta liegt auf dem Gebiet der Gemeinde Gällivare, eine – im Sommer mehrmals tägliche – Busverbindung gibt es jedoch nur nach Kiruna. Die landschaftlich beeindruckende, technisch leichte, aber immerhin 19 Kilometer lange Wanderung zum 400-Betten-Berghotel Kebnekaise Fjällstation bildet den Anmarsch zum »Basislager« am Fuß des Kebnekaise. Wer möchte, kann ihn aber auf verschiedene Arten wesentlich verkürzen: Entweder, indem er ihn relativ preiswert mit dem Helikopter (Sikorsky-Maschinen der Fluggesellschaft Norrlandsflyg) zurücklegt oder sich – im Winter – mit dem Schneemobil zur Fjällstation fahren lässt. Und nur 13 Kilometer wandert, wer den Weg zur Kebnekaise Fjällstation mit einer Bootsfahrt verkürzt: Die ersten fünf Kilometer führen durch die Wälder des Tals Ladtjovagge zur Fjällstation Ladtjoluspekåtan, wo sich der Anleger für die Bootsfahrt über den Láddjujávri befindet; im Sommer verkehren täglich mehr als fünfmal Boote in beide Richtungen, im Winter laufen die Skiwanderer über das Eis. Nach sechs Kilometern mit dem Boot stehen noch acht Wanderkilometer an, ehe die Kebnekaise Fjällstation erreicht ist.

Kebnekaise – Schwedens höchster Gipfel

Der vergletscherte Kebnekaise ist ein interessantes Sportgebiet: Fußwanderungen, Mountainbiketouren, Paragliding, Skitrekking, Gletscherwanderungen, Kletterkurse – am »Keb« sind nahezu alle Bergsportaktivitäten möglich. Der von tief eingeschnittenen Tälern umgebene Bergstock erhebt sich in Lappland als Ostausreißer des schwedisch-norwegischen Grenzgebirges. Vom Kungsleden aus zählt er zu den Traumzielen: Der Fernwanderweg führt an der Westseite des Berges durch das für seine Rentierbestände berühmte Flusstal Tjäktjavagge. Die meisten, die vom Kungsleden aus zum Berghotel Kebnekaise Fjällstation (772 Meter) an der Südseite des Berges wandern oder sich im Helikopter von der Samensiedlung Nikkaluokta dorthin bringen lassen, müssen allerdings warten, bis sich die Wolken lichten: Denn der Kebnekaise ist ein ausgesprochener Regenfänger – und seine Vergletscherung unterstreicht dies noch zusätzlich. Aber das Warten im Berghotel des schwedischen Wandervereins STF hat auch seine angenehmen Seiten: Berühmt ist der Blick von der Sauna aus in die karge arktische Landschaft. Haben sich die Wolken verzogen, belohnt einen nach dem 1600-Höhenmeter-Anstieg ein atemberaubendes Panorama.

Die Kebnekaise Fjällstation über dem Láddjujohka-Tal ist der zentrale Ausgangspunkt für die Besteigung des Kebnekaise auf der zwölf Kilometer langen Westroute (vastra leden). Sie ist die Normalroute, erfordert jedoch mit ihren 1600 Höhenmetern im Anstieg und 24 Kilometern hinauf und hinab eine sehr gute Kondition. Auf dem Gipfel besteht keine Übernachtungsmöglichkeit, als Notunterkunft fungiert die ganzjährig geöffnete Kebnekaises toppstuga (1880 Meter), die mit vier Pritschen ausgestattet ist. Die acht Kilometer lange, steilere und anspruchsvollere Ostroute (östra leden) schlägt mit nur 1400 Höhenmeter im Anstieg zu Buche. Sie ist berg- und gletschererfahrenen Bergwanderern vorbehalten; alle anderen sollten sich auf dieser Route einer Führung anvertrauen. Als Erstbesteiger des Kebnekaise ist der Franzose Charles Rabot dokumentiert, der am 22. August 1883 den Gipfel erklomm.

Der Fluss Abiskojåkka mit seinen Kaskaden und Wasserfällen ist die Seele des Nationalparks Abisko.

Linke Seite: Die Bergformation Lapporten, das »Tor zu Lappland«.

Arktische Kulturlandschaft Laponia

Die von der UNESCO 1996 als Weltkulturerbe ausgewiesene Landschaft Laponia liegt in der höchsten und einsamsten Gebirgsregion Schwedens. Sie erstreckt sich im nordschwedischen Lappland auf 9400 Quadratkilometer und ist damit knapp viermal so groß wie das Saarland. Das Siedlungsgebiet der Lappen, die sich selbst Samen beziehungsweise Sápmi nennen, umfasst sieben Dörfer, deren Erwerbsquelle die Rentierzucht ist.

Schweden hat bereits vor der Anerkennung durch die UNESCO die grandiose Natur dieser Region in weitflächigen Nationalparks und Naturreservaten unter Schutz gestellt: Im Osten den Muddus-Nationalpark und das Stubba Naturreservat zwischen Jokkmokk und Gällivare sowie im Westen das Sjaunja-Moor-Naturreservat, den Stora Sjöfallet Nationalpark und die Wildnis-Nationalparks Sarek und Padjelanta. Zudem umfasst das Gebiet das Tjuoldavágge (Tjuolta-Tal), das Rapadelta und das Sulitjelma-Massiv an der Grenze zu Norwegen. Das Sjaunja-Naturreservat ist das größte Moorschutzgebiet Europas, das Rapadelta eine der faszinierendsten Natursehenswürdigkeiten des Kontinents.

Markt in Jokkmokk

Jokkmokk ist der bekannteste Marktort Skandinaviens und der namengebende Zentralort der nach Kiruna

Eine einsame Hütte auf dem zugefrorenen Paittasjärvi-See in schwedisch Lappland.

Für zehn Prozent der Samen bildet die halbnomadische Rentierwirtschaft einen wesentlichen Teil der Lebensgrundlage.

Rechts oben: Die Samensiedlung Nikkaluokta mit der kleinen Samenkapelle (1942) ist der Ausgangspunkt für die Wanderung zum Kebnekaise.

Rechts unten: Kunsthandwek- und Andenkenverkauf in Nikkaluokta.

Rechte Seite: Das Kebnekaise-Gebiet begeistert immer wieder durch seine einzigartige Natur.

zweitgrößten Gemeinde Schwedens. Auf dem Gemeindegebiet liegen mit den Nationalparks Sarek und Padjelanta sowie dem Südteil des Nationalparks Stora Sjöfallet die Wildnisregionen Schwedens. Auch der Süden des Nationalparks Muddus mit seinen Mooren und Urwäldern gehört zur Gemeinde Jokkmokk. Das Schwedische Fjäll- und Samenmuseum (Ajtte Svensk Fjäll- och Samemuseum) in Jokkmokk dokumentiert die Besonderheiten des Fjälls sowie die Geschichte und die Kultur der Samen. Der angegliederte botanische Garten bildet die Vegetationszonen des Fjälls und die Pflanzen der Tundren lehrbuchhaft ab.

Die Geschichte des Ortes beginnt mit der Anordnung König Carl IX. aus dem Jahr 1602, in Schwedisch-Lappland einige Marktplätze anzulegen: 1605 fand erstmals der Vintermarknad (Wintermarkt) in Jokkmokk statt, der sich zum größten Markt der Samen entwickeln sollte. Da er die Bevölkerung aus der gesamten Umgebung anzog, war er von Anfang an weitaus mehr als nur eine Verkaufsmesse: Hier fanden Gerichtsverfahren, Taufen und Hochzeiten statt. Ursprünglich dauerte der Markt zwei bis drei Wochen, doch dann hat man das fröhliche Treiben auf zwei Tage verkürzt. Mit dem 350-jährigen Marktjubiläum 1955 etablierte sich Jokkmokks Vintermarknad als touristischer Event – man verlängerte den Markt um einen Tag, und auch die Anzahl der Verkaufsstände erhöhte sich von 20 auf 150. Heute bieten Samen aus ganz Lappland an jedem ersten Donnerstag, Freitag und Samstag im Februar ihre Waren an, handeln mit Elchkeulen und -schinken, mit Lassos, Leder, Fellen und Schneemobilen – und jagen zum Ergötzen der Besucher ihre Rentiere über den noch zugefrorenen See am Ortsrand. Farbenprächtige Umzüge

gehören genauso zum festen Programm wie Hundeschlittentouren, Joik-Gesänge und Schamanentrommeln.

Im Jahr 2005 kamen 80 000 Menschen aus ganz Europa, um bei frühlingshaften minus zehn Grad Celsius zu feilschen, zu kaufen und zu feiern. Jokkmokk mit seinen 3000 Einwohnern kann bei weitem nicht allen der zehntausenden von Besuchern Unterkunft bieten, sodass Hotels und Jugendherbergen sowie die eigens anlässlich des Festes errichteten Hütten schnell besetzt sind. Nur wer früh bucht, hat die Chance, Schwedens bedeutendsten Markt drei Tage und zwei Nächte lang hautnah zu erleben.

Mythos für Naturbegeisterte: Der Sarek Nationalpark

Der Sarek Nationalpark im vergletscherten Sarek-Gebirge in Schwedisch-Lappland ist als Europas letzte Wildnis ein Mythos für Wanderer, Bergsteiger und Outdoor-Begeisterte aus aller Welt. Eine Tour in dieser großartigen Hochgebirgsregion mit ihren rund 100 Gletschern, Hochflächen und tief eingeschnittenen Tälern, die von reißenden Wasserläufen durchzogen sind, hat Kultcharakter – viele Wanderer unternehmen in der Wildnis des Sarek ihre erste mehrtägige Tour mit Rucksack und Zelt. Diejenigen, die in dieser unberührten Natur Einsamkeit suchen, sind jedoch nicht selten enttäuscht, denn sie sind alles andere als alleine: Im kurzen Sommer durchstreifen hunderte von ihnen schwer bepackt das Sarekfjäll. Die meisten kommen allerdings nicht weit – sie scheitern beim Versuch, die reißenden Ströme zu durchwaten. Wie gefährlich das ist, zeigen die sich immer wieder ereignenden tödlichen Unfälle.

Bereits 1909 wurden 1970 Quadratkilometer des im Sarektjåkkå (2089 Meter) gipfelnden Gebirges als Nationalpark ausgewiesen. Das Gebiet zählt zu den niederschlagsreichsten in Schweden, und auch im kalendarischen Sommer kann es hier schneien. Um den Charakter der grandiosen Naturlandschaft zu erhalten, gibt es im Inneren des Sarek weder Unterkunftsmöglichkeiten noch andere Einrichtungen für Touristen. Bestehenden Hütten sind Rentierzüchtern und Wissenschaftlern vorbehalten und verschlossen. Die wenigen Pfade sind nicht markiert, und die nächsten Siedlungen liegen kilometerweit entfernt.

Lediglich im äußersten Südosten verläuft ein gut beschilderter Wanderweg: der Kungsleden. Hier existiert auch die einzige Wanderunterkunft des Nationalparks, die STF-Berghütte Pårte (500 Meter) am Nordufer des Sees Sjaptjakjaure.

Ausgangspunkte für Touren sind im Süden das Kirchdorf Kvikkjokk mit einer Berghotel-Jugendherberge sowie im Nordosten das STF-Berghotel Saltoluokta. Beide Orte liegen am Kungsleden, und von beiden sind es zwei Tagesetappen zur bewirtschafteten Berghütte Aktse, die im wunderschönen Rapadelta am Südrand des Nationalparks liegt. Die Wanderung vom Berghotel Saltoluokta nach Aktse beträgt 29 Kilometer und ist mit ihrer herrlichen Aussicht sehr abwechslungsreich; von Kvikkjokk sind es 40 Kilometer. Wer

Der bedeutendste Markt der Samen liegt in Schweden, Jokkmokk ist der bekannteste Marktort Skandinaviens überhaupt.

In einigen Sprachen werden die Samen »Lappen« genannt: die Leute in der »entlegenen Gegend« (finnisch: lappi).

die gesamte Strecke durchwandert, kann von Kvikkjokk mit dem Bus nach Jokkmokk fahren.

Mittsommernacht im Nationalpark Stora Sjöfallet

Das Berghotel Saltoluokta Fjällstation (380 Meter) zählt zu den architektonisch schönsten des schwedischen Touristikvereins STF. Allein schon die berühmte Küche verführt manche Kungsleden-Wanderer dazu, hier einen Tag zu verbringen. Bevor man wieder weiterzieht, lockt der Gipfel des nahen Lulep Kierkau (1139 Meter). Und am Abend genießt man dann ganz bodenständige Wonnen wie heiße Dusche, Sauna und eine Mahlzeit in der Fjällstation. Ist man im August hier, sollte man das Saltoluokta-Volksmusikfestival nicht versäumen.

Die Anreise zur Saltoluokta Fjällstation erfolgt mit einer zehnminütigen Fahrt des STF-Bootes »Langas« auf dem gleichnamigen See. Der Anleger befindet sich an der Bushaltestelle Kebnats an der Stichstraße nach Ritsem (Bus nach Gällivare). Vom autofreien Anleger geht es durch Birkenwäldchen hinauf zum Berghotel an der Ostgrenze des Nationalparks Stora Sjöfallets.

Die Anlage besteht aus mehreren, in den 20er-Jahren in traditionellem Stil errichteten Gebäuden mit 100 Betten. Neben dem Hotel gibt es eine Kirche. Da in ihr sogar Trauungen vorgenommen werden, kann man also, wenn man möchte, auch während einer Kungsleden-Wanderung heiraten ...

Der Lulep Kierkau im Südosten des Nationalparks Stora Sjöfallets ist ein besonders attraktiver »Mittsommernachtsberg« Laponias: Vom 2. Juni bis zum 12. Juli geht hier die Sonne nicht unter. Der Aufstieg auf das oft von Rentierherden beweidete Bergmassiv, das auch einen eindrucksvollen Panoramablick auf die Kungsleden-Route nach Sitojaure gewährt, ist leicht und wird mit einer einmaligen Aussicht belohnt. Bei klarer Sicht schweift der Blick auf die wild gezackte Gletscher- und Gipfelszenerie des Nationalparks Sarek im Südwesten und bis zum Kebnekaise im Norden. Botanisch interessant ist der Lulep Kierkau wegen seiner Arnika- und Silberwurz-Vorkommen. Am Südwestfuß des Bergmassivs glitzert der lang gestreckte See Pietsaure, an dessen Ostende sich ein kleines Lager der Samen befindet; dort besteht die Möglichkeit, in einer einfachen Hütte zu übernachten.

Links: Der Elch ist ein Waldtier, das sich vorzüglich an besondere Umweltbedingungen anpasst.

Links unten: Der Luchs ist neben Bär und Vielfraß der uneingeschränkte König der nordischen Wälder.
Unten: Diese Blätter sind nach dem ersten Nachtfrost von filigranen Eiskristallen überzogen.

Pflanzenparadies und Märchenland

Der Nationalpark Padjelanta in der Landschaft Laponia ist mit 1984 Quadratkilometern nicht nur der größte Nationalpark Schwedens, sondern auch einer der größten Europas. Padjelanta bedeutet auf Samisch »Hochland«. Und für viele Lapplandliebhaber ist Padjelanta das schönste Gebiet der Welt und der durch den Nationalpark verlaufende Padjelantaleden der attraktivste Fernwanderweg des Nordens – auch deshalb, weil er weniger begangen wird als der bekannte Kungsleden.

Im Westen grenzt der Nationalpark Padjelanta an Norwegen, wo der Nationalpark Rago unmittelbar anschließt. Wer sich vom Rago aus dem Padjelanta nähert, spürt sehr schnell die besondere Faszination, die von diesem wilden, einsamen Hochland mit seinen Wasserfällen, Seen und Schluchten ausgeht – und glaubt sich in einem realen Märchenland. Vor allem im Herbst, wenn Mücken und Menschen verschwunden sind, Moore und Birken sich rot färben und eines Morgens der erste Schnee die Berge überzuckert hat, strahlt die Landschaft eine Ruhe aus, die man nur selten findet.

Im Osten grenzt der Nationalpark Padjelanta an den Nationalpark Sarek und im Nordosten an den Nationalpark Stora Sjöfallets, sodass der 1962 eingerichtete Padjelanta-Nationalpark und seine Umgebung das größte zusammenhängende Nationalpark-Gebiet Europas bilden. Anders als der Wildnis-Nationalpark Sarek mit seinen Gletschern und hohen Gipfeln umfasst das Padjelantafjäll weite, offene Hochflächen mit zum Teil riesigen Seen und nur mittelhohen Bergen mit dem vergletscherten Jieknaffo (1836 Meter) im Süden als höchster Erhebung. Auf den kalkreichen Böden des Padjelanta gedeiht eine für diesen Breitengrad nördlich des Polarkreises einzigartige Vegetation: An Mittsommer flockt in den Mooren, durch die der Wanderweg auf Bohlen führt, das Wollgras; der Storchenschnabel, Schwedens Mittsommerblume, bildet ein helllila Blütenmeer; gelbe Trollblumen wohin man blickt, und auch der Moorkönig zeigt seine Blütenstände. Im Weidengebüsch hüpft das Blaukehlchen, die »lappländische Nachtigall«. Im Herbst sind die Birkengehölze voller Pilze. Die Samen haben hier ihre Weidegebiete, an ihren Lagern erhalten Wanderer frisch gebackene Flachbrote und frisch geräucherten Saibling. Padjelanta ist ein Märchenland, vielleicht das schönste der Welt.

»In der Tat, ich war nun erstmals in den Alpen Lapplands«, schrieb der Botaniker Carl von Linné im Juli 1732, nachdem er Padjelanta besucht hatte. »Schneeverhüllte Berge umschlossen mich. Wie im härtesten Winter stapfte ich im tiefen Schnee umher. All die seltenen Pflanzen, die ich zuvor gesehen hatte und die mir von Zeit zu Zeit große Freude bereiteten, sah ich hier nur als winzige Pflänzlein, jedoch andere in einer solchen Fülle, sodass ich in Erstaunen versetzt wurde. So dachte ich bei mir, dass ich mehr gefunden hatte, als ich mir erträumt hatte.« In die Fußstapfen Linnés traten weitere Wissenschaftler und Umweltschützer, die über zwei Jahrhunderte nach Linnés »lappländischer Entdeckungsreise« die Bedeutung der Region erkannten.

Die **fünf** schönsten Erlebnisse in Nordschweden

Höga Kusten: Weltnaturerbe Schärenküste
Die dramatische Küstenlandschaft Höga Kusten von Ångermanland zählt mit ihren bis zu 450 Meter hohen Landhebungs- und Steilküstenabschnitten sowie den vorgelagerten Inseln und Schären zu den schönsten Naturgebieten des Nordens. Seit 2000 steht sie als Weltnaturerbe unter dem Schutz der UNESCO.

Auf dem Kungsleden durch den Nationalpark Abisko
Die legendäre Wanderroute Kungsleden (Königspfad) hat einen attraktiven Auftakt: Die ersten 15 Kilometer führen durch den Abisko-Nationalpark, der mit seinen Canyons und Wasserfällen inmitten der arktischen Gebirgslandschaft fasziniert.

Im Helikopter zum Kebnekaise
Vom Hotel Kebnekaise Fjällstation aus geht es mit dem Helikopter auf den vergletscherten Kebnekaise, dem höchsten Gipfel Schwedens (2111 Meter). Fußwanderungen, Mountainbiketouren, Paragliding, Skitrekking, Gletscherwanderungen, Kletterkurse – am »Keb« sind nahezu alle Bergsportaktivitäten möglich.

Rapadelta im Sarek-Nationalpark
Von der fast 700 Meter hohen Steilwand des Skierffe (1179 Meter) – eine der markantesten Felsformationen dieser Region – fällt der Blick wie aus der Vogelperspektive ins Rapadelta hinab, das zu den bedeutendsten Natursehenswürdigkeiten Europas zählt.

Mittsommernacht auf dem Lulep Kierkau
Der Lulep Kierkau (1139 Meter) im Nationalpark Stora Sjöfallets ist leicht zu »erklimmen« – und ist mit seiner faszinierende Aussicht auf Laponia wie geschaffen, um eine der Mittsommernächte hier zu erleben.

REISEINFORMATIONEN

Schweden von A bis Z

ANREISE

Schweden ist seit Eröffnung der Öresundbrücke auf dem Wasser-, Land- und Luftweg gleichermaßen gut zu erreichen. Eine für Ostdeutschland interessante Bahnverbindung ist der Berlin-Night-Express via Sassnitz nach Malmö. Die von Urlaubern am meisten genutzten Anreisewege sind die Vogelfluglinie und die Autofähren.

AUTOFÄHREN

Südschweden: Kiel, Lübeck-Travemünde, Rostock und Sassnitz auf Rügen sind die Haupthäfen für Überfahrten von Deutschland nach Südschweden. Der Zielhafen ist in der Regel Trelleborg an der Küste von Schonen. Die Reederei Scandlines bedient mehrmals täglich die Strecke Sassnitz–Trelleborg; mit dreieinhalb Stunden ist diese Überfahrt die kürzeste (www.scandlines.de). Von Rostock fahren Scandlines- und TT-Line-Fähren ebenfalls mehrmals täglich nach Trelleborg. Zwischen Lübeck–Travemünde und Trelleborg pendeln die Schiffe von TT-Line (www.ttline.com). Wer aus dem Berliner Raum anreist, kann auch in der polnischen Stadt Swinemünde mit Destination Ystad beziehungsweise Malmö starten (Anreise über Polen via Wollin, derzeit kein Pkw-Grenzübergang auf Usedom).
Westschweden: Die Reederei Stena Line fährt täglich über Nacht von Kiel ins westschwedische Göteborg (www.stenaline.de). Sie bedient auch die Strecken Frederikshavn–Göteborg und Frederikshavn–Oslo.
Mittel- und Nordschweden: Die komfortabelste Anfahrt erfolgt in 19,5 Stunden mit einer der Color-Line-Fähren von Kiel nach Oslo. Die entspannende Seereise beginnt am frühen Nachmittag, die Buchung einer Koje ist obligatorisch. Nach dem Aufstehen erlebt man die morgendliche Fahrt durch den Oslofjord, und nach dem Frühstück trifft man ausgeruht in der norwegischen Hauptstadt rund fünf skandinavische Meilen westlich der schwedischen Grenze etwa auf dem Breitengrad von Stockholm ein (www.colorline.de).

AUSKUNFT

Gute Informationen zu nahezu jedem Themenbereich bietet der schwedische Reise- und Tourismusrat Sveriges Rese- och Turistråd im Internet unter www.visitsweden.com (auch in Deutsch). Auf der Website kann man auch deutschsprachige Broschüren bestellen (Zusendung dauert etwa eine Woche) oder als pdf-Datei herunterladen.

DIPLOMATISCHE VERTRETUNGEN

In Deutschland:
Botschaft des Königreichs Schweden, Rauchstraße 1, 10787 Berlin, Tel. (030) 50 50 60, www.swedenabroad.com
In Österreich:
Schwedische Botschaft,
Obere Donaustraße 49–51, A-1020 Wien, Tel. (00 43) (01) 2 17 53,
E-Mail: ambassaden.wien@foreign.ministry.se
In der Schweiz:
Schwedische Botschaft, Bundesgasse 26, CH-3001 Bern,
Tel. (00 41) (0 31) 3 28 0 70 00,
E-Mail: swedemb@swissonline.ch
In Schweden:
Deutsche Botschaft Stockholm, Tysklands Ambassad, Skarpögatan 9, SE-115 27 Stockholm, Tel. (00 46) (08) 6 70 15 00, www.stockholm.diplo.de
Botschaft der Republik Österreich, Kommendörsgatan 35/V, SE-114 58 Stockholm, Tel. (00 46) (08) 6 65 17 70, E-Mail: stockholm-ob@bmaa.gv.at, www.aussenministerium.at/stockholm
Botschaft der Schweizerischen Eidgenossenschaft, Valhallavägen 64, SE-100 41 Stockholm, Tel. (00 46) (08) 6 76 79 00, E-Mail: vertretung@sto.rep.admin.ch, www.eda.admin.ch/stockholm

EINKAUFEN • SOUVENIRS

Das schön bemalte Dalapferd als inoffizielles schwedisches Nationalsymbol (siehe Seite 62) und der Elch in allen nur erdenklichen Variationen – etwa in Plüsch oder als Verkehrszeichen – sind die meistgekauften Souvenirs neben leichten, aber voluminösen runden Knäckebrot-Pakkungen mit Dalapferd-Aufdruck. Beliebt als Mitbringsel sind auch Glasartikel (siehe Seite 35), in Blei gefasste Leuchten, Moramesser, kunsthandwerkliche Gegenstände, Webtextilien und das unverwüstliche »königliche« blaue Gebrauchsgeschirr aus dem Hause Rörstrand. Sportliche Mokassins und Accessoires aus butterweichem Rentierleder sind langlebig, von klassischem Stil und außergewöhnlichem Tragekomfort (bei Schuhen auf gute Sohle und Rahmennaht achten). Auch Ausrüstungsgegenstände der schwedischen Outdoor-Premiumhersteller Fjällräven (Kleidung, Rucksäcke) und Hilleberg (Zelte) sind begehrt. Ihr Preis erscheint einem im Vergleich mit dem der billigeren Konkurrenzprodukte erstaunlich niedrig – spätestens nach der ersten Übernachtung im Fjäll erweisen sich diese oft sehr schnell als untauglich.

EINREISE

Bürger aus Staaten, die dem Schengener Abkommen beigetreten sind, wie Schweden, Dänemark, Norwegen, Deutschland, Österreich und Schweiz, können theoretisch ohne Kontrolle die Binnengrenzen aller Schengenstaaten passieren. Angesichts des internationalen islamischen Terrors werden jedoch faktisch weiterhin Kontrollen durchgeführt, sodass man wie in alten Zeiten neben dem Kfz-Schein und dem Internationalen Führerschein auch den Personalausweis mitführen muss. Das Abkommen garantiert den ungehinderten Warenverkehr, die Mitnahme von Waffen und Munition ist aber genehmigungspflichtig; dies gilt auch für Springmesser und ähnliches. Genauere Informationen erteilt der schwedische Zoll (www.tullverket.se).

ELEKTRIZITÄT

In Schweden beträgt die Stromspannung normalerweise 220 Volt. Adapter für Elektrogeräte sind in der Regel nicht nötig. Wer gern dicke deutsche Schukostecker benutzt, nimmt sicherheitshalber einen Adapter für schmale Steckdosen der Euronorm mit.

ESSEN UND TRINKEN

Gelbe Erbsensuppe mit Schweinefleisch, Professors Glögg oder die pikante Kalorienbombe Janssons Versuchung:

Göteborgs größte Markthalle ist der Saluhallen am Kongstorget.

Linke Seite: Die 1092 Meter lange Hochbrücke, die weltgrößte Schrägseilbrücke für Eisenbahn- und Straßenverkehr, ist das Herzstück der 2000 zwischen Helsingør und Helsingborg eröffneten Öresundbrücke.

Schwedische Spezialitäten sind in Kontinentaleuoropa wenig bekannt. International berühmt ist jedoch das schwedische Smörgåsbord, das vielseitige kalte und warme Büfett mit verschiedenen Fischsorten, Köttbullar (Fleischklößchen), Schinken und Knäckebrot.
Jeder Landstrich hat seine kulinarischen Spezialitäten, bei denen Fisch immer eine zentrale Rolle spielt. Im Herbst ist Saison für frisches Elch- und Rentierfleisch.
Kaffee ist eine Art Nationalgetränk. Dazu werden Hefegebäck oder frische Waffeln mit Obst gereicht.
Leichtbier (unter 3,5 vol%) kann in Lebensmittelgeschäften gekauft werden, stärkere Getränke sind nur in staatlichen Alkoholgeschäften (systembolaget) erhältlich.

Lifestyle-Shop in Bokenäs in Bohuslän am Kattegat.

Ein schwedischer Klassiker ist Janssons Versuchung: Dieser deftige Anchovis-Auflauf fehlt vor allem in der Vorweihnachtszeit auf keinem Julbord, zu dem sich Arbeitskollegen oder die Mitglieder einer großen Familie traditionell treffen. Dann wird Janssons frestelse meist zusammen mit anderen warmen Speisen angeboten. Grundzutaten sind: rohe, geschälte Kartoffeln, streichholzdünn gestiftelt, Zwiebeln, in dünne Scheiben geschnitten und in Butter goldgelb gebraten, sowie Sardellenfilets. Alles mit süßer Sahne, die mit etwas Pfeffer und gehacktem Dill gewürzt ist, vemengen. Etwa 50 Minuten backen und in der Auflaufform mit Zitronenspalten servieren: Smaklig måltid!

FESTE

Die Schweden feiern gern in geselliger Runde – gut essen und ausgiebig trinken gehört dazu. Neben den traditionellen christlichen Feiertagen Ostern, Pfingsten und Weihnachten begeht man in Schweden auch Feste, die eng mit jahrhundertealter Brauchtumspflege verbunden und im deutschsprachigen Raum nahezu unbekannt sind.

1. Januar: Neujahr ist gesetzlicher Feiertag.
6. Januar – Trettondedag jul: Der »13. Weihnachtstag« ist gesetzlicher Feiertag; er entspricht dem Fest der Heiligen Drei Könige, das bis 1691 in weiten Teilen Europas den Jahresbeginn markierte. Nach altem Volksglauben ziehen sich die stürmischen Mächte der Mittwinterzeit in der Nacht auf den 6. Januar zurück – »die wilde Jagd« begibt sich am Ende der Raunächte zur Ruhe.
13. Januar – Tjugondedag jul: Der Name »20. Weihnachtstag« verdeutlicht, dass Weihnachten in Schweden ein wenig länger dauert als bei uns. Am 20. Weihnachtstag werden die Weihnachtsbäume geplündert und Kerzen und Schmuck entfernt. Laut IKEA-Werbung werfen die Schweden an »Knut« – so der zweite Name dieses Feiertags – ihre Weihnachtsbäume aus dem Fenster.
1. Mai – Första Maj: Nach der Walpurgisnacht beginnt dieser gesetzliche Feiertag für viele mit einem Katerfrühstück, während die Gewerkschaftsbosse Reden halten.
6. Juni – Nationaldag: Erst seit dem Jahr 2005 gibt es diesen gesetzlichen Feiertag (bis dahin: Flaggentag), der an die Wahl Gustaf Wasas zum König, das Ende der Kalmarer Union und die staatliche Unabhängigkeit Schwedens erinnert.
21. Juni – Midsommar: Mittsommer, das »heiligste« Fest der Schweden (am 21. Juni beziehungsweise am Freitag danach), beginnt nachmittags mit dem Schmücken und Aufrichten der Mittsommerstange. Die Mädchen tragen Blumenkränze, und in Trachten tanzt, singt und feiert man bis spät in die Nacht.
August – Kräftskiva: Wenn die ersten frischen Krebse auf den Markt kommen, findet vielerorts das Krebsfest statt.
Ende August – Surströmming: »Sauerströmling« feiert man vor allem in Nordschweden. Alles dreht sich um den Verzehr einer Fisch-»Delikatesse«, die nur unter Beigabe von Aquavit genießbar ist: in Konservendosen gegorene Ostseeheringe. Beim Öffnen der von den Gärungsgasen aufgeblähten Dosen entweicht ein fauliger Geruch, der in Deutschland schon die Justiz beschäftigt hat. Das Standardgericht besteht aus filetiertem »Stinkefisch« auf gebuttertem Dünnbrot (Tunbröd) mit zerdrückten Mandelkartoffeln (Mandelpotatis), kalter Milch, Aquavit oder Bier.
1. November – Alla helgons dag: Allerheiligen ist gesetzlicher Feiertag.
6. November – Gustaf Adolfdagen: Dieser Feiertag erinnert an den Tod König Gustafs II. Adolf während des Dreißigjährigen Krieges in der Schlacht bei Lützen; nach dem damals in Schweden gültigen julianischen Kalender fiel der Monarch am 6. November, nach dem gregorianischem Kalender am 16. November.
13. Dezember – Luciadagen: Das Lucia- oder Lussifest, das die Wintersonnenwende symbolisierende Lichterfest, ist eines der schönsten Feste in den skandinavischen Ländern. Jede Familie, jede Gemeinde und jede Stadt, auch die Schulen und viele Betriebe haben ihre »Lussibraut« (Lucia, Lussibrud/-brod). Mädchen – in Familien stets die älteste Tochter –, junge Frauen und Mütter tragen ein weißes Kleid und auf dem Kopf einen Kranz aus Preiselbeerzweigen und brennenden Kerzen. Sie wecken die Schlafenden und servieren das Frühstück ans Bett: Kaffee, Pfefferlebkuchen und ein Lussekatter (»Lussikatzen«) genanntes Hefegebäck in Form eines Sonnenrads als Sonnenwendsymbol. Auch die Nobelpreisträger werden am Morgen der Verleihung, dem 10. Dezember, in ihren Hotels von weiß gekleideten Lussibräuten geweckt: Sie singen das Lussi-Lied und übergeben ein kleines Präsent. Ab dem frühen Morgen sendet das Fernsehen die Lussi-Umzüge, die die dunkle Winterlandschaft in ein magisches Licht tauchen. Jeder Umzug besteht – im Idealfall – aus der Lussibraut, der 34 weiß gekleidete Mädchen im Alter von fünf bis 13 Jahren mit Kerzen in den Händen folgen. Hinter den Mädchen läuft der »Sternjunge«; er trägt einen weißen spitzen Papierhut, auf dem ein Stern leuchtet. Den Abschluss bilden vier rot gekleidete »Tomte« (Wichtel).

GESCHÄFTSZEITEN

Anders als in Deutschland gibt es in Schweden kein Ladenschlussgesetz. Dementsprechend unterschiedlich sind die Ladenöffnungszeiten in Ballungsräumen beziehungsweise in abgelegenen Dörfern. Meist sind die Geschäfte aber wie die Postämter Montag bis Freitag von 9 bis 18 Uhr und Samstag von 9 bis 13 Uhr geöffnet; manche Läden haben Samstags auch länger auf. Kaufhäuser sind oft bis 22 Uhr geöffnet und sonntags von 12 bis 16 Uhr.

KLIMA

Aufgrund der großen Nord-Süd-Ausdehnung gibt es vor allem in den Herbst- und Wintermonaten beträchtliche klimatische Unterschiede. Generell ist es in Schweden aber dank des Golfstroms wärmer, als es seine Breitenlage vermuten lässt. Im Mai steigen die Temperaturen in Südschweden etwas über die Zehn-Grad-Marke, in Nordschweden überspringen sie diese erst im Juni deutlich – allerdings gibt es dann zwischen den tiefer gelegenen Regionen und dem Hochgebirge, in dem an Mittsommer die Schneeschmelze noch in vollem Gange ist, große Unterschiede. Die Sommer können in Schweden sehr heiß und trocken sein, sodass auch am Polarkreis Temperaturen von 30 Grad Celsius möglich sind. Die wärmsten Monate sind Juli und August; Ende September tragen die Berge im Hochgebirge schon wieder Schneekappen.
Während das Wetter in Südschweden dem in Norddeutschland ähnelt, sinken die Temperaturen in den schneereichen Wintern in Nordschweden auf unter minus 20 Grad Celsius. Für ein Urlaub außerhalb der Zeit des Schneefalls sollte man Kleidung für jede Witterung im Gepäck haben.

ÖFFENTLICHE VERKEHRSMITTEL

Bus- und Bahnauskunft: www.resplus.se

PÜNKTLICHKEIT

Da die Schweden Unpünktlichkeit als Unhöflichkeit und Beleidigung auffassen, sollte man sich als Gast den Gepflogenheiten anpassen.

RAUCHVERBOT

In Schweden besteht Rauchverbot auf öffentlichen Plätzen und in den öffentlichen Verkehrsmitteln sowie in geschlossenen Räumen von Betrieben, in denen man Speisen und/oder Getränke serviert.

SPRACHE

Amtssprache ist Schwedisch. Viele Schweden verstehen jedoch gut Norwegisch; Dänisch ist dagegen weniger verbreitet. 80 Prozent der Schweden verstehen und sprechen Englisch, da es in den Schulen die erste Fremdsprache ist und im Fernsehen auch viele Filme im englischen Original (mit schwedischen Untertiteln) zu sehen sind. Auch mit Deutsch und Französisch kommt man als Reisender gut zurecht.

TELEKOMMUNIKATION

Die Vorwahl von Schweden ist 0046, die Vorwahl von Deutschland 0049. Das Mobilfunknetz deckt Südschweden und weite Teile Mittelschwedens nahezu hundertprozentig ab, während in Nordschweden in der Regel nur längs der großen Straßen und an der Küste ein Netz existiert. Die drei bevölkerungsreichsten Läns (Stockholms län, Västra Götalands län mit der Hauptstadt Göteborg und Schonen mit der Hauptstadt Malmö) sind flächendeckend mit 3G-Funkstationen versorgt; in anderen Gebieten ist das UMTS-Netz noch im Aufbau, sodass sich Reisende darauf einstellen müssen, nicht überall mit Smartphone, PDA und/oder Laptop Korrespondenzen erledigen oder im Internet recherchieren zu können. Ziel ist eine baldige Komplettversorgung (98,7 Prozent) Schwedens mit 3G-Stationen.

Rapsfeld mit blühendem Klatschmohn beim Fischerdorf Kåseberga in Schonen.

TOURISTIKVEREIN

Informationen über den Schwedischen Touristikverein erhält man bei: Svenska Turistföreningen (STF), Box 25, 101 20 Stockholm, www.stfturist.se (siehe auch Seite 110).

TRINKGELD

In Schweden ist es unüblich, ein Trinkgeld zu geben, denn es ist im Betrag enthalten (und nachts höher als tagsüber). Hohe Trinkgelder werden mitunter als Affront beziehungsweise als Beleidigung aufgefasst. Dennoch hat es sich eingebürgert, Dienstleistern bei gutem Service eine kleine Anerkennung zu geben, dies gilt in Hotels und Restaurants und vor allem bei Taxifahrten.

UNTERKUNFT

Es gibt Unterkünfte in allen Kategorien und für jeden Geschmack. Viele Schlösser und Herrenhöfe dienen heute als Hotels, am beliebtesten ist dennoch das Ferienhaus. Man kann es in jeder Preisklasse und Ausstattung mieten– von der falunroten Holzhütte in den Schären bis hin zum

Angler auf dem Gorran, einem nördlichen Ausläufer des Sees Mälaren.

Einödhof im Fjäll und zum großzügigen Anwesen mit eigener Insel im See.
Eine Besonderheit sind die Unterkünfte des STF. Informationen hierüber unter:
Svenska Turistföreningen (STF),
Box 25, 101 20 Stockholm,
www.stfturist.se

VISITENKARTEN

Der Austausch von Visitenkarten ist in Schweden verbreiteter als in Deutschland.

WÄHRUNG

Währungseinheit ist die Schwedische Krone (SEK oder skr) à 100 Öre. Schweden gehört der EU, nicht jedoch der Euro-Zone an. Bei der Volksabstimmung 2003 lehnte die Mehrheit der Schweden die Einführung des Euro noch einmal ab.

WANDERKARTEN

Für Outdoor-Unternehmungen ist die Wanderkarten-Serie »Fjällkartan« im Maßstab 1:100 000, herausgegeben vom staatlichen topografischen Institut Lantmäteriverket (www.lantmateriet.com), zu empfehlen.
Sie ist auch in Deutschland erhältlich. Wer mit Karten im Maßstab1:50 000 wandern möchte, greift zur »Fjällversion« der Serie »Grönakartan«; sie deckt ganz Schweden ab und ist ebenfalls vom Lantmäteriverket erstellt.

ZEIT

In Schweden gilt die Mitteleuropäische Zeit (MEZ) – die Uhren werden wie in Deutschland, Österreich und der Schweiz Ende März auf Sommerzeit umgestellt.

NORWEGEN

N 73 MS

NORWEGEN

Martin Schulte-Kellinghaus
Erich Spiegelhalter
Bernhard Pollmann

NORWEGEN
N
0
150 km
Nordmeer
Atlantischer Ozean
RUSSLAND
FINNLAND
SCHWEDEN
NORWEGEN
ESTLAND
LETTLAND
DÄNEMARK
Mageroya
Nordkapp
Honningsvåg
Hammerfest
Sørøya
Alta
Lakselv
Tromsø
Andenes
Harstad
Narvik
Kiruna
Bodø
Fauske
Mo I Rana
Mosjøen
Namsos
Steinkjer
Trondheim
Kristiansund
Molde
Ålesund
Bergen
Haugesund
Stavanger
Egersund
Kristiansand
Arendal
Porsgrunn
Sandefjord
Notodden
Drammen
OSLO
Moss
Hamar
Lillehammer
Gjøvik
Oppdal
Røros
Dombås
Otta
Lofoten
Svolvær
Luleå
Skellefteå
Umeå
Örnsköldsvik
Östersund
Sundsvall
Hudiksvall
Gävle
Falun
Borlänge
Mora
Uppsala
Västerås
Örebro
Karlstad
STOCKHOLM
Norrköping
Linköping
Jönköping
Borås
GÖTEBORG
Uddevalla
Motala
Visby
Gotland
Ålborg
Frederikshavn
Hanstholm
Hirtshals
Skagerrak
Rovaniemi
Kemi
Oulu
Kajaani
Kuopio
Joensuu
Jyväskylä
Mikkeli
Savonlinna
Tampere
Lahti
Hyvinkää
Kouvola
Kotka
Espoo
HELSINKI
Turku
Pori
Rauma
Vaasa
Kokkola
Jakobstad
Ivalo
Inari
Sodankylä
Kemijärvi
Kuusamo
Bottnischer Meerbusen
Finnischer Meerbusen
Åland

INHALT

Erste Annäherung

Das Meer und der Fischfang sind an den Küsten untrennbar miteinander verbunden. Rechts: 2518 Straßenkilometer vom Nordkap entfernt markieren die Felsen von Lindesnes den südlichsten Punkt des norwegischen Festlands. Wahrzeichen von Lindesnes ist das Lindesnes fyr, ein 1915 errichteter Leuchtturm, dessen Aussichtsgalerie einen hervorragenden Blick auf die von Felsen geprägte Sørlandküste mit ihren Inseln und auf die See bietet.

Wie zu Wikingerzeiten nähern sich die meisten Reisenden auch zu Beginn des dritten Jahrtausends Norwegen per Schiff, und der letzte Teil dieser Annäherung ist der schönste: Ruhig gleitet die Fähre am frühen Morgen durch den Oslofjord, voller Erwartung und Vorfreude stehst du an Deck und siehst das felsig-bergige Land sich aus dem Meer erheben. Über den Küsten und Inseln spannt sich endlos der Himmel, Seevögel schreien, Fischkutter stemmen sich dem auflaufenden Wasser entgegen, landeinwärts zeigen sich Heideflächen, Felsen, Wiesen und rot gestrichene Holzhäuser, dunkle Berghänge und windzerzauste Kiefern. Du atmest die reine Luft und den Geruch des Meeres, denkst nichts, schaust nur und spürst: Norwegen, ein Traum, der Wirklichkeit wird.

Ob die Fähre Kurs auf Oslo nimmt, auf Larvik in Telemark oder auf Kristiansand im Sørland im äußersten Süden: Fast immer ist die Annäherung gleich und dennoch jedesmal neu, das Wetter ist zweitrangig, bei Sonne und blauem Himmel ist die Seele des Landes ebenso spürbar wie

im Nebel, hinter Regenschleiern und im Schnee. Mit Oslo als Ziel ist die Annäherung am schönsten, weil dann die lange Autofahrt nach Nordjütland entfällt und man eine komfortable Seereise hinter sich hat: Ausgeruht und voller Tatendrang blickt man dem Ziel entgegen.

Beim ersten Mal stand ich um sechs Uhr morgens an Deck und sah auf dieses unbekannte und dennoch so überraschend vertraut scheinende Land, das unter der Sonne eines klaren Herbsttags erwachte: welche Farben, welche Klarheit, was für ein Licht! Es war die magische Stunde der Dämmerung, nicht mehr Nacht und noch nicht Tag: der Himmel tiefblau, alles hielt den Atem an und wartete auf die Sonne; das Land lag da wie verzaubert. Hinter den Bergen im Osten breitete sich ein goldener Lichtschimmer aus, hellte das Blau der Dämmerung auf; erste Strahlen blitzten über einen Berghang, alles verwandelte sich, dann war sie da: die Sonne, über den Bergen, über den Felsen, über dem Meer.

Ebenso wie Landschaftsformen, Wasserfälle, Berge, Fjorde und Städte und das Licht prägen die Begegnungen mit Menschen die Beziehung zu Norwegen. Es ist so einfach zu behaupten, Menschen seien letztendlich überall gleich und hegten die gleichen Sehnsüchte und Träume: Warum fahren dann die meisten nach Mallorca, an die Costa Brava oder nach Italien und tummeln sich vor Bettenburgkulissen an überfüllten Stränden, während es vergleichsweise wenige nach Norden zieht?

Pflanzenzauber im Setesdal bei Byklestøl.
RECHTE SEITE: Bei der Hafenstadt Sandefjord am Eingang des Oslofjords wurde das Gokstadschiff entdeckt. Dieses Wikinger-Langschiff aus Eichenholz ist im Vikingskiphuset auf der Osloer Museumshalbinsel Bygdøy ausgestellt; eine Nachbildung liegt an der Brücke des Hafens von Sandefjord.

Was ist das Faszinierende eines Landes, das zu zwei Dritteln aus unbewirtschaftbarem Bergland, Fels und Moor besteht, eines Landes, das zu den Hochpreisländern Europas zählt, eines Landes, in dem es vergleichseise kalt ist, eines Landes, dessen Bewohner so eigensinnig sind, dass sie schon zweimal in Volksabstimmungen den Beitritt zur EG bzw. zur EU abgelehnt haben? Warum fahren wir in dieses Land – und kehren, wenn wir es einmal erlebt haben, immer wieder zurück? Ist es der Versuch, sich von den standardisierten Ferienbetätigungen der Fun-, Berieselungs- und Massengesellschaft zu distanzieren, um etwas Einzigartiges zu erleben? Erleben statt Konsumieren? Ist es die Sehnsucht, in einer immer schnelllebigeren Zeit anstelle von zerstörten und verbauten Landschaften dem zu begegnen, was ursprünglich ist, was ewig zu sein scheint und die Seele berührt? Bergland, das sich dem wirtschaftenden Zugriff des Menschen entzieht, Täler, Fjorde und in Gletscher gehüllte Felshäupter, Landschaften fern vom Rasen der Welt, ohne Gasthaus, Sessellift und Seilbahn, ohne Disneylandversatz? Schönheit, die einfach nur da ist, still, gewaltig, erhaben – wie ein Sonnenaufgang?

Die anderen Reisenden schliefen noch an jenem ersten Morgen, auch die Frühstücksräume hatten noch geschlossen. Wir standen zu zweit auf dem Aussichtsdeck, die andere Person kannte ich nicht: eine sympathisch und gut aussehende Norwegerin mit Rucksack. Wir begleiteten uns ohne Worte seit der Abfahrt in Kiel, waren nebeneinander an der Reling gestanden, waren draußen im Wind gesessen, hatten den Sonnenuntergang genos-

Z-33696
Johnson

RISØR SLIPP A/S

Die Otra ist die Lebensader des Tals Setesdal. LINKS: Der 34 km lange See Byglandsfjord, ein Wassersportparadies, vor dessen Südende die Stadt Evje liegt, bildet das Bindeglied zwischen dem Tal Setesdal und dem Gebiet um Kristiansand. In den Sommermonaten befährt das historische Dampfschiff »D/S Bjoren« als Ausflugsschiff die frühere Hauptverkehrsstrecke von Byglandsfjord nach Ose im Norden des Sees.

sen. Wir suchten beide die Sonne, den Wind und das Meer, während uns die Diskothek, der Duty-Free-Shop, die Fernsehräume und die anderen Freizeiteinrichtungen auf dem Schiff gleichgültig waren. Wir teilten dieses zauberhafte Erlebnis der Annäherung an Norwegen, ohne uns durch ewig gleiche Worte in ewig gleiche Bekanntschaftsrituale zu verwickeln: Wo kommst du her, wo fährst du hin … Weder von der Dunkelheit noch von der Kälte ließen wir uns vertreiben: Aufs Meer zu sehen, das Rauschen der Wellen zu hören, zu den Sternen im Nachthimmel aufzublicken, den Wind zu spüren – das war die Wirklichkeit, die Annäherung an Norwegen. Da sein, still sein, lauschen, offen und mit allen Sinnen.

Wir waren die Letzten an Deck, am Morgen war ich der Erste – und wenige Minuten nach mir kam die unbekannte Norwegerin herauf. Zum ersten Mal lachten wir uns offen an. Wir freuten uns, sie sagte etwas auf Norwegisch, ich antwortete auf Deutsch, und mir war klar: Ich muss Norwegisch lernen! Wir glitten den Oslo-

Im Sommer ist die Südküste von der Sonne verwöhnt. Brekkestø ist eines von vielen malerischen Fischerdörfchen. Rechte Seite: Die Ferienhäuser auf den Schäreninseln bei Brekkestø verbreiten ein mediterranes Flair.

fjord hinauf, sahen hinaus auf die Felsen und das Wasser, erlebten die Annäherung an Norwegen gemeinsam und doch jeder für sich – ohne Worte. Als die Boardlautsprecher die Fahrgäste zu den Wagen riefen, verabschiedeten wir uns, wie unsere Begegnung gewesen war: ohne Worte, mit einem Lächeln.

Nach diesem verheißungsvollen Auftakt wurde ich unsanft auf den Boden der norwegischen Zollrealität geholt. Ich fuhr eine Kombilimousine, die in Norwegen als Luxusfahrzeug gilt. Vielleicht sah ich zu jung aus für diesen Wagen, vielleicht waren meine Haare zu lang, außerdem war ich allein: »Wohin fahren Sie?« – »In das Tal Gudbrandsdalen, um in der Umgebung zu wandern.« Der Zöllner grinste, hinterhältig lauernd, als hätte er mir im Geist schon die Handschellen angelegt: »Allein?« Als ich bejahte, winkte er mich aus der Schlange, ich musste in eine Halle steuern, der Wagen wurde gefilzt: Trekkingstiefel kamen zum Vorschein, zwei Rucksäcke, Schlafsack, Wanderausrüstung, Zelt, Proviant, Fotoapparate ... Sie merkten rasch, dass ich weder Alkohol noch Drogen oder Waffen schmuggle, und nach zehn Minuten war die nervende Prozedur beendet.

Ich wusste damals nicht, dass eine Grundregel des Wanderns in Norwegen lautet: Geh niemals allein! Ich war naiv, verstand nicht einmal, warum der Zöllner mir zuletzt den Ratschlag erteilte: Ich solle aufpassen, es sei in Norwegen gefährlich, allein zu wandern. Als Kind des Schwarzwalds bin ich daran gewöhnt zu wandern – auch allein. Warum sollte es in Norwegen anders sein?

Nach dem Erlebnis am Zoll und angesichts des prachvollen Herbstwetters verschob ich den Besuch der Hauptstadt. Ich wollte hinaus aufs Land, das ich bislang nur von der Fähre aus gesehen hatte. Ich fuhr nordwärts auf der Europastraße 6, die durch ganz Norwegen führt und die Traumstraße für all jene darstellt, deren Ziel das Nordkap ist. Alljährlich unternehmen Tausende diese Fahrt: Norwegen erstreckt sich über 13 Breitengrade von den Schären der Skagerrakküste bis zu dem Nordkapfelsen in der Brandung des Nördlichen Eismeers. Diese gewaltige Süd-Nord-Ausdehnung entspricht der Entfernung von Hamburg nach Neapel und ist mit einer landschaftlichen, botanischen und kulturellen Vielfalt ohnegleichen verbunden.

Nordkap? Irgendwann, vielleicht. Auf dieser ersten Fahrt nordwärts war das Tal Gudbrandsdalen mein Ziel, und diese Fahrt war ein einziger Rausch aus Herbstfarben und Licht. An der Mjøsa, dem größten norwegischen Binnensee, wechselte ich auf die Nebenstraße am Westufer. Immer wieder hielt ich an und stieg aus, um diese überwältigende Schönheit zu schauen: Starker Wind schüttelte die Bäume, jagte goldene Herbstblätter über die Ufer, ließ Wellen mit Schaumkronen über den tiefblauen See laufen; dahinter erhoben sich die Kuppen und Rücken waldbedeckter Berge, alles beleuchtet von einer tief stehenden Sonne, die jedes Blatt, jedes Gras und jede Welle in einem gleißenden Licht erscheinen ließ – diese Landschaft war wie ein lebendiges Gemälde.

Helgøya heißt die Insel, die mehr als 200 Meter aus dem See aufragt: »Heilige Insel« übersetzte ich mithilfe des Wörterbuchs, und dieser Name fügte sich nahtlos ein in das Erleben der Landschaft – heilige Insel, göttliches Land. So wie Haller, Rousseau, Hölderlin und viele andere vor mehr als 200 Jahren die Alpen als mythisches Gebirge und Seelenlandschaft entdeckt und besungen hatten, so kam mir an diesem Herbsttag Norwegen vor: als Land, in dem die Berge nicht nur Berge sind und die Seen nicht nur Seen, sondern Zeichen und Symbole, die hinausweisen auf eine Wirklichkeit, die die Seele berührt.

Ebenso eindrucksvoll wie die Landschaft empfand ich die erste Stadt, in der ich einen Zwischenstopp einlegte: die Kunst- und Olympiastadt Lillehammer am Austritt des Tals Gudbrandsdalen in die Weitung des Mjøsa-Sees. Das reizvolle Grenzgebiet zwischen Kulturland und Fjell zog seit dem 19. Jahrhundert Künstler an und hat bis heute einen besonderen Flair aus Kunst und Kultiviertheit bewahrt. Ich ließ mich durch die Fußgängerzone treiben mit dem Blick des Fremden, dem alles neu ist und der alles neugierig in sich aufnimmt, die Architektur ebenso wie die Menschen. Dabei dachte ich an die Unbekannte auf der Fähre, lauschte im Café den Gesprächen, ohne ein Wort zu verstehen, und wieder war die Kommunikation nur auf Blicke beschränkt, weil ich die Sprache nicht sprach. Wie oft war ich später wieder in Lillehammer, der Stadt der Literaturnobelpreisträgerin Sigrid Undset! Die Ausstrahlung dieser Stadt blieb stets dieselbe: eine Verbindung aus Kultur und selbstbewusster Tradition sowie einer leicht erotischen und zugleich gepflegt bohémienhaften Atmosphäre.

Auf dem Felsen von Lindesnes wurde 1656 das erste Leuchtfeuer in der neuzeitlichen Geschichte Norwegens entzündet. LINKE SEITE: An den Fuß steiler Felshöhen schmiegen sich die Holzhäuser von Åna-Sira am serpentinenreichen Riksvei 44 an der Sørlandküste.

Der Maihaugen bei Lillehammer zählt zu den bedeutendsten Freilichtmuseen Norwegens, doch den Museumsbesuch verschob ich während dieser ersten Reise, um erst einmal auszutesten, wie »gefährlich« in Norwegen das Wandern ist, vor dem mich die Zöllner gewarnt hatten.

Ich fuhr hinauf in das Wintersportzentrum Nordseter, zog die Trekkingstiefel an und folgte einem Pfad auf einen Berg namens Neverfjell, dem

Der Telemarkkanal aus dem Jahr 1892 wurde als »achtes Weltwunder« bezeichnet. Rechts: Das Kirchdorf Valle, ein Zentrum des Kunsthandwerks (Silberschmieden), liegt in einer von Gneiswänden umstandenen Setesdal-Weitung an der Otra. Gräberfunde lassen darauf schließen, dass die Talweitung bereits zur Wikingerzeit genutzt wurde.

die Karte großen Aussichtsreichtum zuschrieb. Es war eine leichte Wanderung, eher ein kleiner Spaziergang, dennoch bewegte ich mich wie einer anderen Welt. Kein Weg, sondern ein naturbelassener Pfad führte auf diesen Berg. Das war der erste große Unterschied zu den breiten, forstfahrzeugefähigen Wanderwegen in Deutschland. Auch im Schwarzwald, in den Vogesen und anderen unserer Gebirge gibt es noch Fels- und Wurzelpfade, aber dort sind sie selten geworden. Hier hingegen wurde mir die Warnung der Zöllner verständlich: Im norwegischen Fjell gibt es nur Pfade und Steige, auf denen man in Turnschuhen oder Sandalen nicht weit kommt.

Es war ein Pfad, der auch vor 2000 Jahren nicht viel anders ausgesehen hätte. Obwohl er keineswegs fern der Zivilisation verlief, kam ich mir vor, als sei ich auf dem Weg zurück in eine archaische Welt. Unter den Stiefeln schmatzte das Moor, Schafe liefen frei herum ohne Hund und Hüter, weit und breit kein Haus, nur hier und da

Schloss und Festung Akershus zählen zu den Hauptsehenswürdigkeiten Oslos. Links: Norwegens Metropole liegt am Fuß bewaldeter Berge an den Ufern des tief in das Land einschneidenden Oslofjords. Residenz- und Hauptstadt, Universitäts- und Kulturzentrum, ist Oslo die bedeutendste Hafen- und Handels- sowie mit knapp 490 000 Einwohnern auch die bevölkerungsreichste Stadt des Landes.

eine Holzhütte, keine Menschen und keine Wandergruppen. Ich hatte nicht nur mit dem Wetter Glück; es war auch gut, bei dieser ersten Begegnung mit Norwegen allein zu sein und ohne Ablenkung all diese Schönheit und Eindrücke aufnehmen und einwirken lassen zu können.

Ich gehe gern zu zweit oder in der Gruppe, aber ich gehe ebenso gern allein; wieder fiel mir die Unbekannte auf der Fahre ein, auch sie war allein gewesen und hatte es offensichtlich ebenso genossen wie ich. Wetterkiefern und fahnenwüchsige Fichten kündigten das Ende der Waldzone an, und nun befand ich mich in der aussichtsreichen Region, die neben den Fjorden und Tälern und der Mitternachtssonne die Einzigartigkeit Norwegens ausmacht: dem Fjell.

Unabhängig von der Höhe über dem Meeresspiegel wird das Bergland oberhalb der Nadelwaldgrenze in Norwegen als »Fjell« bezeichnet; es umfasst jenen Teil der Gebirge, der sich der wirtschaftlichen Nutzung und menschlichen Dauerbesied-

lung entzieht. Das Wort »Fjell« ist verwandt mit dem deutschen »Feld« und bezog sich ursprünglich auf die weiten, von eiszeitlichen Gletschern überformten Gebirgshochflächen. Heute wird unter »Fjell« alles Bergland oberhalb der Nadelwaldgrenze bezeichnet: Der eher hügelige Fjelltyp beidseits des Tals Gudbrandsdalen ebenso wie das Plateaufjell mit seinen welligen Hochflächen oder das alpine Fjell mit Gipfeln wie im westlichen Jotunheimen-Gebirge. Damals, bei der ersten Begegnung mit dem Fjell, ahnte ich nur, was sich in den folgenden Jahren auf allen Wanderungen bestätigt hat: Mit Ausnahme von bewirtschafteten Wäldern begegnet einem auf Fjellwanderungen alles, was das Draußensein zum faszinierenden Abenteuer werden lassen kann – Gipfel und Grate aller Schwierigkeitsgrade, Gletscher, fruchtbare Almtäler und idyllische Seen, sanfte Kuppen und steile Geröllflanken, Birkenwälder und Moore, Schluchten und Canyons, tosende Wasserfälle – und über all dem das Brausen der natürlichen Stille fern vom lauten und doch so nichtigen Treiben der Städte.

Das Neverfjell, auf dem ich oberhalb von Lillehammer stand, erreicht nur eine Höhe von 1089 Metern, und doch ergriff mich von Anfang an das Faszinierende dieser Fjell-Landschaft: welche Weite, welche Aussicht, welch unendlichen Horizonte an Möglichkeiten! Jenseits des Tals Gudbrandsdalen zeigten sich die Berge, in denen Peer Gynt gejagt haben soll, dahinter ahnte ich im Dunst die Felshäupter des Jotunheimen-Gebirges, des »Heims der Riesen«, im Norden zeigten sich in der Ferne die schneeüberzuckerten Gipfel des Rondane-Gebirges, des neben dem Jotunheimen-Nationalpark meistbesuchten Wandergebiets in Norwegen. Wie ein Zauberschloss ragten sie in der klaren Nachmittagssonne aus dem flachwelligen Hochland über dem Tal Gudbrandsdalen auf, wie Fels gewordene Wegweiser: Komm!

Straßenmusikantin in der Fußgängerzone von Oslo. LINKE SEITE: Einer der beiden großen Parks in Oslo ist der Frognerpark mit dem Hauptwerk des Bildhauers Gustav Vigeland: ein Ensemble aus 190 Skulpturen in Bronze und Granit.

Ich dachte an die norwegische Nationalhymne, die der nachmalige Literaturnobelpreisträger Bjørnstjerne Bjørnson – sein als Museum zugängliches Haus befindet sich ebenfalls im Bannkreis von Lillehammer: in Aulestad – im Jahr 1859 gedichtet hat. Es war mir aufgefallen, dass diese Hymne nicht wie andere einen Staat »über alles, über alles in der Welt« stellte wie die deutsche Nationalhymne, auch nicht in der ersten Strophe einen Monarchen pries wie die britische oder die dänische Nationalhymne oder das politische »Vaterland« in den Vordergrund stellte wie die französische Marseillaise, sondern schlicht das Land: das geliebte Land in seiner Großartigkeit, Wildheit und Schönheit. Als ich auf dem Neverfjell stand, glaubte ich zu

lung entzieht. Das Wort »Fjell« ist verwandt mit dem deutschen »Feld« und bezog sich ursprünglich auf die weiten, von eiszeitlichen Gletschern überformten Gebirgshochflächen. Heute wird unter »Fjell« alles Bergland oberhalb der Nadelwaldgrenze bezeichnet: Der eher hügelige Fjelltyp beidseits des Tals Gudbrandsdalen ebenso wie das Plateaufjell mit seinen welligen Hochflächen oder das alpine Fjell mit Gipfeln wie im westlichen Jotunheimen-Gebirge. Damals, bei der ersten Begegnung mit dem Fjell, ahnte ich nur, was sich in den folgenden Jahren auf allen Wanderungen bestätigt hat: Mit Ausnahme von bewirtschafteten Wäldern begegnet einem auf Fjellwanderungen alles, was das Draußensein zum faszinierenden Abenteuer werden lassen kann – Gipfel und Grate aller Schwierigkeitsgrade, Gletscher, fruchtbare Almtäler und idyllische Seen, sanfte Kuppen und steile Geröllflanken, Birkenwälder und Moore, Schluchten und Canyons, tosende Wasserfälle – und über all dem das Brausen der natürlichen Stille fern vom lauten und doch so nichtigen Treiben der Städte.

Das Neverfjell, auf dem ich oberhalb von Lillehammer stand, erreicht nur eine Höhe von 1089 Metern, und doch ergriff mich von Anfang an das Faszinierende dieser Fjell-Landschaft: welche Weite, welche Aussicht, welch unendlichen Horizonte an Möglichkeiten! Jenseits des Tals Gudbrandsdalen zeigten sich die Berge, in denen Peer Gynt gejagt haben soll, dahinter ahnte ich im Dunst die Felshäupter des Jotunheimen-Gebirges, des »Heims der Riesen«, im Norden zeigten sich in der Ferne die schneeüberzuckerten Gipfel des Rondane-Gebirges, des neben dem Jotunheimen-Nationalpark meistbesuchten Wandergebiets in Norwegen. Wie ein Zauberschloss ragten sie in der klaren Nachmittagssonne aus dem flachwelligen Hochland über dem Tal Gudbrandsdalen auf, wie Fels gewordene Wegweiser: Komm!

Wind und Wetter trotzende Bäume krallen ihr Wurzelwerk in die Felsen von Klein- und Kleinstinseln. LINKE SEITE: In Frühjahr und Sommer entfaltet sich in den niedrigen Lagen von Sør- und Vestlandet eine üppige Vegetation.

Ich dachte an die norwegische Nationalhymne, die der nachmalige Literaturnobelpreisträger Bjørnstjerne Bjørnson – sein als Museum zugängliches Haus befindet sich ebenfalls im Bannkreis von Lillehammer: in Aulestad – im Jahr 1859 gedichtet hat. Es war mir aufgefallen, dass diese Hymne nicht wie andere einen Staat »über alles, über alles in der Welt« stellte wie die deutsche Nationalhymne, auch nicht in der ersten Strophe einen Monarchen pries wie die britische oder die dänische Nationalhymne oder das politische »Vaterland« in den Vordergrund stellte wie die französische Marseillaise, sondern schlicht das Land: das geliebte Land in seiner Großartigkeit, Wildheit und Schönheit. Als ich auf dem Neverfjell stand, glaubte ich zu verstehen, was die Zeilen des Dichters bedeuten:

Ja, vi elsker dette landet
som det stiger frem,
furet, værbitt over vannet
med de tusen hjem, –
elsker, elsker det og tenker
på vår far og mor
og den saganatt som senker
drømme på vår jord.

Ja, wir lieben dieses Land,
wie es aufsteigt
zerfurcht, wettergegerbt aus dem Wasser
mit seinen tausend [Berg-]Heimen, –
lieben, lieben es und denken

an unseren Vater und unsere Mutter
und an die Saga-Nacht, die herabsenkt
Träume auf unsere Erde.

Träume auf unsere Erde, das Land ein geliebtes Paradies. Ich wanderte zurück, fuhr auf der E 6 nordwärts durch das Gudbrandsdalen: Die Zauberschloss-Berge waren mein Ziel.

Das Gudbrandsdalen durchzieht auf einer Länge von mehr als 200 Kilometern die Gebirgswelt des nördlichen Ostnorwegen. »Dalen over alle daler«, »Tal über allen Tälern«, nannte der romantische Dichter Henrik Wergeland dieses imposante Tal, dessen Hänge sich vielfach steil bis auf Höhen von 1000 Metern hinaufschwingen. Beidseits des vom Lågen durchflossenen Talgrunds liegen zum Teil jahrhundertealte Bauernhöfe, westlich des Tals erstrecken sich Ausläufer des Jotunheimen-Gebirges, im Osten erheben sich die Gebirgslandschaften von Øyerfjellet und Ringebufjellet sowie der Nationalpark Rondane.

Im Städtchen Otta an der Einmündung des gleichnamigen Tals, in dem der Literaturnobelpreisträger Knut Hamsun in einem heute als Museum zugänglichen winzigen Haus geboren worden war, erledigte ich Einkäufe und bog auf die Serpentinenstraße Richtung Rondane ab, parkte am Ende der Mautstraße, packte Zelt, Schlafsack und Liegematte in den Tourenrucksack und wanderte hinein in die Wirklichkeit dieser schneeüberzuckerten Berge.

Geisterhaft ragen die Spitzen der Fichten aus den Nebeln im Atnedalen am Rand des Nationalparks Rondane.

Auch wenn die Annäherung an Norwegen im Oslofjord schön gewesen war, auch wenn ich den See Mjøsa und seine Umgebung als Gemälde und Lillehammer als reizvolle Künstlerstadt empfunden hatte: Hier, im Gebirge jenseits der Straßen, hier, als kleiner Punkt zwischen Rentierflechten, Zwergbirken und Felsen, hier in Wind und Kälte, umgeben von Herbstfarben, Weite und Licht, hier begann für mich Norwegen. Hier begann das, was niemanden mehr loslässt, der es erlebt hat: Friluftsliv – »Freiluftleben«, das Draußenleben in der Natur.

Begründet wurde die norwegische Friluftsliv-Tradition im 19. Jahrhundert von naturforschenden »Touristen«, die durch die Berge und durch abgelegene Täler wanderten und zu Hause von ihren Entdeckungen und Fahrten berichteten.

Beim Friluftsliv geht es nicht darum, möglichst viele Gipfel zu bezwingen, die ausgesetztesten Grate zu begehen, die weiteste Aussicht zu genießen und andere Dinge zu erleben, die als »Superlative« gelten, auch wenn der Galdhøpiggen als höchster Berg des Nordens ein spannendes Ziel ist. Es geht darum, draußen in und mit der Natur zu sein, im Einklang mit ihrer Schönheit und ihren unerbittlichen Gesetzen zurückzukehren zu sich selbst – denn der Mensch ist Natur, auch wenn die meisten es vergessen haben.

Friluftsliv umfasst alle naturnahen Aktivitäten, also je nach Gelände Bergsteigen, Wandern oder Klettern, Skilaufen, Schwimmen, Gipfel erklimmen; dazu gehört sein Zelt tragen und sich mühen, Moore Durchqueren, Flüsse Durchwaten, mit eisklammen Fingern ein Feuer bauen, ein blauer Himmel, ein Regenbogen, Nebel und Sturm, Einschlafen im Mondlicht, Erwachen und die Sonne aufgehen sehen.

Entsprechend dem Friluftsliv-Gedanken wird in Norwegen anders als in Deutschland kein Unterschied zwischen Wandern, Bergwandern, Bergsteigen und Trekking gemacht, der gemeinsame Name heißt Fjelltur: Bergfahrt. Das bedeutet, dass die Grenzen zwischen Wandern, Bergsteigen und Trekking fließend sind: Leichte Klettereien und Passagen, die Trittsicherheit und Schwindelfreiheit erfordern, würzen die Zustiege zu Zweitausendern und sind auch beim Gang auf »kleine« Gipfel keine Seltenheit. Auch die wandertouristische Infrastruktur entspricht weitgehend dem Friluftslivgedanken: Anders als in den Alpen oder den deutschen Mittelgebirgen werden keine autofähigen Wirtschaftswege angelegt, auf denen Wandergruppen bequem einherschreiten können; die fußbreiten Pfade und Steige durchqueren das Land, ohne dass die Natur zivilisatorischen Komfort- und Sicherheitsbedürfnissen angepasst wird. Und wo sich doch Steig- oder Gehhilfen finden, sind sie meist naturnah wie vor tausenden von Jahren: Im Moor liegt ein Knüppeldamm, Baumstämme fungieren als Bachbrücke, schwankende Hängebrücken machen Schluchten überschreitbar. Es gibt keine Gipfelrestaurants, die Brotzeit muss im Rucksack getragen, muss gesucht werden.

Im Spiel der Elemente: von Wasser und Eis geprägte Steinformationen.

Friluftsliv ist eine Entdeckungsfahrt, die Körper, Sinne und Geist völlig fordert. Friluftsliv ist ein Abenteuer, das Kraft verlangt und Energien und Fähigkeiten lebendig werden lässt, die im sonstigen Leben meist verschüttet bleiben: sich in Freiheit bewegen, schwindelfrei auf Graten und Zinnen stehen, Grenzen überschreiten oder sich behutsam zurückziehen, nicht die Natur beherrschen und vernichten, sondern aktiv Teil sein des Ganzen wie der Berg, die Wolke, das Wasser; wie der Sturm, die Kiefer, das Wollgras – Natur sein, zu Hause sein.

Den rechtlichen Rahmen für das Friluftsliv bildet der Allemannsretten [Allgemeinrecht]. Dieses Recht unterscheidet zwischen Kulturland und unkultiviertem Ödland und billigt allen zu, sich im Ödland ganzjährig frei zu bewegen, wenn es rücksichtsvoll geschieht und der etwaige Besitzer kein Verbotsschild aufgestellt hat. Jeder darf sein Zelt überall aufbauen, wenn er einen Abstand von 50 Metern zum nächsten Haus wahrt und nicht in ein umzäuntes Gelände eindringt.

Die erste Nacht draußen im norwegischen Fjell. Das Wetter hatte umgeschlagen, ich stieg einen Hang hinauf, um möglichst weit oben, aber noch unterhalb der Schneegrenze, das Nachtlager zu bauen. Ich richtete mich ein und sah dem Treiben der Schneeflocken im Abendlicht zu. Lichtteppiche zogen mit rasender Geschwindigkeit über die Täler und die Flanken der Berge, gerade noch gleißendes Licht, jetzt kalter Schatten und dichtes Schneetreiben, dann wieder klarstes Licht. Ja, es war kalt, eiskalt, in den zerklüfteten Felswänden

Die im Rondslottet (2178 m) gipfelnden Rondane in Ostnorwegen sind neben dem Jotunheimen-Gebirge das meistbesuchte Bergwandergebiet Norwegens, 1962 wurden sie als erster Nationalpark Norwegens unter Schutz gestellt.

Die Talschaft Heidal westlich des Gudbrandsdalen gilt als das größte »lebende Museum« Norwegens. Neunzig Gebäude stehen unter Denkmalschutz, 60 Prozent der 1300 Häuser sind älter als 100 Jahre.

Aus dem Tal Atnedalen (linke Seite) führt ein Mautweg zur Herberge Dørålseter am Rand des Nationalparks Rondane. Die von Gletschern überformte Landschaft, die der Weg durchquert, ist sehr beeindruckend. In Dørålseter beginnen mehrere Wanderrouten in den Nationalpark.

Der Grat Besseggen (GANZ OBEN) zwischen den Seen Gjende und Bessvatnet im Nationalpark Jotunheimen ist der berühmteste Wanderklassiker Norwegens.

Die Stabkirche von Hopperstad erhebt sich auf einem Hügel oberhalb der Ortschaft Viksøyri am Sognefjord. Sie wurde um das Jahr 1170 nach dem Vorbild der Stabkirche von Borgund als dreischiffige Säulenstabkirche errichtet und in den 1880er-Jahren vor dem Abriss gerettet.

Wie die Stabkirche von Lom (diese Seite und oben rechts) wurde auch das Innere anderer Stabkirchen nach der Reformation dem Zeitgeschmack angepasst.

Drachenköpfe und andere »heidnische« Symbole – wie an der Stabkirche von Hopperstad (unten rechts) – blieben jedoch außen vielfach erhalten. Oben: Darstellung einer Pfarrersfamilie (links) und Altar in der Stabkirche von Ringebu.

Die um 1130 errichtete älteste erhaltene Stabkirche in Urnes am Lustrafjord mit ihren einzigartigen Schnitzereien steht als Kulturerbe der Menschheit unter dem Schutz der UNESCO. Keine andere Stabkirche steht in einer landschaftlich derart beeindruckenden Lage. Nachreformatorische Umbauten beeinträchtigen jedoch das Bild von einer »ursprünglichen« Stabkirche.

Fjordland – der Westen

Der Nationalpark Jotunheimen mit seinen faszinierenden Gletscherbergen ist Norwegens beliebtestes Wandergebiet. Linke Seite: Im Vestlandet sind die höher gelegenen Gebirgsregionen bis weit in den kalendarischen Sommer hinein schneebedeckt, wie hier im Westen des Jotunheimen-Gebirges.

Das Miteinander von Fjorden, Fels und Fjell, von durch den Golfstrom klimatisch begünstigter Küste und vergletschertem Hochgebirge, von sonnigen Inseln, Stränden, fruchtbaren Tälern und einsamem Hochland bildet im Vestland Landschaften einzigartiger Dynamik und Schönheit. Alle Landschaftsformen finden sich auf engstem Raum bzw. gehen nahtlos ineinander über: Die Felskanzel Prekestolen bricht in Wänden und Überhängen 700 Meter senkrecht zum Lysefjord ab, am Ende des Fjords durchsteigen Kletterer von Meeresniveau aus die 1000 Meter hohe Felswand des Kjerag. Auch die höchste Bergregion Norwegens und ganz Skandinaviens erhebt sich hier im wild zerklüfteten Westen: Vom 2403 Meter hohen Hurrungane-Gipfel Storen sind es nur 15 Kilometer Luftlinie zum Lustrafjord, auch vom höchsten Gipfel des Nordens, dem 2469 Meter hohen Galdhøpiggen im Jotunheimen-Gebirge, schweift der Blick hinaus auf die Fjorde. Tief greifen sie mit ihren weit verzweigten Armen in die Gebirge hinein – jedes Fjordsystem unverwechselbar.

Felszeichnungen, Grabhügel, Menhire und andere vorgeschichtliche Zeugnisse unterstreichen, dass Menschen seit Jahrtausenden in dieser traumhaften Landschaft lebten und ihren Platz zu finden suchten inmitten der gewaltigen Natur. Zu den herausragenden Kulturschöpfungen aus der Zeit der Christianisierung zählen die auf alten Kultplätzen errichteten Stabkirchen. Die um 1130 errichtete älteste erhaltene Stabkirche in Urnes am Lustrafjord steht als Kulturerbe der Menschheit unter dem Schutz der UNESCO.

Die Transversale dieser spektakulären Landschaft ist die Europastraße 39. Sie beginnt in der Hafenstadt Kristiansand unweit von Lindesnes, dem südlichsten Felskap des norwegischen Festlands, und erreicht in der Offshoremetropole und Domstadt Stavanger am Boknafjord, der im Lysefjord eine der landschaftlichen Hauptsehenswürdigkeiten des Landes aufweist, die zerklüftete Westküste. Mehrfach unterbrochen durch Fährüberfahrten, die Brücken ersetzen, führt sie weiter in die Hafen- und Jazzfestivalstadt Haugesund, in die Vestland-»Hauptstadt« Bergen, nach Ålesund und Molde und in die Krönungsstadt Trondheim. Von der E 39 bieten sich zahlreiche Abstecher auf Inseln ebenso wie in das Gebirge und auf die Hardangervidda an, deren Westflanke vom Hardangerfjord umspült wird.

Die Hauptstadt der Westküste ist die von sieben Bergen überragte und fast allseits von der See umgebene Hafenstadt Bergen; sie ist mit 220 000 Einwohnern die zweitgrößte Stadt Norwegens und neben Oslo das bedeutendste Wirtschafts- und Kulturzentrum des Landes. Als Kulturerbe der Menschheit steht das historische Hafenviertel Bryggen unter dem Schutz der UNESCO, der weite Marktplatz Torget ist einer der farbenprächtigsten und berühmtesten Skandinaviens; die in der Geburtsstadt des Komponisten Edvard Grieg veranstalteten Festspiele melden alljährlich neue Besucherrekorde. Der durch einen Inselgürtel vor der offenen See geschützte Platz am Byfjord erscheint geradezu prädestiniert für die Anlage eines Hafens, doch anders als Oslo, das durch zahlreiche Täler mit einem weiten Hinterland in Austausch stand, endeten für Bergen die wenigen Landwege nicht allzu weit hinter den sieben Bergen an der Hardangervidda und an dem Gletscher Hardangerjøkulen.

Dementsprechend lag das Reich Bergens auf dem Wasser, und bis zur Eröffnung der Eisenbahnlinie von Oslo nach Bergen im Jahr 1909 war London von Bergen aus rascher zu erreichen als die norwegische Hauptstadt.

Diese Ausgerichtetheit zur See hin ist einer der Hauptgründe, warum in Bergen vieles anders ist als in Oslo und in anderen Städten weiter östlich: Die Verbindung norwegischer Lebensart mit Einflüssen aus Großbritannien, Deutschland und anderen Ländern des Nordens haben in Bergen eine Kultur entstehen lassen, die zur Einschätzung »weltoffenste Stadt Norwegens« geführt hat. Tatsächlich prägt diese gepflegte multikulturelle Verbindung vor dem Hintergrund einer grandiosen nordischen Fjord- und Berglandschaft die reizvolle Atmosphäre in dieser schönen Stadt voller Leben.

Im Frühsommer rauschen die Wassermassen der Schneeschmelze donnernd zu Tal.

Wieder schultern wir die Rucksäcke, diesmal nicht im Gebirge, sondern auf einer Insel im Fjordland südlich von Bergen: Bis zu wandartig steil erhebt sich die Felsinsel Tysnesøya zwischen dem Bjørna- und dem Hardangerfjord 753 Meter aus der See. Zum Vergleich: Der als »Wunder des Abendlands« bezeichnete Mont Saint-Michel vor den Küsten von Normandie und Bretagne entragt dem Wattenmeer nur 78 Meter – fast zehnmal so hoch erhebt die Felsinsel Tysnesøya ihr Haupt über den Fluten. Ebenso wie der Mont Saint-Michel war die Tysnesøya in vorchristlicher Zeit eine bedeutende religiöse Stätte: Sie war ein Kultzentrum der vanisch-germanischen Fruchtbarkeits- und Friedensgottheit Njörd-Nerthûs bzw. einer der Orte, an dem der Kult der Erd- und Ozeangöttin Nerthûs zum ersten Mal in Skandinavien Fuß fasste. Der älteste überlieferte Name lautet Njardarlog: »Njörds heiliger Ort«; so wird diese Felsinsel in dem um das Jahr 1220 vom isländischen Gelehrten und Dichter Snorri Sturluson verfassten Sagawerk »Heimskringla« genannt. Der neuzeitliche Name leitet sich vom germanischen Himmels-, Kriegs- und Tinggott Tiwaz = Tyr ab.

Während der Mont Saint-Michel nach der Christianisierung zu einem der bedeutendsten Wallfahrtsziele im Norden Europas avancierte, erinnern auf der Insel Tysnesøya nur noch Ortsnamen an die alte Sakraftunktion: Vevatnet ist der »geweihte See«, in dem die vom römischen Geschichtsschreiber Tacitus im Zusammenhang mit dem Nerthûs-Kult überlieferten rituellen Waschungen stattgefunden haben könnten, Prestesæta ist »die Priesteralm«, Hovlandsnuten »der Tempellandberg«, Tysnes ist »Tyrs Landzunge«, und die Bezeichnung Gudøya fasst alle Begriffe zusammen: »Gottinsel«.

Sieben Pfade führen aus allen Richtungen auf die aussichtsreiche Tysnessåta, die höchste Erhebung der Insel. Wir hätten gern die Route über die Priesteralm genommen, um eine zweitägige Rundwanderung zu den Denkwürdigkeiten der Insel zu unternehmen und hoch oben auf den Wiesen des senkrecht zum Fjord abstürzenden Tempellands eine Nacht lang das Tunnelzelt abzuspannen. Doch der Bauer hatte die Alm abgezäunt, und wir entschieden uns für die kürzeste Route zum Gipfel.

In üppiger Vegetation führt der Steig im Steilhang eines Schluchttals aufwärts, während unten in einem nochmals schluchtartig eingetieften Felsbett der Bergbach rauscht. Der Weg zum Gipfel der »Gottinsel« ist steil und schmal; anders als auf dem Mont Saint-Michel gibt es keine gepflasterten Straßen, keine Restaurants und Andenkenshops, keine Kirche, keine Kapelle: Nur der Wind, das Brausen des Bergbachs, in den Hängen die Farben der Sommerblumen, die Felsen, und über uns der Himmel, die ziehenden Wolken. Ob es hier vor 2000 oder 4000 Jahren anders war als heute? Nichts als Natur.

Nervenkitzel für besonders Wagemutige: Der Klemmblock »Kjeragbolten«.

Am oberen Ende der Schlucht überwindet der Pfad zwei Stellen, die als ausgesetzt empfunden werden können, dann erreichen wir einen Absatz mit Blick nordwärts auf die Inseln im Bjørnafjord. Wir rasten und sehen hin auf das vielgestaltige Land, »som det stiger frem, / furet, værbitt over vannet / med de tusen hjem…«. Dieses Land, ein Paradies.

Fast in der Falllinie führt der Steig weiter aufwärts durch einen felsendurchsetzten Steilhang, auf dem man fast nicht vorwärtskommt, weil sich jedesmal, wenn man sich umwendest, der Horizont weitet: Still steht man und genießt staunend den Blick auf das vielgestaltige Land.

Jetzt sind wir so hoch, dass der Blick ostwärts zum weißen Plateau des Folgefonn-Gletschers fällt, in dessen Bannkreis wir so viele erlebnisreiche Tage verbracht haben. Als weiter oben das Gelände einzuflachen beginnt, sehen wir zusätzlich die Inseln im Süden, dann stehen wir auf dem Gipfel hoch über dem Fjordland. Der Blick schweift auf die Inseln im Westen und hinaus auf die offene See, gleitet über die weiße Wölbung des Folgefonn-Gletschers zur Nachbarinsel Stord und im Norden bis zum Ulriken, dem Hausberg der Hansestadt Bergen am Fuß der sieben Berge. Nichts, was an die rasende Welt und an den Fortschritt erinnert. Natürliche Stille, Brausen des Sturms, Ziehen der Wolken, und die Inseln und Berge und Wasser um uns herum wie die Ewigkeit.

Das Gipfelbuch finden wir eher zufällig in einer Blechbox im Inneren des Gipfelsteinmals. Während wir uns in das Buch eintragen, steigen von der anderen Seite der Insel zwei norwegische Pärchen herauf. Wir grüßen. Als einer der Männer per

Handy ein Taxi ruft, erkundige ich mich nach ihrer Route: Sie überqueren im Rahmen einer Tageswanderung die Insel, wollen nicht auf derselben Route absteigen und bestellen nun ein Taxi zum Zielpunkt ihrer Wanderung, um zum Ausgangspunkt zurückgefahren zu werden. In Norwegen, sagen sie, sei es üblich, auf diese Weise Streckenwanderungen zu unternehmen.

Während sie absteigen, sitzen wir noch oben neben dem Gipfelmal und sehen hin auf das Meer und dieses wunderbare Land. Boote und Fähren kreuzen in den Fjorden; sie sind so fern, dass die Geräusche nicht heraufdringen. Ja, wieder ist es eiskalt, schneidender Wind umtost die Felsen; meine Gefährtin ist durchgeschwitzt vom Aufstieg und friert, aber auch sie will nicht absteigen.

Da wir die kürzeste Route zum Gipfel angingen, räumte sie den Rucksack so leer wie möglich, um Gewicht zu sparen. Ich gebe ihr zwei wärmende Kaschmirpullover, die ich zur Sicherheit und als »Sitzkissen« immer im Rucksack trage.

Die »Sieben Schwestern« sind der berühmteste Wasserfall am Geirangerfjord (DIESE und RECHTE SEITE).

Nun ist es gut. Um uns Wind und Kälte, Himmel und Meer, die Berge unter tief hängenden Wolken; und wir, zwei kleine Punkte, hoch oben dicht unter dem Himmel.

Warum lernen wir eigentlich in den Schulen, dass nur eine einzige Region der Erde Heiliges Land genannt werde? Ist nicht überall heiliges Land, wo die Erde noch nicht untertan gemacht, geschändet oder zerstört wurde; überall dort, wo das Land noch ursprünglich ist und die Rückverbindung spürbar wird zu jenem Urgrund, aus dem wir kommen, zu dem wir gehen?

Mag dieser Berg aus bergsteigerischer Sicht noch so klein sein mit seinen 753 Metern – darauf kommt es doch gar nicht an. Die Rückverbindung zu spüren, die Weisheit der Erde zu ahnen, einverstanden sein, die heilende Kraft, die Zartheit, Stärke und Göttlichkeit dieses Landes zu spüren; das ist es: heiliges Land.

Wasserfälle zählen zu den Hauptattraktionen Norwegens. OBEN der Dønfoss in der Otta, UNTEN LINKS der Vøringsfossen auf der Hardangervidda, UNTEN RECHTS der Mardalsfossen im Eikesdalen. RECHTE SEITE: Von einer 900 Meter hohen Felskante Eikesdal stürzt der Mardalsfossen 297 Meter senkrecht hinunter. Europas höchster Wasserfall ist aber nur noch im Juli »in Betrieb«, den Rest des Jahres wird das Wasser umgeleitet zur Stromgewinnung.

In keiner anderen Stadt Norwegens sind die Kontraste zwischen Tradition und Moderne derart augenfällig wie in der Hafen-, Industrie- und Domstadt Stavanger.

CLIPPER

Die von sieben Bergen überragte und fast allseits von der See umgebene Hafenstadt Bergen ist mit 220 000 Einwohnern die zweitgrößte Stadt Norwegens und das bedeutendste Wirtschafts- und Kulturzentrum des Landes neben Oslo. Als Kulturerbe der Menschheit steht das historische Hafenviertel Bryggen seit 1979 unter dem Schutz der UNESCO.

Wer sich einen Überblick über Bergen verschaffen will, der fährt mit dem Cable-car auf den 642 Meter hohen Iriken oder schwebt in der Gondel auf den 320 Meter hohen Fløyen. Der Marktplatz Torget ist einer farbenprächtigsten und berühmtesten von ganz Skandinavien.

Taxi
TVEDT

Die norwegische Küche steht zu Unrecht im Ruf, langweilig und fantasielos zu sein. Die traditionelle Küche ist einfach und basiert auf den Erzeugnissen des Landes: frische Kräuter und Gemüse, fangfrischer (»lebendiger«) Fisch, Fleisch (Hammel, Elch, Ren), Milchprodukte mit kräftigem Aroma. Die Suppen waren ursprünglich als Hauptgerichte gedacht und waren bzw. sind noch immer entsprechend gehaltvoll; zu den bekanntesten zählt die Bergenser Fischsuppe.

Am 23. Juni wird in ganz Norwegen mit dem Sankt-Hans-Fest die Sommersonnenwende gefeiert – hier im Dörfchen Vatne, Provinz Rogaland.

Der Prekestolen in Rogaland ist eine Felskanzel, die an drei Seiten senkrecht und in Überhängen 600 Meter zum Lysefjord abstürzt und in ihrer einzigartigen Dramatik eines der Hauptsymbole für die Großartigkeit der westnorwegischen Fjordküste bildet.

Hardanger ist eine der malerischsten und abwechslungsreichsten Landschaften Norwegens. Der hier zu sehende Sørfjord als östlichster Ausläufer des Hardangerfjords trennt die Hardangervidda, eines der bedeutendsten Trekking- und Wandergebiete Norwegens, von der Folgefonn-Halbinsel.

Die Fjorde sind Zeugen der Vergletscherungen im Pleistozän vor eineinhalb Millionen bis vor 10 000 Jahren. Ursprünglich waren sie Trogtäler; durch die Gletschererosion erfuhren sie eine Übertiefung von häufig mehr als 1000 Höhenmetern, so der hier abgebilete Sognefjord, der heute eine Tiefe von 1308 Metern unter NN erreicht. Als nach dem Abschmelzen des Eises der Meeresspiegel anstieg, »ertranken« die vom Eis ausgetieften Täler. Da das Gletschereis an der Ausmündung der Täler Moränen hinterlassen hat, schimmern die Fjordeingänge häufig grün.

Der warme Golfstrom sorgt im Küstenbereich wie hier am Lusterfjord, dem inneren Arm des Sognefjords, für ein üppiges Pflanzenleben. Die Hafen- und Fischereistadt Kristiansund in Møre og Romsdal zählt 108 Tage Sommer und 0 Tage Winter, Skudenes bei Stavanger in Rogaland kommt gar auf 130 Sommer- und 0 Wintertage. Diese Bilanz kehrt sich um, je weiter man sich von der Küste entfernt: 94 Sommer- und 142 Wintertage werden in Røldal am Südwestrand der Hardangervidda gezählt. Linke Seite: Blütenpracht am 27 Kilometer langen See Suldalsvatnet im Ryfylke im südnorwegischen Rogaland.

Wie am Aurlandsfjord besorgen Autofähren vielerorts den »Straßenverkehr« in Norwegen. In den vergangenen Jahren sind viele dieser oftmals Zeit raubenden Fährüberfahrten durch Brücken- und Tunnelverbindungen ersetzt worden. Durch einen Tunnel wird auch Lærdal bald mit Aurlandsvangen und Flåm direkt verbunden sein. Der Tunnel wird die Sognefjord-Fährstrecke der Europastraße 16 überflüssig machen, und Bergen wird dann ohne Fährunterbrechung mit dem Auto erreichbar sein.

Nach der Brandkatastrophe von 1904 wurde Ålesund im Jugendstil wieder aufgebaut; ein landesweites Verbot des Holzhausbaus in Stadtzentren folgte. RECHTE SEITE: Der Hafen von Bud in Fræna bei Kristiansund.

Nordland & Lofoten

Wahrzeichen von Trondheim ist der über dem Grab Olavs des Heiligen in romanischer und gotischer Zeit errichtete Nidarosdom. Er ist der repräsentativste und größte mittelalterliche Steinbau Skandinaviens und die Krönungskirche der norwegischen Könige. Links: Vom Sjonafjord im Nordland fällt der Blick hinaus auf die Papageientaucherinsel Lovunden.

Würde mir jemand vierzehn Tage in Norwegen schenken und dazu sagen: Geh dorthin, wo du es am schönsten fandst – ich würde ins Nordland fahren. Die Nordlandküste mit ihren bizarren Felsformationen, die Inselgruppe Lofoten mit ihren bis zu 1000 Metern aus dem Wasser ragenden Bergspitzen, die krachenden Eismassen des Svartisen-Gletschers am Polarkreis, der Schären- und Inselgürtel der Küste von Troms – all dies ist in seiner Schönheit und Dramatik vergleichbar mit der Fjordküste des Vestlands. Doch nur in Nordnorwegen ist das Land so einsam und vergleichsweise wenig berührt vom Tourismus, nur im Norden wird das Land beschienen von einer Sonne, die es nirgends sonst in Norwegen gibt: der Mitternachtssonne.

Wer auf einem der Hurtigruten-Schiffe reist, sieht die Nordlandküste, wie der Polarforscher und nachmalige Friedensno-

belpreisträger Fridtjof Nansen sie im Jahr 1893 erlebte und in seinem Expeditionsbericht »In Nacht und Eis« beschrieb: »Darauf ging es nordwärts, an dem herrlichen Nordland entlang … Wir fuhren vorüber am Torghatten, den Sieben Schwestern, Hestmona, Lovund und Træna, weit draußen im Meere, an den Lofoten und wie alle diese schönen Punkte heißen. Eine kühne Riesenform wilder und schöner als die andere. Es ist eine Märchenwelt für sich – ein Traumland.«

Dieses Traumland erstreckt sich von der roten Felsinsel Leka im Süden bis zu den Inseln und Schären vor dem Gletscher Svartisen und geht dann in die Landschaft am Saltfjord über, an dessen Ausgang die Hafenstadt Bodø liegt und der gewaltige »Saltstraumen« eine der mächtigsten Gezeitenströmungen Europas erzeugt. Zu den markantesten Punkten dieser an dramatischen Naturschönheiten so reichen Küste zählen der von einer Höhle durchbrochene, hutförmige Berg Torghatten bei der Hafenstadt Brønnøysund und die Gipfelgruppe der Sieben Schwestern bei Sandnessjøen.

Die Inselkette Lofoten bildet den Höhepunkt der an Naturwundern überreichen Nordlandküste und ist in ihrer surrealen Schönheit eine der Hauptsehenswürdigkeit des Landes. Der durch Fjorde und Buchten reich gegliederte Archipel ist ein versunkenes, nach der Eiszeit mit den Spitzen aus der See wieder aufgetauchtes Gebirge, dessen alpine Gipfel und Felswände bis zu über 1000 Meter dem Wasser ragen. Aus der Ferne wirkt dieses Gebirge im Nordmeer wie eine bizarr gezackte

Kirche von Leknes auf der Insel Leka. LINKE SEITE: Das winzige Dörfchen Unstad liegt an der Westküste der Lofoten in einem Tal, das die Gletscher der letzten Eiszeit geformt haben.

Felswand; der Abwechslungsreichtum der »Lofotenwand« wird erst vor Ort sichtbar: Schneeweiße Strände am Fuß himmelhoch ragender Felspyramiden, grüne Täler, vom Eis ausgeschliffene Taltröge und Schuttkare, wie Amphitheater umstanden von schneeüberzuckerten Bergen, durch Schluchten tosende Wasserfälle und auf einsamen Hochebenen dicht unter dem Himmel unergründliche Seen mit glasklarem Wasser, zwischen den Inseln Gezeitenströme, die alles zermalmen, was sich ihnen in den Weg stellt, so der Moskenstraumen, der durch Edgar Allan Poe (»Der Sturz in den Malstrom«) und Jules Verne unter dem Namen »Malstrom« weltberühmt wurde.

Hunderttausende von Vögeln haben auf der »Vogelinsel« Røst und weiteren Inseln Rückzugsgebiete gefunden, und in all diese Naturgewalt und -schönheit schmiegen sich kleine Fischersiedlungen mit Holzhäusern in Rot. Die Lofoten sind ein Traumland aus Farben und Urformen; nirgendwo anders verbinden sich alpines Gebirge und See zu einer derart fantastischen Einheit, die in ihrer Schönheit und Gefährlichkeit Himmel und Hölle zugleich sein kann.

Diese traumhafte Landschaft setzt sich auf dem Festland fort: Dort muss man sich in Narvik entscheiden, ob man weiter nordwärts nach Troms und Finnmark und zum Nordkap fährt oder auf der E 6 langsam nach Süden zurückkehrt und sich zu Abstechern in das wunderbare Land abseits der Straße verlocken lässt. Aber langsam! Denn wer hier schnell fahren müsste, würde die Wunderwelt abseits der Europastraße nicht wahrnehmen; eine Welt, die in ihren kühnen Formen und ihrer surrealen Schönheit den Lofoten an nichts nachsteht.

Geradezu ein Symbol für die Unnahbarkeit dieses Gebiets ist der Stetind, ein Gipfel, der fast wandartig schroff 1392 Meter zwischen Tysfjord, Efjord und Stefjord dem Meer entragt – Traumziel für Kletterer. Während die kleinteiligen Lofoten ein touristisch rege besuchtes Gebiet sind, bildet die weitgehend straßenfreie Berg- und Gletscherlandschaft im norwegisch-schwedischen Grenzgebiet südlich von Narvik eines der größten Wildnisgebiete Europas. Mehrere Nationalparke schützen das Gebiet vor der Zerstörung, auf der schwedischen Seite verläuft die berühmteste Trekkingroute des Nordens: Kungsleden – der Königspfad. Bei Narvik erreicht Norwegen seine schmalste Stelle und ist nur 6,3 Kilometer breit. Bei guter Witterung kann es hier nur eine Entscheidung geben: Die wenigen Kilometer hinüber nach Schweden fahren zum Hochgebirgshotel Abisko an der Lapplandbahn mit prachtvollem Blick auf den See TorneTräsk in einem Tal, das die Berge mehr als 800 Meter überragen. Von hier führt der »Kungsleden« durch den Canyon des Flusses Abiskojokk im Abisko-Nationalpark und weiter durch das großartige Tal des Tjäktajåkka, in dem immer wieder Rentierherden zu beobachten sind. Übernachtungsmöglichkeit bieten zwischendurch Wanderhütten, dann beginnt – weiterhin in unmittelbarer Nachbarschaft der norwegischen Grenze, über die mehrere Pfade herüberwechseln – der Aufstieg zum Kebnekajse, dem mit 2111 Metern höchsten Gipfel Schwedens.

Das Fischerdorfmuseum an der Südspitze der Lofoten erzählt vom Leben und Arbeiten der Lofotfischer. Rechte Seite: Im Sommer beleben auch Künstler das Fischerdorfmuseum auf den Lofoten.

Ein Stück weiter südlich wagen wir uns erneut in diese Zauberwelt: Der norwegische Rago-Nationalpark und der schwedische Padjelanta-Nationalpark gehen unmittelbar ineinander über. Wir wandern auf dem einzigen Pfad durch die Bergwelt von Rago knapp 60 Kilometer nördlich des Polarkreises. Das Tourenbuch des Norwegischen Bergwandervereins DNT bezeichnet Rago als so wild, dass das Vorwärtskommen vielerorts kaum möglich sei. Doch der einzige Pfad ist gut gangbar: Wir folgen den Markierungen längs des Flusses neben einer Granitwand mit Dolomitadern; riesige Marmorblöcke, die aus der Wand herausgebrochen sind, bedecken den Uferbereich. Hinter einer Hängebrücke wird das Gelände wilder, wir pirschen ein Hängetal aufwärts, treten in Fjellbirkenwald und überschreiten die Grenze des Nationalparks.

Der Birkenwald lichtet sich, unten öffnet sich eine gewaltige Senke mit Urwäldern, Seen und üppiger Vegetation, mit Schluchten und Wasserfällen; darüber runden sich nackte Fjellkuppen mit Schneeflecken und Eiskappen unter der Sonne. Breit, als riesiger Fluss, tost inmitten dieser Szenerie der Wasserfall Heligfossen über 100 Höhenmeter zu Tal.

Diese Landschaft lässt sich in ihrer Wildheit mit keiner anderen Gegend Norwegens vergleichen, nicht mit Dovrefjell, Trollheimen oder Gressåmoen, nicht mit

Do-It
FORAN

Storm- oder Junkerdalen, sie ist genauso einzigartig wie diese und völlig verschieden: keine parkähnliche Paradieswildnis wie im Børgefjell, keine Steinwüste wie in den Rondane, kein Gletscher- und Gipfelmeer wie im Jotunheimen, sondern permanenter Wechsel, Auf und Ab neben Abgründen und Schluchten, tief unten der Fluss, unter Felsdächern hindurch, in fruchtbare Täler hinab, auf nackten, gletscherpolierten Felsrücken wieder hinauf, durch Blaubeerfelder – es ist Herbst, die Sträucher sind voller Früchte –, auf heißen Granitplatten rastend in der Sonne, durch Moore mit spiegelglatt liegenden Augen und Seen, beim Abstieg Halt suchend in Felsritzen oder an Wurzeln, die warme Rinde der Kiefern spürend, im Ohr das Donnern der Wasserfälle, das Rauschen des Urwalds. Vier Stunden sind wir unterwegs in der Sonne, dann erreichen wir die Hütte, in der wir übernachten werden. Niemand ist da, wir sind die einzigen Gäste in der kleinen Hütte, die die Nationalparkverwaltung als Selbstversorgerhütte für Wanderer eingerichtet hat.

Wir sind hier verantwortlich für uns selbst. Während in Deutschland mächtige Lobbies und Bürokratien Straßen, Forst

Stamsund auf der Insel Vestvågøya ist einer der wichtigsten Fischerorte des Lofoten-Archipels.

und Almwege in die Berge sprengen lassen und durch Anbringen von Eisenklammern, Gittern und Treppen oder durch Absprengen von Felsen und Einhauen von Stufen dafür Sorge tragen, dass auch wirklich jeder ohne Annäherung und Achtung vor der Natur auf Berge gelangt und seinen Müll mitnehmen kann, ist es in Norwegen genau umgekehrt: Wer diese Pfade und Steige begeht, sieht sich selbstverantwortlich allen Gefahren ausgesetzt, die eine ungebändigte Natur für den Menschen darstellen kann.

Die meisten der etwa 4,6 Millionen Norweger lernen das Sichbewegen im Fjell von Kindesbeinen an und können mit diesen Gefahren umgehen. Zu den Grundanforderungen zählen nicht nur Ausrüstung, Trittsicherheit, Kondition und Orientierungssinn, sondern Naturwissen, Selbstständigkeit, Eigenverantwortung, Umsicht und intuitive Reaktionsfähigkeit sind ebenso wichtig. All dies vorausgesetzt, ist das Wandern in den Fjelllandschaften Norwegens wie ein Traum und ein Abenteuer zugleich.

Børgefjell-Nationalpark, ebenfalls im Nordland. Ruhe ist angesagt heute, Ruhe. Pfadlos steigen wir im prasselnden Regen flussaufwärts durch die talähnliche Scharte Simskardet, Wolken verhüllen die Gipfel. Hose und Jacke aus dickem, lodenähnlichem Wollzeug halten warm und schützen vor der Nässe. Das Feuer für das Mittagessen entfacht die Gefährtin in einer Felsspalte. Sie ist die Feuerfrau, die Hüterin der Flamme. In der Innentasche der Jacke trägt sie als Zunder trockene Zweiglein, Birkenrinde, Papiere: Trotz Regen flackern die Flammen sofort auf.

Während wir speisen bricht über dem Rørskarstinden die Sonne durch, im Osten steht eine schwarze Wolkenwand, während im Norden graue Nebel über das Fjell dampfen. Regenbogen auf Regenbogen spannt sich über dem Tal, während wir im leuchtenden Grün, Gelb und Rot von Buschwerk und Sträuchern stehen.

Ja, der Herbst, der einsame, farbenfrohe Herbst, ist unsere liebste Zeit. Schneeweiß erstrahlen Wasserfälle in der grellen Sonne vor der pechschwarzen Wolkenwand ohne Pfad; ohne Blick auf irgendetwas, das an die Menschen erinnert, streifen wir durch das Bergland, ohne Ziel und ohne fremde Bestimmung, eingehüllt in das gleißende Licht der Sonne, das die wollgrasgesäumten Moorseen, die tropfennassen Büsche und kahlen Bergflanken aufleuchten lässt, umtost vom Brausen des Flusses.

Am späten Nachmittag kehren wir zur offenen Hütte zurück, die die Nationalparkverwaltung wie in Rago auch hier für Wan-

Die 276 m lange Sundklakkstraumenbrua verbindet als Reichsstraßenbrücke die Lofoten-Inseln Gimsøya und Vestvågøya.

derer eingerichtet hat, vespern heiße Heidelbeeren, die wir gesammelt haben, und Rømme, norwegischen Sauerrahm. Danach hacke ich Holz für den gusseisernen Ofen und hole Wasser aus dem Fluss. Im Schein einer Petroleumlampe bereitet die Gefährtin das Abendbrot. Wir leben hier wie ein Paar in der Urzeit, der Welt da draußen und ihren Gesetzen entrückt. Im Schein des Herdfeuers fegen wir den Fußboden und legen die Matratzen nebeneinander, dicht beisammen, glücklich, entschlummern in der Stille der Bergnacht.

Abschiedsmorgen. Wolkenfetzen treiben vor den Fenstern, während wir heiße Molte- und Blaubeeren auf die frisch gebackenen Frühstückspfannkuchen häufen. Das Land ist in unwirkliches Grau gehüllt, es beginnt zu regnen. Wenn Berge aus dem Nebel tauchen, zeigen sich überzuckerte Grate und Flanken: Der erste Schnee ist gefallen heute Nacht. Wir räumen auf, fegen, hacken Brennholz für die nächsten, umarmen uns und wandern im strömenden Regen zurück.

Letzter Abend. Ein Campingplatz an der Küste der Halbinsel Frosta bei Trondheim. Wir sind fast die einzigen Gäste. Ich sitze auf den Felsen, leise schlagen die Wellen ans Ufer, über dem Fjord und den Bergen versinkt die Sonne. Das Leben könnte ewig so weitergehen… Norwegen, ein Traum ... Wir kommen wieder!

Bizarre Bergformationen wie am Efjord (oben), Wildwasser wie bei Bodø (rechte Seite oben), von schneegeflecktem Fjell überragte Städte wie Mo i Rana und einsame Straßen prägen die Küsten des Nordlands.

Das Fischerdorf Reine und seine Umgebung auf der Lofoten-Inselgruppe hat viele Maler inspiriert, viele Bergsteiger herausgefordert und mit seiner Schönheit und Ruhe nicht nur Prominenten im Urlaub Kraft gegeben.

Schafe, Holzhäuser und Schiffe – die Lebenswelt auf den Lofoten. Mitte Januar bis April ist Hauptsaison für die Lofotfischerei im Vestfjord. Im Jahr 1120 ließ König Øystein I. Magnusson die ersten »Rorbuer« errichten. Diese »Rudererbuden« mussten wegen der eisigen Stürme während der Wintermonate beheizbar sein und dienten als Unterkünfte für die Fischer. Heute entspricht ihre Ausstattung modernen touristischen Standards.

ANKER

Dem Seedorsch oder Kabeljau, wie der Dorsch genannt wird, wenn er geschlechtsreif ist, gilt seit mehr als einem Jahrtausend das Hauptaugenmerk der Lofotfischer. Er wird großenteils zu Stockfisch (tørrfisk = Trockenfisch) verarbeitet.

Mittsommerliche Wollgrasblüte, flechtenüberzogene Felsen, tosende Wasserfälle – Naturimpressionen aus Troms.

Nordnordwegen zählt zu den ältesten Siedlungsgebieten Nordeuropas. Auf dem Komsafjell, einem Bergsporn im nordnorwegischen Altafjord (linke Seite) an der Mündung eines der heute besten Lachsflüsse der Erde, ritzten Fischer und Jäger der altsteinzeitlichen Komskultur ab 7000 v. Chr. Zeichnungen in den Fels und errichteten die älteste bekannte Siedlung in Norwegen. In Finnmark, der nördlichsten und größten norwegischen Provinz (Fylke), leben etwa 13 000 Menschen samischer Herkunft (oben).

»Vidda« bedeutet »weite Hochfläche«: Wälder, Seen und endlose Moore prägen die Finnmarksvidda.

Norwegen von A bis Z

Allgemeine Informationen
Adressen und Informationsmaterial verschickt das Norwegische Fremdenverkehrsamt: Postfach 76 08 20, 22058 Hamburg, Tel 040-22710810, Fax 040-22710815, www.visitnorway.com/foreign_offices/tyskland
Deutsche Botschaft:
Oscarsgate 45, N-0258 Oslo,
Tel 23275400, Fax 22447672.
Österreichische Botschaft:
Thomas Heftyes Gate 19-21, N-0244 Oslo, Tel 22552348, Fax 22554361.
Schweizer Botschaft:
Bygdøy Allé, N-0268 Oslo 2,
Tel 22430590, Fax 22446350.

Alkohol
Alkohol ist in Norwegen überdurchschnittlich teuer und zählt zu den beliebtesten Schmuggelgütern. Das gilt auch für Øl (Bier), für 0,33 l sind im Supermarkt umgerechnet ca 2,50 Euro zu bezahlen. Aus ideologischen Gründen (es gibt eine starke Abstinenz- und Prohibitionsbewegung). Bier ist nicht einmal in allen Supermärkten erhältlich. Weine und hochprozentige Erzeugnisse sind nur in den Geschäften des staatlichen Vinmonopolet (»Weinmonopol«) erhältlich.

Anreise
Autofähre: Für die Anfahrt nach Norwegen mit der Kombination Auto/Fähre bieten sich zahlreiche Fährrouten an. Die komfortabelste Anfahrt erfolgt in 19:30 Stunden mit einer der Color-Line-Fähren von Kiel nach Oslo. Die mit 2:30 Stunden kürzeste Überfahrt von Dänemark nach Norwegen ist die mit der Schnellfähre »Silvia Ana« der Color Line von Hirtshals nach Kristiansand; die »Silvia Ana« ist ein Katamaran, der bei starkem Wind nicht fahren darf. 4:30 Stunden benötigen die »normalen« Color-Linie-Fähren von Hirtshals nach Kristiansand; die Überfahrt mit ihnen ist preisgünstiger als die mit der »Silvia Ana«. Kristiansand ist ein guter Startpunkt für Touren in Südnorwegen generell bzw. für die Weiterfahrt an die Westküste oder durch das Setesdal zur Hardangervidda. Generell ist die Buchung der Fähre im Voraus zu empfehlen. Color Line ist die wichtigste Reederei, sie bedient die Linien Kiel – Oslo, Hirtshals – Kristiansand, Hirtshals – Oslo, Hirtshals – Larvik und Frederikshavn – Larvik. Auskunft: Color Line, Postfach 2646, D-24025 Kiel, Tel 0431-974090, Fax 0431-9740920, Buchungstelefon in Norwegen: 81000811; www.color-line.de
Die Autoanreise nach Norwegen unter Benutzung der Vogelfluglinie von Puttgarden auf der deutschen Ostseeinsel Fehmarn nach Rødbyhavn auf der dänischen Insel Lolland führt über den Storebeltbro. Von Sassnitz auf Rügen und von Rostock aus fahren Fähren nur nach Südschweden, sodass der Weg nach Norwegen mit einer langen Autofahrt verbunden ist.
Bahn: Die Zugfahrt von Frankfurt am Main via Hamburg und Kopenhagen nach Oslo dauert 18 Stunden bei einer Ankunftszeit um 7 Uhr, sodass die Nacht im Schlafwagen verbracht werden kann; ca. fünf Stunden länger dauert die Bahnfahrt von Frankfurt am Main via Berlin, Malmö und Göteborg nach Oslo, das jeweils am Spätnachmittag erreicht wird. Auskunft: Deutsche Bahn AG, www.bahn.de
Flugzeug: Deutsche Lufthansa bzw. Scandinavian Airlines (SAS) fliegen in 2:15 Stunden von Berlin nach Oslo bei einmaligen Umsteigen; der Flug von Hamburg nach Oslo dauert 1:25 Stunden. Auskunft: Deutsche Lufthansa, www.lufthansa.com, und Scandinavian Airlines (SAS), www.scandinavian.net

Apotheken
Es gibt kein Medikament, das in einer norwegischen Apotheke (apotek) ohne ärztliches Rezept erhältlich ist; dies gilt selbst für Aspirin. Wer auf Medikamente angewiesen ist, sollte sich diese aus seinem Heimatland mitnehmen.

Ärztliche Versorgung
Die flächendeckende ärztliche Versorgung hat in Norwegen ein hohes Niveau, nicht zuletzt, weil die Patienten einen Teil der Behandlung (beim Zahnarzt sogar alles) selbst zahlen müssen. Ausgeschildert ist jeweils die lokale »Legevakt« als Anlaufstelle sowie Krankenhäuser, »sykehus«; die Apotheke heißt »apotek«.

Auto und Straßen
Das Fahren mit Abblendlicht ist auch tagsüber Vorschrift. Die zulässige Höchstgeschwindigkeit beträgt außerhalb geschlossener Ortschaften 80 km/h, innerhalb geschlossener Ortschaften 50km/h. Die Strafgrenze für Alkohol liegt bei 0,5 Promille; bei Zuwiderhandlung drohen drastische Strafen (inklusive Gefängnis, auch für Ausländer). Mitglieder eines Automobilclubs, der der Alliance International du Tourisme (AIT) angehört, erhält in Norwegen Unterstützung von Norges Automobilforbund (NAF), N-0105 Oslo, Tel 22 34 14 00, Notrufzentrale Tel 22 34 16 00, Fax 22 42 88 30. Auskunft zu Straßensperrungen erteilt rund um die Uhr die Straßenwacht, Tel 22 65 40 40. Das öffentliche norwegische Straßennetz hat guten Standard und kann mit dem deutschen verglichen werden.Mautstellen (bomstasjon bzw. toll plaza) sind relativ häufig, da aufwändige Straßen-, Brücken- und Tunnelprojekte zunehmend privat finanziert werden; wie auf französischen Autobahnen kann man an größeren Mautstellen bequem mit Kreditkarte zahlen. Die geringe Breite mancher Gebirgsstraßen lässt Zweispurigkeit nicht zu; Schilder mit dem Buchstaben M (Møteplass = »Treffpunkt«) bezeichnen breite Stellen, an denen man warten und entgegenkommende Fahrzeuge passieren lassen kann. Tankstellen (Diesel ist am preiswertesten) gibt es flächendeckend, allerdings sind nicht alle Tankstellen auf die Zahlung mit den in Deutschland üblichen Scheck- und/oder Kreditkarten eingestellt. Auch zu vielen Ausgangspunkten von Bergwanderungen erfolgt die Anfahrt auf Mautwegen; dabei handelt es sich meist um Almwege, die sich in schlechtem Zustand befinden, holperig und vor allem nach der Schneeschmelze voller Schlaglöcher sind. Die Maut (bom) beläuft sich auf ca. 30–50 Kronen und muss an der Bomstasjon eigenständig entrichtet werden (es wird kontrolliert). Wer öfter Mautwege benutzt, sollte einen Vorrat an 10-Kronen-Münzen im Auto haben. Mautwege in höheren Lagen können auch nach dem kalendarischen Sommerbeginn von Schnee bedeckt sein (und sind möglicherweise noch gar nicht geräumt). Ab September ist auf Gebirgsstraßen mit Schneefall zu rechnen. In Norwegen wird bei Schnee bzw. bei der Möglichkeit von

Schneefall mit Spikes gefahren. Die meisten Straßenkarten verzeichnen, welche Passstraßen ganzjährig geräumt werden.

Einreise
Personalausweis oder Reisepass sind vorzulegen, von Kraftfahrern zusätzlich Führerschein und Kfz-Schein. Kinder unter 16 Jahren benötigen einen Kinderausweis (ab zehn Jahren mit Foto).

Feiertage
Feiertage sind die norwegisch-lutherischen: Gründonnerstag (skjærtorsdag), Karfreitag (langfredag), Ostermontag (annen påskedag), Christi Himmelfahrt (Kristi Himmelfartsdag), Pfingstmontag (annen pinsedag), 1. und 2. Weihnachtsfeiertag (første und annen juledag). Hinzu kommen Neujahr (nyttår), der 1. Mai (første mai) und der Nationalfeiertag (nasjonaldag) am 17. Mai (søttende mai).

Karten
Die vom Verlag Cappelen (Oslo) herausgegebenen Straßen-, Sehenswürdigkeiten-, Wanderrouten- und Unterkunftskarten decken in fünf Blättern ganz Norwegen ab, sind im Buchhandel und an jeder Tankstelle erhältlich und bilden aus der Wandererperspektive das beste Werkzeug für die grobe Routenplanung inklusive Unterkunftsfindung. Neben Straßen, Sehenswertem, Badestränden u. a. verzeichnen sie die Wanderrouten (mit Zeitangaben) sowie Unterkünfte: Hotels, Sporthotels, Motels, Jugendherbergen, Hütten- und Campingplätze, sogar die Berg-Hytter abseits der Straßen sind einschließlich ihrer Ausstattung (verproviantiert, nicht verproviantiert, bewirtschaftet) angegeben. Die Cappelen-Karten werden im deutschsprachigen Raum vom Verlag Kümmerly+Frey vertrieben.
Die besten Wanderkarten für Norwegen sind die »Turkart«. Sie werden vom staatlichen Landesvermessungsamt Statens Kartverk in verschiedenen Maßstäben auf Grundlage der staatlichen topografischen Karten herausgegeben und sind im Buchhandel erhältlich. Eine Liste der erschienenen Turkart findet sich auf der Website von Statens Kartverk. Oft veraltet sind die leider für einige Gebiete konkurrenzlosen staatlichen Karten (topografisk kart) im Maßstab 1:50.000; www.statkart.no

Telekommunikation
Von Norwegen nach Deutschland telefonieren oder faxen: 0049 + Orts-/Netzvorwahl ohne Null + Anschlussnummer; in die Schweiz 0041, nach Österreich 0043 und weiter wie oben. Aus dem Ausland nach Norwegen: 0047 vorwählen. Telefoniert werden kann in öffentlichen Telefonzellen (mit Münzen, Telefon- oder Kreditkarten) sowie in ausgeschilderten Privathäusern (»telefon«). Das Telefonieren von Norwegen aus ist relativ teuer, das Telefonieren nach Norwegen kommt billiger. Mobiltelefone sind in Norwegen weitaus verbreiteter als in Deutschland, das Funknetz ist auch in Berggebieten ausgezeichnet. Wer mit der Kombination WAP/UMTS-Handy + Laptop/Organizer ins Internet gelangen will, erkundigt sich bei der jeweiligen Telefongesellschaft nach den Interneteinwahlnummern, die in Norwegen gewählt werden müssen.

Unterkunft
Während der Standard in Deutschland »Hotel« heißt, ist in Norwegen die »Hytte«, ein Holzchâlet, die meistgenutzte Unterkunft; das Schild »rom« verweist auf ein Zimmer in einem Privathaus. Hotels haben in Norwegen Tradition als Luxuseinrichtung, die [illegible] [illegible] Ausländern (Deutsche und Briten) [illegible]. Die Bezeichnung »Hotell« signalisiert den Anpassungswillen der Gäste an internationale Etikette, die »hytte« [illegible] einheimische Tradition. Man hat seine Ruhe, muss aber selbst kochen. Größe und Ausstattung der Holz-Châlets variieren beträchtlich. Die Wochenpreise für eine komfortable »feriehytte« beginnen derzeit in der Hauptsaison bei ca. 500 Euro, für weniger gut ausgestattete Hytter, die man auf der Reise für eine oder zwei Nächte auf Campingplätzen oder Bauernhöfen benutzt, sollte man pro Tag ca. 50 Euro und in Stadtnähe mindestens 60 Euro veranschlagen. Die »feriehytter« sind derart begehrt, dass man spätestens im Herbst für den kommenden Sommer buchen sollte, für die »normalen« Hytter auf Campingplätzen und Bauernhöfen ist hingegen meist keine Voranmeldung erforderlich, zumindest in der Nebensaison. Die meistgenutzte Low-Budget-Variante ist das Zelt. Der Allemannsretten (Jedermannsrecht) gestattet es jedem, in der Utmark (unkultiviertes Land) zu zelten, sofern dies rücksichtsvoll gegenüber der Natur geschieht. Für naturverbundene Wanderer und Trekker bildet das Allemannsretten die Voraussetzung für preiswerte Bergfahrten: Man wandert mit Zelt und kann es überall aufstellen, wo keine Verbotsschilder stehen.

Währung und Zahlungsmittel
Währungseinheit ist die Norwegische Krone (NOK) à 100 Øre. Der Wechselkurs liegt bei ca. 1 Euro = 7,70 NOK. Man bezahlt bar oder mit Kreditkarte. Da elektronische Geldbörsen vor allem in Form konzerngebundener Cash Cards (Tankstellen, Supermarktketten) weit verbreitet sind, gibt es mit Kreditkarten Probleme: Während selbst abgelegenste Berghütten die bekannten Kreditkarten als Zahlungsmittel akzeptieren, muss man an den meisten Tankstellen mangels Cash Card bar bezahlen. Mit Euroschecks kann nicht bezahlt oder Geld gewechselt werden, am preiswertesten gibt es Geld mit der Euroscheckkarte: Fast jedes Geldinstitut hat einen Geldautomaten, der nach Einführen der Euroscheckkarte und Eintippen der PIN den gewünschten Betrag ausgibt; stellen Sie sich sicherheitshalber darauf ein, dass die Geldautomaten nur während der Banköffnungszeiten funktionieren. Wegen der heutigen Schnelllebigkeit ist es ratsam, sich vor Antritt der Reise nach den gültigen Usancen zu erkunden. Wer in Gruppen reist und Geld wechselt, tut das am besten nicht individuell, sondern gemeinsam, dann verteilt sich die pro Kopf anfallende Wechsel-Grundgebühr auf mehrere.

Impressum

Die Fotografen

Brigitte Merz (Schweden) lebt und arbeitet heute in Freiburg im Breisgau. Nach dem Studium der Philologie widmete sie sich der Erziehung ihrer Kinder und beschäftigte sich intensiv mit Malerei, zunehmend auch mit Fotografie. In den letzten Jahren machte sie diese zu ihrem Beruf mit dem Schwerpunkt Reise- und Landschaftsfotografie.

Axel M. Mosler (Dänemark) studierte Fotografie an der Fachhochschule Dortmund. Er ist freier Fotodesigner und veröffentlicht regelmäßig in renommierten Zeitschriften- und Buchverlagen. Ausgedehnte Fotoreisen führen ihn immer wieder nach Dänemark, Norwegen, Kanada, Griechenland und durch Deutschland. Im Bruckmann Verlag sind von ihm zahlreiche Bildbände erschienen. Axel M. Mosler lebt in Dortmund.

Erich Spiegelhalter (Schweden, Norwegen) fotografiert seit vielen Jahren für Bücher, Kalender, Zeitschriften und Fotoagenturen. Seit zehn Jahren reist er durch ganz Europa, Nordamerika und Neuseeland. Auf seinen Reisen hat er überwältigendes Bildmaterial gesammelt. Mit viel Geduld fängt er Stimmungen ein – seine Bilder sind überzeugende Liebeserklärungen an die bereisten Gebiete.

Martin Schulte-Kellinghaus (Norwegen) lebt seit mehr als 30 Jahren am Oberrhein. Er studierte Naturwissenschaften in Freiburg, arbeitete als Pädagoge in Rheinfelden/Baden und ist heute Berufsfotograf für Zeitungen, Agenturen und Verlage.

Die Autoren

Jan Scherping (Dänemark) studierte Skandinavistik und arbeitet zunächst als Journalist. Dann war er viele Jahre Redaktionsleiter und Geschäftsführer in verschiedenen Reiseführer- und Ratgeberverlagen. Heute lebt er als Personalberater und Führungskräfte-Coach in Norderstedt. Er ist Autor diverser Bücher, auch zum Thema Dänemark. Er kennt das »südlichste Land des hohen Nordens« wie kaum ein anderer.

Bernhard Pollmann (Schweden, Norwegen) ist freier Autor mit den Schwerpunkten Geschichte, Natur und Kultur Nordeuropas. Als passionierter Wanderer und Radfahrer hat er viele Länder Nordeuropas erkundet, als Autor und Fotograf publizierte er mehr als 20 Führer über Gebiete in Deutschland, Skandinavien, Frankreich, Tschechien und Polen. Er zählt zu den besten Kennern der Lande zwischen Alpen und Nordmeer.

Bildnachweis:
Brigitte Merz/Erich Spiegelhalter: alle Bilder auf den S. 112–221, außer:
S. 114/115, 202, 203, 204, 210, 211, 212, 213, 214, 215, 216, 217 ro, 217 ru (alle: Bernd Römmelt); S. 157 lo (Shutterstock/Hausmann, J.)
Axel M. Mosler: alle Bilder auf den S. 5–111, außer:
Ottmar Heinze, Hamburg: S. 6/7, 67 Mu, 87 Mu, 87 ru, 88-107 (alle)
Erich Spiegelhalter/Martin Schulte-Kellinghaus: alle Bilder auf den S. 222–316

Umschlag:
Vorderseite: Herbst am See Norra Barken in Smedjebacken im Süden der mittelschwedischen Bilderbuchlandschaft Dalarna (Brigitte Merz/ Erich Spiegelhalter)
Rückseite:

Lektorat der Originalbände: Sonya Mayer (Dänemark), Angelika Franz (Schweden), Robert Fischer (Norwegen)
Layout der Originalbände: Wiebke Hengst, Ostfildern (Dänemark, Schweden), Werner Kopp (Norwegen)
Herstellung: Bettina Schippel
Kartografie der Originalbände: KartenGrafik, Thomas Vogelmann (Dänemark, Schweden)
Umschlag: Fuchs-Design, Sabine Fuchs, München

Geamtproduktion: Verlagshaus GeraNova Bruckmann

Alle Angaben dieses Werkes wurden von den Autoren sorgfältig recherchiert und auf den aktuellen Stand gebracht sowie vom Verlag geprüft. Für die Richtigkeit der Angaben kann jedoch keine Haftung übernommen werden. Für Hinweise und Anregungen sind wir jederzeit dankbar. Bitte richten Sie diese an:
Bruckmann Verlag
Postfach 40 02 09
D-80702 München
E-Mail: lektorat@bruckmann.de

(Sammelausgabe der im Bruckmann Verlag erschienenen Titel »Dänemark«, ISBN 3-7654-3971-1, »Schweden«, ISBN 3-7654-4442-1, und »Traumziel Norwegen«, ISBN 3-7654-3916-9).

ISBN 978-3-7654-5621-3